高职高专国际商务核心课程系列
华东地区大学出版社工作研究会第九届优秀教材二等奖

新编金融理论与实务

张炳达　胡俊霞　编著

上海财经大学出版社

图书在版编目(CIP)数据

新编金融理论与实务/张炳达,胡俊霞编著. 一上海:上海财经大学出版社,2015.8
(高职高专国际商务核心课程系列)
ISBN 978-7-5642-2192-8/F·2192

Ⅰ.①新… Ⅱ.①张… ②胡… Ⅲ.①金融学-高等职业教育-教材
Ⅳ.①F830

中国版本图书馆 CIP 数据核字(2015)第 155975 号

□ 责任编辑 李成军
□ 封面设计 钱宇辰

XINBIAN JINRONG LILUN YU SHIWU
新编金融理论与实务
张炳达 胡俊霞 编著

上海财经大学出版社出版发行
(上海市中山北一路 369 号 邮编 200083)
网 址:http://www.sufep.com
电子邮箱:webmaster @ sufep.com
全国新华书店经销
江苏凤凰数码印务有限公司印刷装订
2015 年 8 月第 1 版 2025 年 7 月第 5 次印刷

787mm×1092mm 1/16 16.75 印张 396 千字
印数:5 531—5 780 定价:42.00 元

前　言

2008年由美国次级房贷问题引发了全球金融危机。有媒体报道这次危机将导致全球金融资产缩水27万亿美元。经济领域的剧变带来了人们心理上的改变,他们越来越失去安全感。从这个意义上来说,此次排山倒海般到来的金融危机可谓美国经济领域的"9·11"。在美国,金融危机也直接冲击到个人的生活。通货膨胀、企业倒闭、经济困境降低了人们的支付能力,大大影响了许多人的生活质量。

由此可见,了解和掌握金融知识对我们每个人的生活都有很大的帮助。金融学作为财经类专业的核心课程,已被各大高校所普遍接受并开设。市场经济的进一步发展和金融工具的日新月异,对人们理财能力的要求越来越高,因此,金融学也越来越受到更多人的关注,金融学已经超越了以往本科以上的财经类专业的范围,进入高职高专以及非金融专业学生的课堂。本教材在编写过程中,注重简化理论方面的阐述,通过引入更多的案例使理论和实践相结合,使得教材内容更贴近高职高专以及非金融专业学生的知识结构。在教材的编排方面,尽量做到形式活泼、易于接受。在内容上,本教材着重介绍了金融市场的主要构成和金融业务的主要内容,以使读者更全面地了解金融市场的格局,使得金融理论和实务内容更加完善。在资料的选取上,本教材选择了较新的金融事件和资料,较直接地反映了金融市场中的客观情况。

本教材共分为五大部分。第一部分为理论篇,包括第一章和第二章,主要阐述货币、信用、利息以及利率等基本概念。第二部分为金融市场篇,包括第三章至第七章,主要阐述各类金融市场的基本概念,货币市场和债券、股票市场,以及其他金融市场的主要内容。第三部分为金融业务篇,包括第八章至第十一章,主要阐述银行和非银行金融机构的主要业务构成。第二部分和第三部分是本教材的核心。第四部分是国际金融篇,包括第十二章至第十四章,主要阐述外汇、国际收支和国际金融机构等国际金融知识。第五部分为金融变革篇,包括第十五章和第十六章,主要阐述金融监管与金融创新的内容,以及互联网金融的最新发展。

本书汲取了各类金融学相关著作以及金融学界的最新研究成果,并结合高职高专学生的特点进行编写,希望能为广大读者提供更多、更有益的帮助。由于金融理论与实务涉及的领域较多,编者的理论和实践经验有限,本书疏漏和不足之处在所难免,敬请广大读者批评指正。

本书编写过程中，刘芳芳老师编写了互联网金融的有关内容，在此表示感谢。

另外，为了方便教师的教学，上海财经大学出版社备有教师教学用的课件。如有需要，请致电或 E-mail 联系。联系人：李成军。电话：021—65904706，E-mail：littlelcj2@163.com。

编　者

2015 年 6 月

目　录

第三篇 金融业务篇

第四篇　国际金融篇

第五篇 金融变革篇

第一篇　理论篇

第一章　货币与货币制度

萨缪尔森在其名著《经济学》有关货币的章节中，引用了金·哈伯特的一句名言：“在一万人中只有一人懂得通货问题，而我们每天都碰到它。”由此看来，货币貌似简单，实际上却极其复杂。

货币的本质问题是最复杂的问题，19 世纪中叶，英国有一位议员格莱顿曾经说过这样一句话：“在研究货币本质中受到欺骗的人，比谈恋爱受欺骗的人还要多。”直到今天，学者们关于货币的本质问题仍然存在争论。

【学习目标】

学完本章，你应能够：

1. 理解货币的定义；
2. 了解货币的产生；
3. 掌握货币的本质；
4. 掌握货币的职能；
5. 了解货币的类型；
6. 掌握货币制度的概念及其演变。

第一节　货币的定义及产生

一、货币的定义

关于货币定义的争论可谓源远流长。早在 19 世纪中叶，英国就有两种关于货币定义的相互独立的观点：一种是“通货派”，另一种是“银行派”。通货派认为，只有金属货币及其代表——银行券——才能构成一国的货币，而银行券以外的其他各种信用形态都不能算作货币；银行派则认为，不仅金属货币和银行券是货币，而且由于活期存款等信用形态同样发挥着交换媒介的作用,因而也应该属于货币。这是关于货币定义的第一次大论争。

马克思从劳动价值论出发,认为货币是从商品世界中分离出来的,固定地充当一般等价物的特殊商品。部分西方经济学家认为货币是被社会公众普遍接受的、作为支付商品和劳务的手段。古典经济学家亚当·斯密认为:货币是为了便利交换的目的,他曾说过"货币是流通的大轮,是商业的大工具"。米尔顿·弗里德曼认为,货币是一个共同的、被普遍接受的交换媒介,并且建立在普遍接受的传统习惯上,他还说货币是购买力的暂时栖息所。弗雷德里克·米什金则将货币定义为:在商品和劳务支付或债务偿还中被普遍接受的任何东西。另外,还有一些西方学者认为:如果一种物品事实上在支付中被广泛接受并普遍用于支付中介,则不论它的法律地位如何,它就是货币。

总之,关于货币的定义多种多样,随着社会经济的不断发展,货币对经济的影响也越来越深化,人们对货币的认识也在不断发展。

二、货币的产生

货币起源于商品,是商品生产和商品交换发展到一定历史阶段的必然产物。在商品交换中人们必须衡量商品的价值,而一种商品的价值又必须用另一种商品的价值来表现。货币的产生和演变过程就是价值形式的演变过程,从交换产生到货币出现,经历了四个阶段。

(一)简单的、偶然的价值形式

在原始社会后期,随着生产力的发展,偶尔会有剩余产品开始出现。各部落除了满足自身的消费需求外,还把多余的产品拿去交换。但由于当时生产力水平低下,很少有剩余,交换的发生非常偶然。在交换的过程中,一种商品的价值偶然地表现在另一种商品上。如:

1只绵羊=2把石斧

1头牛=5米布

……

绵羊的价值用石斧表现出来了,石斧成为绵羊的等价物。在这一关系中,等式左边的绵羊起着主动作用,等式右边的石斧处于等价状态,成为表现绵羊的价值材料,起着被动作用。由于价值的表现纯属偶然,所以这个阶段称为简单的、偶然的价值形式。

(二)总和的或扩大的价值形式

随着社会生产力的进一步发展和第一次社会大分工的出现,剩余产品开始增多,交换越来越频繁。这时,一种商品不再是偶然地和另外一种商品相交换,而是经常地和许多种商品相交换。如:

$$
1\text{只绵羊}\begin{cases}=2\text{把石斧}\\=30\text{千克大米}\\=5\text{米布}\\\cdots\cdots\end{cases}
$$

在扩大的价值形式中,一种商品的价值已经不是偶然地表现在某一种商品上,而是经常地表现在一系列的商品上。以上两种价值形式都是物物直接交换,即绵羊和石斧交换、绵羊和大米交换、绵羊和布交换。这种交易实现的条件是交易双方在时空、供求上的双重巧合。当用于交换的商品在质量、数量、品种等方面不符合要求时，交换则不能进行。例如，有羊的人希望换石斧，但有石斧的人不需要羊而需要米，但有米的人既不需要石斧也不需要羊，却需要布。这样，交换就无法进行。这一阶段，一种商品的价值可由许多种商品表现出来，而许多商品都可以成为表现其他商品的等价物，所以称为扩大的价值形式。

（三）一般的价值形式

物与物的直接交换有一个缺陷，就是要满足“双重巧合”的条件，即时空和供求上的巧合，否则交易很难达成。为了克服这种巧合，人们开始自发地用自己的商品先换成一种大家都愿意接受的商品，然后再去交换自己所需要的商品。这种商品就从众多的商品中分离出来，表示其他商品的价值，成为一般等价物。如：

2 把石斧
30 千克大米
5 米布
……
} ＝1 只绵羊

一般价值形式是以某种商品为媒介的商品交换形式。一般等价物的出现使物物直接交换转化为以一般等价物为媒介的间接交换。一般等价物是不固定的，如羊、贝壳、布匹等都充当过一般等价物。

（四）货币价值形式

随着商品生产和商品交换的不断发展，人们需要选择一种商品固定地充当一般等价物，这种商品需要满足人们的要求，诸如价值含量高、价值统一、便于分割、便于携带、便于保存。最后人们发现贵金属最适合做这种一般等价物。当一般等价物相对稳定时，货币也就产生了。货币成为表现其他一切商品价值的固定的一般等价物，马克思将其称为货币价值形式。所以，“金银天然不是货币，但货币天然是金银”。

小贴士

资料卡 1—1 货币的起源

关于货币的起源，不同时期、不同地区有不同的说法。在中国，先秦时期十分盛行“先王制币说”，认为货币是先圣们为解决民间交换的困难而创造出来的。如《管子》的“人君铸币立币，民庶之通施也”。在古代埃及，货币是很神圣的，只有那些经过法老发出并被圣化过的神秘物品才能作为货币。在西方，流行过“创造发明说”，认为货币是人们为了解决直接的物物交换困难而共同选择出来的；也流行过“保存财富说”，认为货币是为了保存、计量和交换财富而产生的。现代经济学则从交易成本、信息不确定性出发，认为货币是应降低交易成本，充分交易信息，提高交易效率的需要而出现的。

资料来源：张炳达、芮晔平编著：《金融理论与实务》，立信会计出版社 2007 年版，第 7～8页。

三、货币的类型

货币是商品经济发展的必然产物，它根源于商品，并伴随着商品经济的发展而自发产生。

随着科学技术的进步和人们对货币在经济发展中作用的认识深化，货币的形态也经历了一个不断从自发演化到人为掌握的发展过程。货币形态的发展演变大体经历了实物货币、金属货币、纸币和信用货币的发展历程。

(一)实物货币

实物货币是人类历史上最古老的货币。在人类经济史上，许多商品曾在不同时期、不同国家扮演过货币的角色，如牲畜、贝壳、布匹、粮食、金属等都充当过货币。我国最早的货币是贝。在日本、东印度群岛及美洲、非洲的一些地方，也有用贝作为货币的历史。在古代欧洲的雅利安民族，在古波斯、印度、意大利等地，都有用牛、羊作为货币的记载。拉丁文的"Pecunia"(意为"金钱")来源于"Pecus"(意为"牲畜")；印度现代的货币的名称"Rupee"来源于"牲畜"的古文"Rupye"。此外，如古代埃塞俄比亚曾用盐作货币；非洲和印度等地曾用象牙作为货币；而在美洲，曾经充当古老货币的有烟草、可可豆等。

(二)金属货币

由于金属具有价值相对稳定、易于分割和便于携带的特点，成为人们在长期交换活动中稳定充当一般等价物的商品。但是，因为金属尤其是贵金属的数量有限，对于大宗交易而言，携带大量金属货币交易还不是很方便。因此，人们继续寻找更加合适的货币。

小贴士

资料卡1—2　我国早期的金属货币

我国古代很早就会冶炼金属。商周时期，青铜器已达到极精美的水平。金属比贝实用、坚固，既便于携带保管，又能够分割熔铸，尤其是小件的金属制品，如铜贝、钢铲、铜刀等，都便于计数。它们具有金属的一切性质，又几乎兼有贝的种种优点，慢慢地，也就跨进了货币的行列。特别是仿海贝形状铸成的铜贝的出现，是货币发展史上一个很大的进步。

早期的金属货币大致上分为两种：一种是铜铸币，它形式多样、使用广泛，工艺水平也较高；另一种是黄金铸成的金饼。

铜铸币是从实物转化而来的，大体上又分为四类：布币、刀币、环币和蚁鼻钱。它们各有各的流行区域，各有各的发展历史。早先的布币与铲非常相似，只要在上首装一根木柄，简直可以当作农具使用。从"钱"——铲形农具——而来的布币，肩平足钝，称为平足布。从"镈"——铲形农具——而来的布币，则肩略高、足略尖，这与镈面带点圆凹有关系，称作尖足布。刀币形状像刀，是由古代一种叫铜削的渔猎工具变化而来的。它端尖背弧、刃凹，下面有穿绳的圆孔。晚期的刀币身轻体小，背直刃钝，头方或圆，上面铸的字也逐渐讲究。刀币有大刀、小刀两种：小刀主要是北方燕国的货币，大刀是东方齐国的货币。它的铸造和发行领域后来向西北扩大，在许多地方同布币一起使用。随着布币和刀币的演进，又出现了环币。它的形状与布币、刀币完全不同，既不像刀，又不像铲，圆滚滚的，中间还有个圆孔，所以也称圜钱。蚁鼻钱外形像贝，但比贝更小，很明显是仿贝转化而来的。有的面上铸着一个至今还释不出的字，形状似蚂蚁；有的是笔画凹下去，底下两竖的中间部位凸出，像人的鼻子。早期金属货币的另一类——金饼，出现在楚国，这也不是偶然的，因为楚有许多产金区。在中国古代，黄金主要是作为装饰、宝藏和支付之用的。楚国的金饼是一块块的小方块，上面铸有两个字：一个像"爰"[yuán 元]，有人说这就是货币单位，但也有人认为表示重量；另一个为地名，如楚国的国都"郢"[yǐng 影，在今湖北江陵一带]，或曾经是国名后来被楚灭掉作地名的"陈"，等等。

（三）纸币

纸币是从货币作为流通手段的职能产生的。货币作为流通手段，只是充当转瞬即逝的媒介。因此，作为流通手段的货币就不必是十足价值的货币。纸币是由国家发行并以法律手段强制流通的价值符号。我国是世界上最早使用纸币的国家。

欧洲近代纸币的产生来源于银行券，因此，西方经济学家认为，英国的金店券就是近代欧洲纸币的前驱。

（四）信用货币

信用货币是代替金属货币充当支付手段和流通手段的信用证券。它包括本票、汇票、银行券和支票等。在流通金铸币的情况下，货币数量的增加在来源上受金银采掘量的限制，难以适应流通对增加货币数量的需求。同时，随着信用制度的扩大，货币作为支付手段的职能也在扩大，这样就出现了各种形式的信用货币。信用货币主要包括以下几种形式：

（1）辅币。多用贱金属制造，一般由政府独占发行，由专门的铸币厂铸造。其主要功能是充当小额或零星交易中的媒介手段。

（2）现钞。多数由一国中央银行发行，其主要功能是作为人们日常生活用品的购买手段。

（3）银行存款。银行存款是存款人对银行的债权，对银行来说，这种货币又是债务货币。存款除了在银行账户的转移支付外，还要借助于支票等支付。目前在世界的经济交易中，用银行存款作支付手段的比重占绝大部分。随着信用的发展，一些小额交易，如顾客对零售商的支付、职工的工资等，也广泛使用这种类型的货币。

小贴士

资料卡1—3　什么是电子货币

电子货币（Electronic Money），是指用一定金额的现金或存款从发行者处兑换并获得代表相同金额的数据，通过使用某些电子化方法将该数据直接转移给支付对象，从而能够清偿债务。它是可以在互联网上或通过其他电子通信方式进行支付的手段。这种货币没有物理形态，为持有者的金融信用。随着互联网的高速发展，这种支付方法越来越流行。

电子货币的交易流程见图1—1。

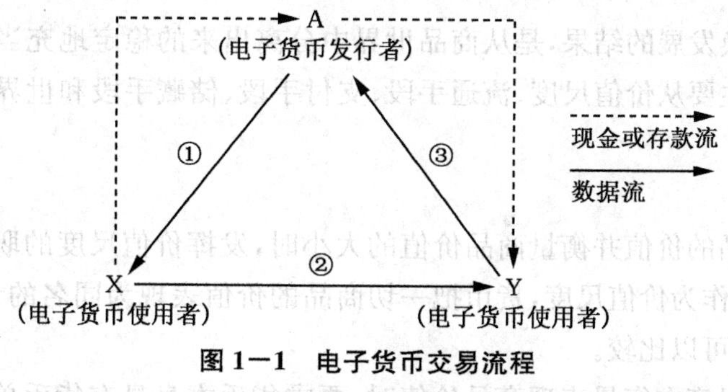

图1—1　电子货币交易流程

（4）电子货币。随着科技飞速发展和电子计算技术的运用，货币的交易和支付方式进入了一个崭新的阶段。电子货币通常是利用电脑或储值卡来进行金融交易和支付活动，如各种各样的信用卡、储值卡、电子钱包等。与此同时，还可借助于上网的电脑、自动柜员机或用电话操作来对货币存储额进行补充。这种货币运用非常方便，并且在不断完善和进一步发展。

第二节 货币的本质及职能

一、货币的本质

货币是起着一般等价物作用的特殊商品，这是货币的本质特征。通过对商品交换发展的历史分析，可以看到货币是从千万种商品交换中分离出来的，货币起源于商品，货币是商品。货币商品与普通商品有共性，也有特殊性，只有把两方面统一起来，才能全面、正确地掌握马克思主义货币理论。

(一)货币是商品

货币的前身是商品，它是在交换过程中逐渐演变而成为货币商品的；商品成为货币以后，仍然具有商品的属性——价值和使用价值，如金银。货币具有价值，说明它与普通商品一样，是人类抽象劳动的凝结物。正因为货币本身具有价值，它才能用来表现和衡量其他一切商品的价值，才能和其他一切商品相交换。货币商品具有使用价值，也具有满足人们某种需要的属性。比如，金银可以用来做首饰，满足人们装饰的需要。

(二)货币是特殊商品

货币起着一般等价物的作用，集中表现在两方面。一方面，货币是表现一切商品价值的材料，而普通商品则没有这种作用。自从货币产生以后，商品的价值不是直接地由另一种商品来表现，而是通过商品同货币的交换表现出来。商品能交换到货币，就说明生产商品的私人劳动得到了社会承认，是社会劳动的一部分，从而使商品的价值有了实际表现。另一方面，货币具有一般的使用价值，即具有和其他一切商品交换的能力。有了货币，就有一般的使用价值——任何商品的使用价值，货币具有直接交换的能力，是交换的手段。货币作为一般等价物的这两个方面的表现，实质上是同一问题的两个方面。商品交换过程，也就是商品价值被表现和实现的过程。

二、货币的职能

货币是商品交换发展的结果，是从商品世界中分离出来的稳定地充当一般等价物的一种特殊的商品。我们主要从价值尺度、流通手段、支付手段、储藏手段和世界货币五个方面来阐述货币的基本职能。

(一)价值尺度

货币在表现商品的价值并衡量商品价值的大小时，发挥价值尺度的职能。这是货币最基本、最重要的职能。作为价值尺度，货币把一切商品的价值表现为同名的量，使它们在质的方面相同，在量的方面可以比较。

货币作为价值尺度在衡量表现商品价值时，要求货币本身具有货币单位。货币单位是衡量商品价值量的单位，是人们对货币执行价值尺度所做的技术规定。如美元、英镑等。

货币在执行价值尺度职能时，具有观念性和相对性的特点。首先，货币执行价值尺度职能，只需要有想象中或观念上的货币就可以了，不需要现实的货币。如估量一只手表的价值，只要在头脑中有手表值若干货币的观念就可以了，也可以将观念的价格用标签表示出来，并不需要在手表旁边摆上等量价值的货币。其次，货币执行价值尺度职能，只是把商品的价值间接、相对地表现出来。社会必要劳动时间是商品的内在价值尺度，但是它不能自己表现出来，必须借助于货币外化出来。

小贴士

资料卡1—4　货币的价值尺度功能

在物物交换时代，比较商品的价值经常会出现困难。例如，某一天在市场上，甲用一只羊向乙换了两袋大米，丙用三斤茶叶换了一把斧头。那么一袋大米可以换几斤茶叶呢？显然，由于缺乏其他交换者把这四种商品联系起来，我们无法对大米和茶叶的价值进行比较。商品的种类越多，价值比较就越复杂。有了货币以后，所有商品的价值都用货币表示，比较起来就方便多了。

货币把所有商品的价值都用统一的计量单位表示出来，不但方便了价值的比较，也方便了价值的衡量和加总。例如，在企业的资产负债表中，企业的资产不仅有现金、各种原材料和产品，还有机器设备、厂房等，因为所有资产的价值都可以用货币表示出来，因此，性质不同、形态迥异的各种资产可以加总到一起。这在物物交换的社会中是无法实现的。

（二）流通手段

货币在商品交换过程中发挥媒介作用时，便执行流通手段职能。在这种情况下，商品交换就不再是物物直接交换，而是商品所有者先把商品换成货币，即“卖出”；然后再用货币换取所需要的商品，即“买进”。这样，商品的交换过程就变成买卖两个过程的统一。货币执行流通手段职能，具有以下特点：(1)必须是现实的货币。因为只有商品生产者出卖商品所得到的货币是现实的货币，才能证明他的私人劳动获得社会承认，成为社会劳动的一部分。货币充当商品交换的媒介不能是观念上的，必须是现实的货币。(2)不需要有足值的货币本体，可以用货币符号来代替。因为商品的流通是从一个所有者手里转到另一个商品所有者手里的运动，商品生产者手里的货币只是转瞬即逝的东西，货币持有者所关心的只是它能够最终换回的与其代表的价值量是否等值的商品量，所以只要有货币的象征存在就够了。

小贴士

资料卡1—5　纸币的流通规律

纸币流通规律是指流通中纸币总量所代表的价值量决定于货币必要量的规律。它是货币流通规律在纸币流通条件下的特殊表现形式。纸币发行量超过商品流通所需金属货币量所引起的货币贬值、物价上涨的现象，叫作通货膨胀。通货紧缩是指一般物价水平的持续下跌，即物价出现负增长。通货紧缩和通货膨胀都可能给经济发展带来灾难性的后果。

例如，1937～1949年国民党统治时期100元法币的购买力变化情况：1937年可买黄牛两头；1938年可买黄牛一头；1939年可买猪一口；1941年可买面粉一袋；1943年可买鸡一只；1945年可买鸡蛋两个；1946年可买固体肥皂1/6块；1947年可买煤球一个；1948年8月19日可买大米0.002 416两(按每斤16两算)；1949年5月可买大米0.000 000 000 185两(即一粒大米的2.45‰)。

（三）支付手段

当货币作为价值的独立形态进行单方面转移时，执行支付手段职能。如货币用于清偿债务，以及支付赋税、租金、工资等所执行的职能。

货币执行支付职能有以下特点：(1)作为流通手段的货币是商品交换的媒介，而作为支付手段的货币只是补足交换的一个环节。(2)流通手段只服务于商品流通，而支付手段除了服务于商品流通外，还服务于其他经济行为。(3)就媒介商品流通而言，二者虽都是一般的购买手段，但流通手段职能是即期购买，支付手段职能是跨期购买。(4)流通手段是在不存在债权债务关系的条件下发挥作用，而支付手段是在存在债权债务关系的条件下发挥作用。(5)商品赊销的发展，使商品生产者之间形成了一条很长的支付链，一旦某个商品生产者不能按期还债，就会引起连锁反应，严重时会引起大批企业破产。

（四）储藏手段

储藏手段职能是指货币退出流通而被用来积累和保存财富。货币可以作为储藏手段，帮助其拥有者实现跨期分配资源。以个人为例，在取得收入以后，大多数人不会立即花光，而是保留一部分以后再花，在这段时间里，持有的货币就是一种储藏手段。又比如，年老以后，绝大多数人都丧失劳动能力，即使工作挣钱，也不能满足维持生存所需要的消费资料。因此在年轻的时候，人们会有意识地储藏价值，以供年老时使用。储藏货币就是一种常见的方式。

货币并不是唯一的价值储藏形式。在社会经济发展的不同阶段，价值储藏的目的和形式是不同的。最初的价值储藏形式主要是一些具体的实物。随着贵金属货币的出现，铸币、贵金属条块等便成为人们储藏的对象。在现代经济条件下，随着信用工具的出现，银行存款、各种有价证券等便成为人们储藏的主要手段。

（五）世界货币

货币在国际市场上发挥一般等价物的作用时，执行世界货币职能。世界货币必须具有内在的价值（如黄金），或是币值相对稳定的国际广泛使用的货币（如美元）。在贵金属流通的条件下，以原始条块形式出现的金银充当世界货币的职能。在现代社会，许多国家的货币在国际上发挥着支付手段、购买手段和财富转移手段的作用，如美元、英镑、欧元和日元等。

世界货币职能的主要内容有：第一，作为国际支付手段，用来支付国际收支差额；第二，作为国际购买手段，用来购买外国商品；第三，作为社会财富的代表，在各国之间进行转移，如资本转移、对外援助等。

第三节　货币制度

一、货币制度的概念

货币制度简称“币制”，是一个国家以法律形式确定的该国货币流通的结构、体系与组织形式。它是一国经济制度的重要组成部分。

目前，世界各国普遍采用的是信用货币制度。现行信用货币制度有以下特点：

(1)贵金属非货币化。

(2)流通中的信用货币主要由现金和存款货币构成。

(3)现实经济中的货币均通过金融活动投入流通。

(4)中央银行代表国家对信用货币进行统一管理与调控,已成为金融和经济正常发展的必要条件。

二、货币制度的构成要素

资本主义国家开始建立的统一的货币制度,一般由四个要素构成。

(一)币材

即统一规定采用某种金属作为货币材料。哪种或哪几种商品一旦被规定为币材,即称该货币制度为该种或该几种商品的本位制。例如,以金币为币材的货币制度称为金本位制。确定货币金属是金属货币流通条件下整个货币制度的基础。在资本主义经济发展过程中,货币金属由贱金属向贵金属过渡,国家在制定货币制度时,往往将货币单位与某种特定的金属保持固定的关系,并将其作为衡量价值的标准。目前,世界各国都实行不兑现的货币制度,法令中都没有任何商品充当币材的规定。现在,这在过去货币制度中最重要的一个构成因素消失了。

(二)货币单位

规定货币单位的名称及其所含的货币金属的重量。如英国的货币单位名称为"英镑",1816 年的《金本位制度法案》规定,1 英镑含成色 11/12 的黄金123.274 47格令,即含纯金113.001 6格令;美国的货币单位为"美元",根据规定,1 美元含成色 9/10 的黄金 25.8 格令,即含纯金 23.22 格令。我国在 1914 年的《国币条例》中规定,货币单位为"圆",每圆含纯银为库平 0.648 两(合 23.977 克)。

(三)货币铸造、发行和流通程序

1. 金属本位币的铸造与流通

在金属货币制度下,金属本位币是按国家规定的货币金属和货币单位铸造成的铸币,是一国的法定通货,也称主币。国家允许持有货币金属的居民可以自由到铸币厂请求铸造本位币,也可以将金属铸币自由熔化为金属条块,使其退出流通领域。这是金属本位制下的金属货币自由铸造特性。另外,主币还具有无限法偿的能力,是指国家规定金属本位币具有无限的支付能力,用本位币进行支付,无论金额多大,任何人不得拒绝接受。

2. 辅币的发行与流通

辅币是指本位币以下的小额通货,供日常零星交易和找零之用。辅币通常是用铜、镍等贱金属铸造的不足值的铸币,其名义价值高于实际价值。辅币由国家限制铸造。限制铸造可以防止实际价值较低的辅币把实际价值较高的主币排挤出市场。辅币若可以自由铸造,不足值的辅币就会充斥流通界,而足值的主币则会被排除于流通界之外,所以辅币不能自由铸造。其流通具有有限法偿的能力,即国家规定每次交易支付的最高限额,超过限额的部分,受款人可以拒绝接受。如美国曾规定,10 分以上的银辅币每次支付的限额为 10 元。在流通中,辅币可以按一定比例与金属本位币自由兑换。

3. 信用货币的发行与流通

随着经济的发展，金属货币已经不能满足生产和流通的需要，于是出现了纸币和各种信用货币（如商业票据、银行券等价值符号）的流通。在不兑现信用货币制度下，中央银行发行的银行券具有无限法偿的能力，其他如商业票据、支票等不具备这种资格。

小贴士

资料卡1－6 中国历史上的劣币驱逐良币现象

劣币驱逐良币规律，又称“格雷欣法则”，是用英国伊丽莎白一世女王的财政顾问汤姆斯·格雷欣爵士的名字命名的规律。格雷欣最早发现当两种实际内在价值不同，而面额价值相同的货币同时流通时，实际价值较高的通货成为良币，实际价值较低的通货就成为劣币。在价值规律的自发作用下，良币会退出流通，劣币会充斥市场。

比如，美国1792年规定金和银的比价为1∶15，若市场比价为1∶16，则金币就成了良币，银币成了劣币，人们会把金币熔铸成金块，拿到市场上按照市场价换回更多的白银，再把白银铸成银币，按法定价换成金币，然后又把金币熔铸成金块，如此周而复始，人们就可以获得厚利。结果就是，市场上的金币越来越少，银币则充斥市场。

该规律在中国的表现情况有些特别，由于金银的缺乏，在中国历史上的货币体系中，它们从来就没有成为流通货币的主体。中国一直是以铜质货币为基础的，也没有主辅币体制。所以中国历史上的劣币驱逐良币主要表现在铜质货币的不足值。

我国在历史上曾成功解决过铜币不足值而引起的劣币驱逐良币问题。“安史之乱”期间，唐王朝财政危机严重，根据第五琦的建议发行虚价大钱，推行铸币膨胀政策，以致大钱购买力跌落，物价上涨，私铸繁兴，劣钱泛滥，足值“开元通宝”被人们收藏、消融。刘晏于上元元年（760年）兼任铸钱使后，不仅改行稳健的货币政策，坚决制止铸币贬损、膨胀，还将虚价大钱的法定价值贬低到它的实际价值以下，利用西汉贾谊已经发觉的“奸钱日繁，正钱日亡”的现象，即劣钱驱逐良钱的教训，较快地把虚价大钱驱逐出了流通领域，改变了货币流通的混乱状态。

资料来源：http://hi.baidu.com/shlch/blog/item/31cec7265606a4118b82a10d.html。

三、货币制度的演变

迄今为止，国际货币制度经历了从国际金本位制到布雷顿森林体系再到牙买加体系的演变过程。

（一）国际金本位制

世界上首次出现的国际货币制度是国际金本位制，1840～1914年的75年间是国际金本位制的黄金时代。在这种制度下，黄金充当国际货币，各国货币之间的汇率由它们各自的含金量比例决定，黄金可以在各国间自由输出输入。1914年，第一次世界大战爆发，各参战国纷纷禁止黄金输出和纸币停止兑换黄金，国际金本位制受到严重削弱，之后虽改行金块本位制或金汇兑本位制，但因其自身的不稳定性都未能持久。在1929～1933年的经济大危机冲击下，国际金本位制终于瓦解，直至1944年重建新的国际货币制度——布雷顿森林体系。

(二)布雷顿森林体系

第二次世界大战爆发后,资本主义世界各国都出现了严重的通货膨胀。各国的经济政治实力发生了重大变化,美国登上了资本主义世界盟主地位,美元的国际地位因其国际黄金储备的巨大实力而空前稳固。这就使建立一个以美元为支柱的有利于美国对外经济扩张的国际货币体系成为可能。

在这一背景下,1944 年 7 月,在美国新罕布什尔州的布雷顿森林召开由 44 国参加的"联合国联盟国家国际货币金融会议",通过了以"怀特计划"为基础的《国际货币基金协定》和《国际复兴开发银行协定》,总称《布雷顿森林协定》。这两个协定建立了以美元为中心的资本主义货币体系。布雷顿森林体系的主要内容是:以黄金为基础,以美元作为最主要的国际储备货币,实行"双挂钩"的国际货币体系,即美元直接与黄金挂钩,各国货币则与美元挂钩,并可按 35 美元/盎司的官价向美国兑换黄金;实行固定汇率制度;国际货币基金组织通过预先安排的资金融通措施,保证向会员国提供辅助性储备供应;会员国不能限制经常性项目的支付。这个货币体系实际上是美元—黄金本位制,也是一个变相的国际金汇兑本位制。

布雷顿森林体系的建立,在战后相当长一段时间内,确实带来了国际贸易空前发展和全球经济越来越相互依存的时代。但布雷顿森林体系存在着自身无法克服的缺陷。其致命的弱点是:它以一国货币(美元)作为主要储备资产,具有内在的不稳定性。因为只有靠美国的长期贸易逆差,才能使美元流散到世界各地,使其他国家获得美元供应。

20 世纪 60 年代以后,美国外汇收支逆差大量出现,黄金储备大量外流,导致美元危机不断发生。1971 年 8 月 15 日,美国公开放弃金本位,同年 12 月美国又宣布美元对黄金贬值,1972 年 6 月到 1973 年初,美元又爆发两次危机,同年 3 月 12 日美国政府再次将美元贬值。自 1974 年 4 月 1 日起,国际协定上正式排除货币与黄金的固定关系,以美元为中心的布雷顿森林体系彻底瓦解。

(三)《牙买加协定》

布雷顿森林体系崩溃后,国际货币制度又一次陷于混乱,导致国际金融形势动荡不安。1976 年 1 月,国际货币基金组织"国际货币制度临时委员会"在牙买加举行会议,达成了著名的《牙买加协定》。牙买加体系的实行,对于维持国际经济运转和推动世界经济发展发挥了积极的作用。但是,牙买加体系并不是理想的国际货币制度,它目前仍存在一些缺陷,国际货币制度仍有待进一步改革和完善。

小贴士

资料卡 1—7　牙买加体系的主要内容

1. 实行浮动汇率制度的改革。

《牙买加协定》正式确认了浮动汇率制的合法化,承认固定汇率制与浮动汇率制并存的局面,成员国可自由选择汇率制度。同时 IMF 继续对各国货币汇率政策实行严格监督,并协调成员国的经济政策,促进金融稳定,缩小汇率波动范围。

2. 推行黄金非货币化。

协定做出了逐步使黄金退出国际货币的决定。并规定:废除黄金条款,取消黄金官价,成员国中央银行可按市价自由进行黄金交易;取消成员国相互之间以及成员国与 IMF 之间须用黄金清算债权债务的规定,IMF 逐步处理其持有的黄金。

3. 增强特别提款权的作用。

主要是提高特别提款权的国际储备地位，扩大其在IMF一般业务中的使用范围，并适时修订特别提款权的有关条款。

4. 增加成员国基金份额。

成员国的基金份额从原来的292亿个特别提款权单位增加至390亿个特别提款权单位，增幅达33.6%。

5. 扩大信贷额度，以增加对发展中国家的融资。

【本章小结】

1. 货币的定义是一个颇具争议性的问题。马克思和西方学者们提出了许多不同的观点。随着人们认识的深入，对什么是货币也有了进一步的深刻认识。

2. 货币最终成为固定充当一般等价物的商品经历了一个长期的演变过程，从简单的和偶然的价值形式、总和的和扩大的价值形式、一般价值形式，最终演变为货币价值形式。

3. 货币的形式经历了实物货币、金属货币、纸币以及信用货币的发展历程。

4. 货币的本质特征是起着一般等价物作用的特殊商品。货币具有价值尺度、流通手段、储藏手段、支付手段和世界货币五大职能。货币的价值尺度职能主要用于衡量商品或劳务的价值，而不是实实在在的货币；货币作为流通手段主要是充当一般等价物，用以与其他商品进行交换；储藏手段职能是指货币退出流通而被用来积累和保存财富；货币在清偿债务时充当延期支付的工具，这就是货币的支付手段职能；世界货币的职能，就是货币越出一国流通领域而在世界市场上执行一般等价物的职能。

5. 货币制度是国家以法律形式规定的货币流通结构和组织形式。货币制度有四个构成要素。货币制度经历了国际金本位制、布雷顿森林体系、牙买加体系三个阶段，目前仍在不断完善中。

【本章思考题】

1. 简述货币的性质。

2. 简述货币的产生过程。

3. 简述货币的职能。

4. 国际货币制度经历了怎样的演变？

第二章　信用与信用工具

——信誉是不可以用金钱估量的，它是生存和发展的法宝。

——小胜靠智，大胜靠德。

——最有效的资本是我们的信誉，它 24 小时不停为我们工作。

——私人的信用是财产，公众的荣誉是保证金。（朱尼厄斯）

——言忠者，行笃敬。（《论语》）

——志不强者，智不达；言不行者，行不果。（墨子）

【学习目标】

学完本章，你应能够：

1. 掌握信用的概念；
2. 理解商业信用及其特点；
3. 理解银行信用及其特点；
4. 理解国家信用的形式；
5. 理解消费信用的类型；
6. 掌握信用工具的类型及其特征；
7. 掌握利息和利率的概念及计算。

第一节　信用的概念、产生和发展

一、信用的概念

《辞海》1979 年版对信用的解释：信用是指遵守诺言，实践成约，从而取得别人的信任。从不同的研究角度对信用有不同的解释。

日常生活中，“信用”一词通常表示信守诺言，具有信誉的意思。而金融学范畴中所研究的信用，是指以偿还本金和支付利息为条件的暂时让渡商品或货币的借贷行为。

从经济的角度理解“信用”，它实际上是指“借”和“贷”的关系。信用实际上是指“在一段限定的时间内获得一笔钱的预期”。你借得一笔钱、一批货物(赊销)，实际上就相当于你得到对方的一个“有期限的信用额度”，你之所以能够得到对方的这个“有期限的信用额度”，大部分是因为对方对你的信任，有时也可能是因为战略考虑和其他的因素不得已而为之。

二、信用的产生和发展

(一)信用的产生

1. 商品货币经济的产生和发展

商品货币经济是价值经济，如果没有商品货币经济的产生和发展，就不可能出现剩余产品和闲置的货币，就没有可供借贷的商品和货币。因此，信用是随着商品货币经济的产生而产生的，随着它的发展而发展的。

2. 私有制的出现

信用是在私有制基础上产生的。信用是一种以偿还和支付利息为条件的借贷活动。贷方把自己的东西借给别人使用，并且要求对方按期归还，并支付使用的报酬——利息。这说明，贷方和借方是不同的财产所有者，他们之间不能无偿占有或使用对方的财产，如果没有私有制的出现，没有财产的不同所有权，也就不需要采用这种方式解决彼此之间财产的余缺调剂问题。

3. 商品和货币分布不均

随着商品货币经济的产生和发展以及私有制的出现，作为商品经济的两大要素，商品和货币的矛盾对立也愈益增强。商品和货币在所有者之间分布很不均衡，这种矛盾通过借贷进行调节便可以迎刃而解。所以，商品和货币分布不均是信用产生的又一个原因。

(二)信用的发展

信用在其发展过程中依次经历了高利贷信用和借贷资本信用两个发展阶段。

1. 高利贷信用

历史上最古老的信用形式是高利贷信用，它是通过贷出实物或货币获取高额利息的借贷行为。高利贷产生于原始社会末期，由于私有制的出现，原始社会内部出现贫富分化，大量财富被少数家族占有，而大多数不占有生产资料的家族为了维持生活和生产的正常进行，需要临时补充一些商品或货币。在剩余产品有限、可以贷出去的财产极少的情况下，借入者只有付出高额利息，才能获得自己所需的商品或货币，这是高利贷产生的历史根源。

2. 借贷资本信用

借贷资本信用是信用的高级形式。资本主义生产关系确立以后，以资本主义再生产为基础的资本主义信用取代了高利贷信用，取得了垄断地位。所谓借贷资本，就是为了获取剩余价值而暂时贷给职能资本家使用的货币资本，它是生息资本的一种形式。

借贷资本和高利贷资本都是生息资本，除了两者的利息水平有很大的差异外，它们在以下几个方面也有很大区别：(1)从资本来源看，高利贷资本的主要来源是商人、僧侣、奴隶主、地主等少数富人，而借贷资本主要来源于货币资本家以及闲置货币资本的持有者；(2)从用途上看，高利贷的借贷者将资本用于非生产用途，而借贷资本的借贷者主要是为了追加资本、扩大生产和经营活动，是用于生产用途。

小贴士

资料卡 2—1　老商人妙选接班人

明朝时期，有一名开小饭馆的老商人，自我感觉一天比一天老了，应该把小饭馆交给儿子们来管理。

他仔细观察三个儿子：大儿子和二儿子机灵，常有一些鬼点子；小儿子性情憨厚老实，只知道读书，很少管家里的事。他想了很久，也不知道该把小饭馆交给谁才好。

66 岁生日那天，他的三个儿子都来给他祝寿。家宴结束后，他把儿子们叫到书房里对他们说："我老了，怕是活不了几年了，说不定哪一天就会突然死掉。我这辈子就留下这么一个小饭馆，我想在你们当中选一个合适的人来管理它。我想了好久，想出了一个非常公平的办法。现在我就宣布选财产继承人的方法，你们听好。"

这时，老人吩咐家里的仆人搬来三个已经装好土的花盆，然后拿出三粒种子放在桌子上，清了清嗓子说："这是我精选的花种，你们在这里任选一颗种在花盆里，半年以后拿来给我看。到时候，谁养的花最令我满意，我就把财产交给谁。但是要记住，只能用我发给你们的种子和这花盆里的土。"

大儿子和二儿子回到家里，便立即把花种子种在了花盆里，可是，精心培育了好长时间，就是不见花盆里的种子发芽，于是，就偷偷地去乡下找花匠。他们从花匠那里买了同样的种子，换上了新的土壤。把新种子种到了新的土壤里，没过几天，花就发芽了。

憨厚老实的小儿子每天按时给花盆浇水，可就是不见种子发芽。他一点儿也不着急，仍然按时浇水施肥。

半年以后，三个儿子都端来自己养的花给老父亲看，大儿子和二儿子养的花都枝繁叶茂，还开出了很鲜艳的花朵，只有小儿子的花盆里空空的，什么也没长出来。

老商人看了，什么也没说，就把小饭馆的钥匙和账本交给了小儿子。

其他两个儿子很不服气，就生气地问老父亲："三弟的花盆里什么都没有，您怎么能把饭馆交给他呢？"

老商人说："做生意一定要诚实，因此我要选一个诚实的人来接班。看来你们的弟弟是最诚实的。"

另外两个儿子不解地问："为什么？"

老商人缓缓地说："因为那是三粒炒熟了的种子……"

第二节　信用形式

信用形式就是信用的具体表现形式。信用按照不同的标准可以进行不同分类。以信用的期限为标准，信用可以分为即期信用、短期信用和长期信用。以有无抵押为标准，信用可分为担保信用和无担保信用。以信用的主体为标准，信用可以分为商业信用、银行信用、国家信用和消费信用。在此主要介绍最基本的信用形式：商业信用、银行信用、国家信用和消费信用。

一、商业信用

商业信用，是指工商企业间在买卖商品时，以商品形式提供的信用。商业信用的具体形式包括企业间的商品赊销、分期付款、预付货款、委托代销等。其中，与商品赊销相联系的延期付款是商业信用最基本、最典型的活动。

（一）商业信用的特点

1. 商业信用的主体是商品生产者和经营者

由于商业信用是以商品形态提供的信用，所以，债权人和债务人均为商品生产者和经营者。在资本循环过程中，由于各企业的生产和流通时间不一致等原因，往往会出现一方有货物出售而另一方无货币购买的现象。通过商业信用，债权人提供信用给债务人，同时以货主的资格出售商品给其他企业；债务人接受商业信用，同时也是向其他企业购买商品。

2. 商业信用是一种直接信用

通过这种信用方式，交易极易达成，无须经过金融机构，只要赊销方和赊购方达成协议就行，手续极为方便。

3. 商业信用是以商品形态提供的信用

在商业信用中，卖方以商品而不是货币形态向买方提供信用。这种商品不同于普通商品，而是处于产业资本循环过程最后一个阶段的商品资本，它还有待于转化为货币资本。

（二）商业信用的优点和缺点

1. 商业信用优点

商业信用的优点在于通过厂商之间提供商业信用，卖方将商品赊销给买方实现销售，买方用延期付款和分期付款的方式取得商品，使整个社会的再生产能正常进行，提高商品流通速度，从而促进社会经济发展。

2. 商业信用的缺点

（1）商业信用具有规模局限性。由于商业信用是厂商之间提供的信用，因而它的规模只能局限于提供信用的厂商所拥有的商品范围。商业信用在量上是有限的。

（2）商业信用具有方向局限性。商业信用通常是由卖方向买方提供，由原材料生产企业向需要原材料的下游企业提供，而不能逆向进行。企业之间的很多信用需求无法通过商业信用得到满足。

（3）商业信用具有对象局限性。由于商业信用形成于商品买卖过程中，它只适用于有商品交易关系的企业，并且，一般都是在信用能力较强、往来较多、相互信任的企业之间进行。

二、银行信用

银行信用是指银行以及非银行金融机构以货币形式向社会和个人提供的信用。银行信用主要包括两个方面：(1)以吸收存款等形式动员各方面的闲散资金；(2)通过贷款、贴现等形式运用这些资金。20 世纪以来，银行信用发生了巨大的变化，主要表现为：(1)越来越多的借贷资本集中在少数大银行手里；(2)银行规模越来越大，贷款数不断增加，贷款期限不断延长；(3)银行信用提供的范围不断扩大。

银行信用的特点：

1. 银行信用是一种间接信用

在银行信用中，一方面银行或其他金融机构以债务人的身份广泛吸收社会上闲散的货币资金；另一方面又以债权人的身份向以企业为主的货币资金需求者提供货币资金。因此，银行信用是银行及其他金融机构集债权人与债务人于一身的一种间接信用形式。

2. 银行信用的债权人是金融机构，债务人是企业、个人和其他机构

银行在筹集资金时又作为债务人承担经济责任。这种特有的双重身份为银行信用发挥作用提供了便利条件。

3. 银行信用具有动员、分配资金的广泛性

由于银行信用所能动员的借贷资金包括整个社会各个部门的闲散资金，包括企业、家庭和政府的储蓄，它可以聚集小额的可贷资金满足大额资金借贷的需要，同时可把短期的借贷资金转换成长期的借贷资本，满足对较长时期的货币需求，不再受资金流转方向的约束，从而在规模、范围、期限和资金使用方向上都明显优越于商业信用。

4. 银行信用具有创造信用流通工具的功能

整个银行系统可以通过吸收存款，利用存款派生的机制，进行存款派生。这一点是其他信用形式所无法比拟的。正是由于这一功能，银行系统可以根据整个国民经济的客观需要，有伸缩性地供应资金。

小贴士

资料卡 2－2　银行信用在现代经济中的地位与作用

在现代经济中，尽管金融市场十分发达，融资工具品种丰富，各种原生和衍生金融工具为企业融资提供了广阔的选择空间，但银行信用仍是最重要的融资形式。在英、美等以证券融资为主导的国家，证券融资约占企业外部融资的55%以上；在日本、韩国等东亚国家和德国以银行贷款融资为主导的国家银行贷款融资约占企业全部融资的80%以上。这说明，在直接融资市场发达的西方国家，依靠银行信用间接融资仍然是企业融资的主要渠道。

2012 年国内四大国有商业银行新增人民币贷款 2.71 万亿元，高于 2011 年同期的投放水平。工行新增人民币贷款 8 700 亿元，高于上年的 8 180 亿元，居四大行之首；建行以 7 600亿元位居第二；农行当年新增贷款 6 500 亿元，位居第三；中行贷款增长乏力。新增人民币贷款不足工行的一半，仅为 4 300 亿元，位居同行业第四。

三、国家信用

国家信用又称政府信用，是以政府为主体的借贷行为，包括政府以债务人的身份取得信用和以债权人的身份提供信用两个方面。通常表现为国家或政府发行各类政府债券，由个人、企业、银行以及其他金融机构等认购。

（一）国家信用的形式

1. 公债

公债是国家信用的主要形式。所谓公债，是指政府将债券出售给债权人以获得货币，债权

人或债券的持有人则凭债券到期获得本金和利息收入。在西方国家，公债的认购对象主要是银行、保险公司、股份公司以及个人。

2. 国库券

国库券是国家信用的另一种形式。国库券与公债的性质相近，所不同的是公债的期限较长，发行的目的多种多样；而国库券期限较短，发行的目的主要是为了应付短期内急需的预算支出。

3. 银行借款

另外，国家财政向银行的借款也是国家信用的一种形式。

(二)国家信用的作用

1. 国家信用是调节经济的重要手段

国家信用是实现宏观调控的重要杠杆。国家通过发行债券，引导社会资金的流向，促进国民经济结构更加合理化；国家通过发行债券，用以执行经济政策，包括货币政策和财政政策。

2. 国家信用是弥补财政赤字、调节财政收支不平衡的重要手段

一旦政府的收支出现不平衡，尤其是出现赤字时，政府就会通过国家信用，为财政筹集巨资，从而支持国家建设。

3. 国家信用是促进整个国民经济长期持续、稳定、协调发展的重要手段

国家信用被用于重点基础建设，如修筑道路和水利工程、发展科教事业等，更多地侧重于项目的宏观经济效益和社会效益，对经济的可持续发展起到重要的作用。这是银行信用投资功能所无法实现的。

四、国际信用

国际信用是各国官方(政府)、非官方(企业、银行)之间相互提供的信用，包括国际金融机构提供的信用，是国际贸易扩大及经济全球化的需要，是国际经济关系的重要组成部分。国际信用实际上是一国中已存在的商业信用、银行信用、国家信用等扩展到世界范围所形成的。国际信用的具体形式主要有出口信贷、国际商业银行贷款、国际金融机构信用等。

(一)出口信贷

出口信贷是指出口商或出口方银行向进口方银行提供的信用，以解决出口贸易，特别是金额较大、订货期较长的成套设备的货款支付问题。出口信贷包括卖方信贷和买方信贷两种具体形式。

1. 卖方信贷

卖方信贷是指出口方银行对本国出口商提供的信贷。当出口商对外国进口商采取赊销办法销售设备时，规定在一定时期后分期付清货款，买方在订货时，仅按照合同支付部分定金，其余部分在设备交售或设备投产后陆续偿还。卖方所需资金，向本国商业银行贷款解决。

2. 买方信贷

买方信贷是指出口方银行直接向进口商或进口方银行提供的信贷，买方用以支付卖方的货款。直接向进口商提供贷款一般是由进口方银行担保。

（二）国际商业银行贷款

国际商业银行贷款是指一些大商业银行向外国政府及其所属部门、私营工商企业或银行提供的中长期贷款。这种贷款通常没有采购限制，也不限定用途。其主要方式有独家银行贷款和银团贷款。银团贷款就是由一家银行牵头，由多家银行参与组成一个贷款团，共同向特定的客户发放贷款。

（三）国际金融机构信用

国际金融机构信用是指联合国所属的国际金融机构和区域性开发银行对其成员国提供的信贷。主要包括国际货币基金组织、世界银行、国际开发协会、国际金融公司、亚洲开发银行等。这些国际金融机构按各自的宗旨，对成员国提供各种有特定用途的贷款，信贷条件优惠，贷款对象必须是其成员国，并承担一定的义务。

五、消费信用

消费信用是企业、银行和其他金融机构向消费者个人提供的用于生活消费的信用。其主要形式有以下几种。

（一）分期付款消费信用

分期付款的消费信用是指消费者所欠的购货款按周、按月或按年偿还的消费信用。最常用的分期付款消费信用是购买汽车和住房。分期付款消费信用的契约一般包括三个部分：(1)第一次支付现款的金额；(2)契约的期限；(3)利息费用。对于消费者来说，最关心的是契约的期限，因为这与消费者每次的付款额直接有关；而对于贷款人来说，最关心的是第一次支付的现款额，因为这关系到贷款的安全。

（二）消费贷款信用

消费贷款信用是指由银行或者其他金融机构直接以货币形式向消费者提供的以消费为目的的贷款。按贷款方式的不同，消费贷款可分为信用贷款和抵押贷款。按照接受信贷对象的不同，消费贷款又可分为对购买消费品的买方发放贷款和对销售企业发放贷款两种方式。

（三）信用卡

信用卡是由发卡机构（银行和信用卡公司）发行的，为资信可靠的客户提供直接消费和取得其他服务的信用凭证。信用卡的推广对持卡人来说可以转账结算、储蓄存款、提现消费和投资信贷等；对于特约商业单位来说，可以增加营业额；对于发卡机构来说，可以吸收存款或通过垫付客户欠款，扩大利息收入。

小贴士

资料卡2－3　信用卡

信用卡(Credit Card)是一种非现金交易付款的方式，是简单的信贷服务。信用卡一般是长85.60毫米、宽53.98毫米、厚1毫米的塑料卡片（尺寸大小由ISO7810、7816系列的文件定义），由银行或信用卡公司依照用户的信用度与财力发给持卡人，持卡人持信用卡消费时无须支付现金，待结账日时再行还款。

信用卡于1915年起源于美国。

最早发行信用卡的机构并不是银行，而是一些百货商店、饮食业、娱乐业和汽油公司。

美国的一些商店、饮食店为招徕顾客、推销商品、扩大营业额,有选择地在一定范围内发给顾客一种类似金属徽章的信用筹码,后来演变成为用塑料制成的卡片,作为客户购货消费的凭证,开展了凭信用筹码在本商号、公司或汽油站购货的赊销服务业务,顾客可以在这些发行筹码的商店及其分号赊购商品,约期付款。这就是信用卡的雏形。

一天,美国商人弗兰克·麦克纳马拉在纽约一家饭店招待客人用餐,就餐后发现他的钱包忘记带在身边,因而深感难堪,不得不打电话叫妻子带现金来饭店结账。于是麦克纳马拉产生了创建信用卡公司的想法。1950 年春,麦克纳马拉与他的好友施奈德合作投资 1 万美元,在纽约创立了"大来俱乐部"(Diners Club),即大来信用卡公司的前身。大来俱乐部为会员们提供一种能够证明身份和支付能力的卡片,会员凭卡片可以记账消费。这种无须银行办理的信用卡的性质仍属于商业信用卡。

1952 年,美国加利福尼亚州的富兰克林国民银行作为金融机构,首先发行了银行信用卡。

信用卡自 21 世纪开始在中国流行,近几年来发展十分迅猛。据有关统计数据显示,中国信用卡发行量 2003 年中约为 300 万张,截至 2014 年 3 月 31 日,中国信用卡发行量已突破 43 亿张。

(四)消费信用的作用

1. 积极作用

(1)发展消费信用有利于搞活流通和生产的发展。它在一定程度上缓和了消费者购买力水平和生活需求水平的矛盾,有助于提高消费水平;同时可以发挥消费对生产的促进作用,刺激经济不断增长。

(2)发展消费信用有利于充分提高消费资金的使用效果。储蓄与消费信用相结合,当居民的收入与支出在时间上出现不平衡时,可以通过储蓄集中一部分居民闲置的货币,然后再通过消费信用贷放给需要支出的另一部分居民。

2. 消极作用

(1)过度的消费信用容易形成虚假消费,导致生产扩张,加剧经济危机。消费信用是对未来购买力的预支,即期购买力的扩张包含虚假成分,如果把这种眼前的市场虚假繁荣当成扩大生产经营的信号,就会导致生产过剩,造成供求的紧张状态,容易引起通货膨胀甚至经济危机。

(2)过度的消费信用容易使债务人陷于沉重的债务负担。不管怎样,贷款人在今后一段时间内都要偿还贷款的本息。

小贴士

资料卡 2—4 我国的消费信用现状及发展

自 20 世纪 90 年代以来,我国经济快速发展,居民生活水平不断提高,在住房、汽车等领域出现了比较旺盛的需求。同时,随着买方市场的形成,消费需求不足成为制约经济增长的主要因素,政府采取多种措施扩大内需,信用消费作为刺激消费需求的有效手段得到重视和推广,各项旨在鼓励个人信用消费的政策、法律、法规相继出台。

从提供信用消费的机构看，目前国内所有商业银行及信用合作社都已不同程度地开办了消费信用业务，而工、农、中、建四大国有商业银行是消费信用市场的主体，其消费信用余额占全部金融机构提供的消费信用总额的88%。从信用消费的品种看，经过近几年的发展，形成包括个人住房与住房装修、汽车消费与信用卡消费、大额耐用消费品与教育助学、旅游与医疗贷款、个人综合消费与个人短期信用贷款及循环使用额度贷款等十几个大类、上百个品种的信用消费品种体系。

从当前各金融机构的实践情况看，我国消费信用的发展应该会在以下几个方面取得显著进展：

1. 重点发展个人住房与汽车信用消费

个人住房贷款在我国当前信用消费发展中占有绝对比重，今后一段时期内，个人住房贷款仍是消费信贷发展的重点。另外，随着汽车普及程度的提高，汽车消费贷款的需求量还将显著增大，这将成为消费信用的一个主要增长点。

2. 大力开展信用卡业务与个人耐用消费品信用消费

美国信用卡业务的比重仅次于住房信贷，我国商业银行应在社会信用体系建立之后，抓住有利时机大力发展信用卡业务，鼓励消费者先消费、后还款，将信用卡办成真正的信用卡。另外，还应大力推广商业销售网点和消费网点进行信用卡支付。据统计，我国的耐用消费品贷款在我国信用消费业务中所占比重小，市场潜力巨大。为此，各商业银行应积极与商家合作，开展多种形式的耐用消费品贷款。

3. 大力发展助学与旅游信用消费

目前，我国助学贷款发放比重仍然较小，各商业银行应采取多种形式大力推广。相对来说，助学贷款本质上是消费者用未来的收入为现在的教育融资，其贷款对象普遍具有较高的素质，如果能合理引导，应该能成为一个很好的信用品种。另外，随着“假日经济”的日益重要，居民在旅游方面的支出日益增加，各商业银行及相关金融机构及旅游公司应积极响应国家有关政策，在国家法律允许范围内，大力推广旅游信用消费。

4. 借鉴美国信用消费的先进业务方式

各金融机构应与相关机构积极配合，结合中国实际，大力开拓信用消费新品种，探索这些信用消费品种在我国可行的发放模式和风险控制模式并积极完善和推行，以尽快完善我国的信用消费体系。如针对不同的消费群体制定不同的贷款品种，对个体工商户和运输业者提供经营性车辆贷款，对有创业意识的城乡家庭提供小额家庭创业贷款等。同时，针对不同的信用消费品种和贷款对象，可在利率期限和还款方式等方面为消费者提供多种选择。

第三节 利息与利率

一、利息与利率的概念

利息是借贷关系中由借入方付给贷出方的报酬。利息是伴随着信用关系的发展而产生的经济范畴，并构成信用的基础。

(一)利息的两种计算方法

1. 单利(Simple Rate)法

只按本金计息。优点：手续简单，计算方便，借入者利息负担较轻；适用短期贷款。

公式：$I=P\times r\times n$

$S=P\times(1+r\times n)$

其中，I 表示利息，S 表示本息之和，P 表示本金，r 表示利率，n 表示期限。

2. 复利(Compound Rate)法

俗称利滚利。优点：考虑了资金的时间价值，保护了贷出者的利益，适用长期贷款。

公式：$I=P\times[(1+r)^n-1]$

$S=P\times(1+r)^n$

其中，I 表示利息，S 表示本息之和，P 表示本金，r 表示利率，n 表示期限。

小贴士

案例分析 2—1 单利与复利的计算

A 银行向 B 企业贷放一笔为期 5 年、年利率为 10%的 100 万元贷款，则到期日企业应付利息额与本利和分别为：

按单利计算：$I=100\times10\%\times5=50$(万元)

$S=100\times(1+10\%\times5)=150$(万元)

按复利计算：$I=100\times[(1+10\%)^5-1]=61.051$(万元)

$S=100\times(1+10\%)^5=161.051$(万元)

(二)终值与现值

1. 终值(Future Value)

终值是指一笔资金按照一定的增值率计算到未来某一时点的本金与增值之和。按照复利法计算本利和公式实际就是终值的一种计算公式。具体表现为：

公式：$S=P\times(1+r)^n$

其中，S 表示终值，P 表示现值，r 表示贴现率，n 表示期限。

2. 现值(Present Value)

复利的逆运算，将来的一笔钱按某一利率计算相当于现在的本金额。求现值也称为贴现，现值也称贴现值(Discount Value)。

公式：$P=S/(1+r)^n$

其中，P 表示现值，S 表示终值，r 表示贴现率，n 表示期限。

例如，3 年后需要用一笔 100 000 元的货币，按年利率 6%计算，则现在需要准备的本金为：

$P=100\ 000/(1+6\%)^3=83\ 961.93$(元)

小贴士

案例分析 2－2　现值应用

现值概念广泛运用于投资决策和财务管理中。

假设一工厂要扩大生产，投资 100 万元建生产线，可使用 6 年，每年的收益为 20 万元。总收益为 120 元，利润为 20 万元。假设年利率为 10％，问该企业是否应该去进行这项投资？

解答：第一年末的收益现值＝20/(1＋10％)＝18.18(万元)

第二年末：16.53 万元　第三年末：15 万元　……第六年末：11.29 万元

总收益＝87.08 万元　　净现值＝－12.92 万元

结论：不仅没有利润，还赔了 12.92 万元。投资不划算。这还没有算上通货膨胀率。

启示：降低利率和降低通货膨胀率可以刺激投资，因为未来收益的现值变高了。

(三)利率的概念及其种类

利率(Interest Rate)，是指借贷期满形成的利息额与所贷出的本金额的比率。

利率种类：

年率(Annual Interest Rate)，用 0/0 表示；月率(Monthly Rate)，用 0/00 表示；日利率(Daily Rate)(又称拆息，Call Money Interest)，用 0/000 表示(按每月 30 天计)。

法定利率(Official Rate)、公定利率与市场利率。

固定利率(Fixed Interest Rate)与浮动利率(Floating Rate)。

一般利率(General Rate)与优惠利率(Preferential Rate)。

长期利率(Long-term Interest Rate)与短期利率。

存款利率(Deposit Rate)与贷款利率(Lending Rate)。

(四)名义利率与实际利率

名义利率与实际利率是 20 世纪 30 年代美国经济学家欧文·费雪在研究利率与价格理论中提出的。

1. 名义利率(Nominal Interest Rate)

名义利率是直接以货币表示的，市场通行使用的票面利率。我们平常所见的借贷契约及有价证券上载明的利息率都是名义利率。

2. 实际利率(Real Interest Rate)

实际利率是名义利率剔除通货膨胀因素以后的真实利率，即在物价不变，从而货币购买力不变条件下的利息率。它是表明投资者实际所得及债务人实际所付的利率。

3. 名义利率与实际利率的换算

概括的计算公式：$r=I+p$

$$I=r-p$$

更确实的计算公式：$I=(1+r)\div(1+p)-1$

$$r=(1+i)\times(1+p)-1$$

其中，r 表示名义利率，I 表示实际利率，p 表示通货膨胀率。

实际利率对经济起实质性影响，但通常在经济管理中，能操作的只是名义利率。一般而言，正利率与零利率和负利率对经济的调节作用是互逆的，只有正利率才符合价值规律的要求。

小贴士

资料卡 2—5　人民币利率表(2015 年 3 月)

单位：年利率(%)

项　目	利率水平	调整日期
金融机构人民币存款基准利率		2015 年 3 月 1 日
活期存款	0.35	
三个月	2.10	
半　年	2.30	
一　年	2.50	
二　年	3.10	
三　年	3.75	
金融机构人民币贷款基准利率		2015 年 3 月 1 日
一年以内(含一年)	5.35	
一年至五年(含五年)	5.75	
五年以上	5.90	
个人住房公积金贷款		
五年以下(含五年)	3.50	
五年以上	4.00	

资料来源：中国人民银行网站，http://www.pbc.gov.cn。

资料卡 2-6　利率变化与股票价格的关系及利率调整对股市的影响

从一般理论上来说，利率下降时，股票的价格就上涨；利率上升时，股票的价格就会下跌。但就中长期而言，利率升降和股市的涨跌也并不是简单的负相关关系。中长期股价指数的走势不仅受利率走势的影响，它同时对经济增长因素、非市场宏观政策因素的反应也很敏感。如果经济增长因素、非市场宏观政策因素的影响大于利率对股市的影响，股价指数的走势就会与利率的中长期走势相背离。下面是几次利率调整对股价指数的影响。

1.2011 年 4 月 6 日，存款基准利率均上调 0.25%，贷款上调 0.25%。消息公布次日，沪指涨幅 0.22%，深成指涨幅 1.18%。

2.2007 年 5 月 19 日，一年期存款基准利率均上调 0.27%；贷款上调 0.18%。5 月 21 日，沪深股指早盘双双跳空低开，沪指低开 128 点，深成指低开 407 点，后反弹上扬，沪指终盘上涨 169 点，涨幅 1.04%。

3.2007 年 3 月 18 日，上调金融机构人民币存贷款基准利率 0.27 个百分点。3 月 19 日，沪深股指早盘双双跳空低开，随后在银行板块带动下强劲反攻，沪指收于 3 014.44 点，涨幅 2.87%；深成指收于 8 237.28 点，涨幅 1.59%。

4.2006 年 8 月 19 日，一年期存贷款基准利率均上调 0.27%。8 月 21 日，沪指开盘 1 565.46，最低点 1 558.10，收盘上涨 0.20%。

5.2006 年 4 月 28 日，金融机构贷款利率上调 0.27%，提高到 5.85%。28 日，沪指低开 14 点，最高至 1 445 点，收盘 1 440 点，涨 23 点，大涨 1.66%。

6.2005 年 3 月 17 日，提高住房贷款利率。沪指当日下跌 0.96%，次日再跌 1.29%。稍作反弹后，沪指一路下跌，最低至 998.23 点。

7.2004 年 10 月 29 日，一年期存贷款利率均上调 0.27%。使正处于下跌途中的沪综指大跌 1.58%，当天报收于 1 320 点。

8.1993 年 7 月 11 日，一年期定期存款利率 9.18%上调到 10.98%。首个交易日沪指下跌 23.05 点。

9.1993 年 5 月 15 日，各档次定期存款年利率平均提高 2.18%；各项贷款利率平均提高 0.82%。首个交易日沪指下跌 27.43 点。

资料来源：http://www.cnstock.com/rdzt/jx/2007-07/19/content_2345115.htm。

二、利率及其决定因素

利率是调节经济的重要杠杆，是影响经济生活的主要因素。利率的决定受各种因素的影响，但究竟是哪些因素在影响利率，以及如何影响利率，经济学界对此看法不一。主要考虑的因素有以下几种。

(一)平均利润率

由于利息是利润的一部分,在一般情况下,利率总要低于平均利润率,平均利润率是利率的上限。如果利率高于平均利润率,则借款者因无利可图而不愿借款;相反,利率也不能低于零,利率太低则贷款者感到无利可图也不愿意贷出。因此,利率浮动于平均利润率与零之间。

(二)货币资金的供求关系

利率在平均利润率与零之间究竟处于哪个具体水平,这主要是由借贷双方在金融市场上通过相互竞争来决定。这种竞争取决于预期的利润率与现实的货币资金供求状况。当预期利润率提高和当前货币资金供给紧张时,利率便会上升;反之,当预期利润率下降和当前货币资金供给偏多时,利率便会下降。总之,借贷资金的供求状况决定现实利率水平的高低。

(三)国家经济政策

政府通过中央银行推行货币政策,影响利率达到预定水平,从而引导经济稳定发展。当国家在某一时期出现了经济过热、通货膨胀时,便可能通过提高利率水平来加以控制。相反,当国家在某一时期需要刺激经济发展、谋求较高经济增长速度时,便可能通过降低利率水平、增加货币投放来实现。

(四)通货膨胀

通货膨胀所引起的物价上涨、纸币贬值,会给资本的贷出者造成损失,不仅造成借贷资本本金贬值,而且会使利息额的实际价值下降从而造成利息贬值。物价上涨时,如果利率保持不变,必然给资本所有者造成本金和利息的损失。特别是,如果名义利率低于物价上涨率,其实际利率就是负利率。这样,资金所有者不仅得不到实际收益,甚至本金也会受到损失。而对资金使用者来说,不仅不用支付利息,还能获得收益。因此,在这种情况下,资金供给将减少,需求将增大,最终会导致利率上升。而物价下跌时情况正好相反,资金的供给将增加,需求将减少,最终导致利率下降。

(五)存贷款期限和风险

一般情况下,期限长短、风险大小与利率高低有直接关系。在金融市场上,借贷资本期限长、流动性低,不确定性因素增加,风险相应增加,对资金供应者而言,对风险大的补偿便是相应提高利率。因此,期限长的存款比短期存款利率高。相反,若借贷资本期限短、流动性高、不确定性因素较小、风险较小,则利率必然稍低一些。

(六)国际利率水平

由于世界经济的全球化趋势,国际经济的联系日益加强,国际利率具有很强的联动性。国际利率水平对国内利率的影响是通过资金在国际的流动实现的。由于资本增值的本性和国际商人套利的天性,国际资本会自发地向高利率的国家流动。此时,高利率的国家资金供给增加,在资金需求不变的情况下,利率将开始下降,而利率较低的国家情况正好相反,在资金需求不变的情况下,资金供给减少,利率将开始上升,最终两国利率趋于一致。

资料卡 2—7　西方的利率决定理论

西方的利率决定理论大致可分为三种类型：

一是古典学派的储蓄投资理论，其代表如庞德维克、费雪以及马歇尔。该理论认为，利率取决于资本的供给和需求，这两种力量均衡决定了利率水平。资本的供给来源于储蓄，储蓄是利率的增函数；资本的需求取决于资本的边际生产率与利率的比较。

二是凯恩斯学派的流动性偏好理论，其主要观点是利率取决于货币供求关系，货币供给是外生变量，由中央银行直接控制；货币需求则是一个内生变量，由人们的流动性偏好决定。如果人们的流动性偏好加强，货币需求大于货币供给，利率将上升；反之，当人们的流动性偏好减弱，货币需求小于货币供给时，利率将下降；当人们的流动性偏好所决定的货币需求量与货币管理机构所决定的货币供给量相等时，利率便达到了均衡水平。

三是新古典学派的借贷资金理论。该理论认为，利率为借贷资金价格，它取决于金融市场上的资金供求关系。而借贷资金的供求关系既有实物因素又有货币市场的因素，既包括存量又包括流量。

资料来源：宋玮主编：《金融学概论》，中国人民大学出版社 2004 年版。

三、利率的功能和作用

(一)利率的功能

中介功能：它联系国家、企业和个人三方面利益；它沟通金融市场与实物市场；它连接宏观和微观经济。

分配功能：利率具有对国民收入分配与再分配的功能。

调节功能：通过协调国家、企业和个人三者的利益，利率既可调节宏观经济，又可调节微观经济活动。

动力功能：利率通过全面、持久地影响各经济主体的物质利益，激发他们从事经济活动的动力，从而推动整个社会经济走向繁荣。

控制功能：利率可把那些关系到国民经济全局的重大经济活动控制在平衡、协调、发展所要求的范围之内。例如，通过利率的调整，控制信贷需求，进而影响投资规模、物价等。

(二)利率的作用

1. 在宏观经济中的作用

(1)促进资本的积累。资本的短缺会导致生产的停滞和经济发展的迟缓。对资金支付利息，可以吸引社会公众手中的零散闲置资金，集中起来投入生产，促进经济增长。

(2)调节信用规模。利率是银行体系信用调节的重要工具，在货币扩张中起着重要作用。商业银行通过调节贷款利率和贴现率，可以影响借款人的资金成本，进而影响信贷规模：一方面，当银行贷款利率上升时，企业贷款的利息成本增大，于是企业会尽量减少贷款量；当银行贷款利率下降时，企业贷款的利息成本减少，企业会抓住有利时机增大贷款量。另一方面，商业银行向中央银行申请再贴现时，中央银行对再贴现率的调整会影响基础货币，从而对社会的信用规模产生影响。

(3)抑制通货膨胀。利率的这一作用其实是通过调节信用规模来实现的。当通货膨胀压力增大时,中央银行可以通过提高银行体系的利率来收缩信用规模,从而减少货币供应量,降低通货膨胀可能性。事实上,利率是中央银行货币政策的一种重要工具。

(4)调整国民经济结构。利率可以配合产业政策,通过差别利率和优惠利率实现资源的倾斜配置,进而对国家打算扶持和重点发展的行业、企业提供良好的资本和资源支持,而对国家加以限制的行业或企业则实行较高的利率,增大其获得资金的难度。

(5)平衡国际收支。当一国从国外获得的收入小于对国外的支出时,该国可以通过提高利率水平的方法来阻止本国资金流向国外,并且吸引外国资金流向本国,从而使得国际收支获得平衡。

2. 在微观经济中的作用

(1)对企业而言,促进企业加强经济核算,提高经济效益。

(2)对个人而言,一方面,能诱发和引导人们的储蓄行为,调节人们的消费倾向和储蓄倾向;另一方面,可以引导人们选择金融资产。

资料卡 2-8　央行大幅降息对金融市场影响

中国人民银行决定,自 2014 年 11 月 22 日起下调金融机构人民币贷款和存款基准利率。金融机构一年期贷款基准利率下调 0.4 个百分点至 5.6%;一年期存款基准利率下调 0.25 个百分点至 2.75%,同时结合推进利率市场化改革,将金融机构存款利率浮动区间的上限由存款基准利率的 1.1 倍调整为 1.2 倍。央行相关负责人称,此次利率调整仍属于中性操作,并不代表货币政策取向发生变化。

对股票市场的影响。降息对股市有刺激作用。因为降息可以缓解通货紧缩压力、刺激消费与投资并降低企业利息支出与经营成本,这种外部环境的转好可以提升上市公司的整体经营业绩。除了银行和其他金融业面临挑战外,房地产股、汽车类股、航空、航运、石油化工股及基础建设类股等国企概念股将会从中受益匪浅。而上市公司经营业绩转好的预期效应,也会在一定程度上凸显股市的投资价值,对增强投资者信心产生积极的作用。

对债券市场的影响。降息周期有利于债券市场。一般债券期较长,如 8 年期的上市债券,年利率为 8%,那么降息周期内央行降低 1%利率,理论上就为原持有债券的投资人带来了 8%的机会利润。现在债券市场有点疲软,但是信用高、有担保的债券以后一定会有好的表现,一般年化收益在 4%~8%波动。

对货币市场的影响。这次央行降息不仅意味着货币政策宽松,也与利率市场化的改革有关。而利率市场化的贷款成本约束使得国内银行降低贷款利率的动机减弱。比如这次降息把金融机构存款利率浮动区间上限,由存款基准利率的 1.1 倍调整到 1.2 倍。尽管这种调整增加了银行风险定价的自主空间,但同时也以政策性方式压缩了银行的利润空间,引发了银行间的激烈竞争。比如,央行降息后,立即掀起国内银行存款争夺战,不少银行马上用足浮动区间上限到1.2倍这项政策规定,来招揽客户。而国内银行这样做,自然会增加银行成本,对银行降低贷款成本形成很大的成本约束。

中国的基准利率是央行直接给商业银行风险定价,是银行一年期贷款利率。同时,银行的贷款利率又基本上已经放开,可完全由银行自主风险定价。也就是说,目前中国的基准利率有政策的引导作用,但没有政策性强制作用,受贷款成本约束增加及经济下行风险增加的影响,银行是没有动力来降下融资成本的。特别是把贷款利率降低借给那些高风险的中小企业及弱势行业,否则,这些弱势行业及中小企业的风险就可能会转移到商业银行。

对外汇市场的影响。利率高低,会影响一国金融资产的吸引力。一国利率的上升,会使该国的金融资产对本国和外国的投资者来说更有吸引力,从而导致资本内流,汇率升值。当然这里也要考虑一国利率与别国利率的相对差异。一国利率变化对汇率的影响还可通过贸易项目发生作用。当该国利率提高时,意味着国内居民消费的机会成本提高,导致消费需求下降,同时也意味资金利用成本上升,国内投资需求下降,这样,国内有效需求总水平下降会使出口扩大,进口缩减,从而增加该国的外汇供给,减少其外汇需求,使其货币汇率升值。

【本章小结】

1. 可以从多种角度对信用进行理解,现代市场经济条件下的信用是指采用借贷货币资金或延期支付方式的商品买卖活动的总称;西方国家从纯经济学角度将信用定义为因价值交换的滞后而产生的赊销活动,是以协议和契约保障的不同时间间隔下的经济交易行为。

2. 商业信用,是指工商企业间在买卖商品时,以商品形式提供的信用。商业信用的具体形式包括企业间的商品赊销、分期付款、预付货款、委托代销等。

3. 银行信用所能动员的借贷资金包括整个社会各个部门的闲散资金,包括企业、家庭和政府的储蓄,因此,相对于商业信用来讲,银行信用规模不受数量的限制。

4. 国家信用具有经济和行政的双重作用。一方面用以弥补税收收入的不足;另一方面也可以通过政府债券的买卖活动来调节社会经济。

5. 国际信用是各国官方(政府)、非官方(企业、银行)之间相互提供的信用,包括国际金融机构提供的信用,是国际贸易扩大及经济全球化的需要,是国际经济关系的重要组成部分。国际信用的具体形式主要有出口信贷、国际商业银行贷款、国际金融机构贷款、国际租赁信用等。

6. 消费信用通过解决居民收入和支出在时间上的不平衡,扩大当前消费量,从而促进流通和生产的发展。但是过度的消费信用容易形成虚假消费,导致生产扩张,加剧经济危机。

7. 利息是借贷关系中由借入方付给贷出方的报酬。利息是伴随着信用关系的发展而产生的经济范畴,并构成信用的基础。利率的决定由平均利润率、货币资金的供求关系、国家经济政策、通货膨胀、存贷款期限和风险、国际利率水平等因素决定。利率对宏观经济和微观经济都产生了深远的影响。

【本章思考题】

1. 如何理解信用的含义？
2. 比较商业信用与银行信用的异同。
3. 简述国际信用的种类。
4. 简述消费信用的特点。
5. 利率的决定因素有哪些？
6. 利率的功能和作用有哪些？

第二篇　金融市场篇

第三章　金融市场概述

金融市场是市场经济国家体系中不可或缺的重要内容，发挥着重要而独特的作用，被称为一国经济的“晴雨表”，是现代经济体系的核心。

【学习目标】

学完本章，你应能够：

1. 掌握金融市场的概念；
2. 理解金融市场的构成要素；
3. 了解金融市场的结构划分；
4. 理解金融市场的功能；
5. 了解金融市场的监管；
6. 掌握金融市场的交易主体；
7. 掌握金融市场媒体。

第一节　金融市场的构成要素

一、金融市场的概念

金融市场是资金供求双方借助金融工具进行各种货币资金交易活动的市场。在现代经济中，商品、劳务的生产与交换都需要货币资金，而货币资金的获得除了通过企业内部自我形成以外，还要依靠企业外部的资金融通，即通过借贷方式借入资金或贷出资金，而资金的借贷需通过各种金融工具的交易来完成。这样就产生了一种市场。在这个市场上，资金就是商品，而资金的借贷就是所谓的商品交换，资金借贷的利率就是一种特殊的商品价格，金融工具就是资金的书面载体，这个市场就是金融市场。

金融市场的含义有广义和狭义之分。广义的金融市场泛指资金供求双方运用各种金融工具，通过各种形式进行的全部金融性交易活动，包括金融机构与客户之间、各种金融机构之间、资金供求双方所有以货币资金为交易对象的金融活动，如存款、贷款、票据抵押与贴现、信托、租赁、保险、有价证券买卖、黄金外汇交易等。狭义的金融市场则一般限定在以票据和有价证券为金融工具的交易活动、金融机构间的同业拆借、黄金外汇的交易活动等范围内。

金融市场的形态有两种：一种是有形市场，即交易者集中在有固定地点和交易设施的场所内进行交易的市场，证券交易所就是典型的有形市场；另一种是无形市场，即交易者分散在不同地点（机构）或采用网络电信手段进行交易的市场。随着经济发展、科技进步、交易手段和方式的巨大变化，许多交易活动可以在无形的市场借助科技手段瞬间完成，金融市场并不一定要有固定的工作空间和设施。比如纳斯达克就是一种典型的场外交易。

小贴士

资料卡3－1 金融市场和其他市场的关系

在市场经济条件下，各类市场在资源配置中发挥着基础性作用，这些市场共同组合成一个完整、统一且互相联系的有机体系。市场体系分为产品市场（如消费品市场、生产资料市场、旅游服务市场等）和为这些产品提供生产条件的要素市场（如劳动力市场、土地市场、资金市场等）。

金融市场是统一市场体系的一个重要组成部分，属于要素市场。它与消费品市场、生产资料市场、劳动力市场、技术市场、信息市场、房地产市场、旅游服务市场等各类市场相互联系，相互依存，共同形成统一市场的有机整体。在整个市场体系中，金融市场是最基本的组成部分之一，是联系其他市场的纽带。因为在现代市场经济中，无论是消费资料、生产资料的买卖，还是技术和劳动力的流动等，各种市场的交易活动都要通过货币的流通和资金的运动来实现，都离不开金融市场的密切配合。从这个意义上说，金融市场的发展对整个市场体系的发展起着举足轻重的制约作用，市场体系中其他各市场的发展则为金融市场的发展提供了条件和可能。

二、金融市场的构成要素

金融市场是一个由多种元素构成的有机整体。同任何市场一样，金融市场由四个基本要素构成，即交易主体、交易对象、交易中介和交易价格。

（一）交易主体

金融市场的交易主体就是金融市场的参与者。所谓金融市场的参与者，是指以资金供给者或资金需求者的身份出现的从事投资与融资活动的人，可以是自然人，也可以是法人。按照其与资金的关系，可以划分为资金的需求者和资金的供给者两大类；按照部门划分，又可划分为企业、政府、金融机构、居民、机构投资者、国外部门和中央银行等。在这种划分方法下，每一个部门作为金融市场的参与者，有可能既是资金的需求者，也是资金的供给者。

金融市场的发展程度，除了受制于社会经济发展水平外，最主要的因素就是这个市场拥有的市场主体的数量。是否拥有大量的和多样化的买主和卖主，或者说是否拥有大量的筹资人和投资人，是决定一个金融市场繁荣程度的关键因素。

(二)交易对象

金融市场的交易对象或交易载体是货币资金。它是一种特殊的商品。作为特殊商品的货币资金在形式上具有多样化的特征,形成一系列多种多样的金融工具。无论是银行的存贷款,还是证券市场的证券买卖,最终都要实现货币资金的转移,这种转移在多数情况下只是货币资金使用权的转移。金融工具的种类繁多,金融市场上主要的金融工具有货币头寸、票据、股票、债券、基金、外汇、金融衍生品等。

(三)交易中介

金融市场交易中介是指那些在金融市场的筹资者和金融产品的购买者之间充当交易媒介的机构和个人。金融市场中介可以分为两类。一类是金融市场中介商,如证券承销人、股票经纪人、期货经纪人、外汇经纪人等。这些中介商为众多的投资者提供各项信息、咨询等服务,并代理交易双方直接从事金融市场的交易活动。另一类则是为金融市场的交易提供场地、设施、信息和服务的组织和机构,如证券交易所、期货交易所等。这些中介机构的中介活动为投资者参与金融市场的投资提供了很大的便利,对促进交易量的扩大和交易效率的提高起到了重要的作用。

(四)交易价格

在金融市场上,交易对象的价格就是货币资金的价格。但金融市场的交易价格不同于商品市场的交易价格,商品的交易价格反映交易对象的全部价值,如1吨大米的交易价格为2 000元,一辆汽车的交易价格为20万元等。由于金融市场上的交易对象是货币资金,交易所实现的只是货币资金使用权的转移,因此交易价格反映的是一定时期内转让货币资金使用权的报酬。由于本金不变,货币资金借贷时的交易价格通常表现为利率,例如以10%的利率出让100元货币资金的使用权1年,这10%或10元便是100元货币资金使用权的交易价格。在金融市场上,货币资金借贷的交易价格和金融工具买卖的交易价格是两个不同的概念。如100元的1年期债券,年利率为10%,交易价格为110元;一张100元的股票,交易价格却可能是180元。

小贴士

资料卡3—2 什么是金融系统

金融系统是有关资金的流动、集中和分配的一个体系。它是由连接资金盈余者和资金短缺者的一系列金融中介机构和金融市场共同构成的一个有机整体。金融系统可以划分为以美国为代表的市场主导型金融系统和以德国为代表的银行主导型金融系统。

在美国,金融市场起着重要的资源配置作用,金融市场的成熟和多样化使美国的金融市场比较发达。德国恰恰相反,金融市场的位置相对来说不很重要,银行系统主宰着资金的融通活动。德国只有相对少数的上市公司,大部分企业依靠银行贷款获得外源融资。1993年,德国的银行资产占国民生产总值的152%,而股票市场的市值只有国民生产总值的24%。

其他国家,如英国、日本和法国均处于这两种金融系统之间。

我国的金融系统与德国相似,尽管近年来金融市场有了很大的发展,但是相对于银行系统来说,仍然有很大的差距。

第二节 金融市场的类型

金融市场是一个包含许多不同层次和内容的复杂复合体，包括许多相互独立又相互联系的市场，根据不同的标准，从不同的角度，金融市场可以划分为以下几种类别。

一、按期限划分为短期金融市场和长期金融市场

（一）短期金融市场

短期金融市场又称货币市场，是指专门融通1年以内短期资金的场所。所谓短期，通常是指一年之内。短期资金多在流通领域起货币流通作用，主要解决市场参与者的短期、临时性资金需求。对于持有短期金融工具的资金供给者来说，这些短期金融工具可以在市场上灵活兑现，可视为货币的替代品或称为“准货币”，因此，短期金融市场又称货币市场。短期金融市场的主体主要包括政府、企业、家庭和银行等金融机构。短期金融市场的金融工具主要包括货币头寸、存单、票据和短期公债。

（二）长期金融市场

长期金融市场又称资本市场，是指专门融通期限在一年以上的中长期资金的市场。通过长期金融工具筹来的资金大多用于企业的创建、更新、固定资产购置等资本性投资，或满足政府兴办公共事业和保持财政收支平衡的需要。其交易期限短则数年，长的可达数十年。长期性金融工具通常主要是指各类有价证券，即债券和股票。

二、按交割方式分为现货市场、期货市场和期权市场

（一）现货市场

现货市场是指随交易协议达成后1～3天内进行交割的市场。由于现货市场每笔交易的交易日与交割日离得很近，因此交易对方不履约的风险较小。

（二）期货市场

期货市场是指交易协议虽然已经达成，交割却要在某一特定时间进行的市场。在期货市场上，成交和交割在时间上是分离的。短的相差一两个月，长的可以相差一年。期货市场上普遍采用的是保证金交易的方式，即投资者只需支付一定数量的交易保证金，就可以从事在金额上高出保证金若干倍的交易，期货市场的上述特点决定了它与现货市场相比具有较大的投机性和风险性。

（三）期权市场

期权市场即各种期权交易的市场，是期货交易市场的发展和延伸。金融期权交易是指买卖双方按一定价格达成协议，协议规定允许买方在交付一定数量的期权费用后，即取得在特定的时间内，按协议价格买进或卖出一定数量的股票、债券等有价证券或外汇的权利。期权的购买方可以行使这种权利，也可以不行使，但如果购买期权的一方在协议有效期内不行使该权利，期权合同自动失效。

小贴士

资料卡 3—3　什么是金融期货?

金融期货(Financial Futures)就是以各类金融资产以及相关价格指数为标的物的期货。金融期货可以分为股票类、利率类、外汇类三大类产品。其中股票类期货可以分为基于单个股票的期货(例如,某一上市股票的股票期货)和基于股票指数的期货(例如,沪深300指数期货);利率类期货又可分为中长期利率期货(例如,10年期美国国债期货)和短期利率期货(例如,3月期欧洲美元期货);外汇类期货可分为基于货币本身的期货(例如,欧元期货)和基于货币指数的期货(例如,美元指数期货)。

小贴士

资料卡 3—4　什么是金融期权?

场内交易的金融期权主要包括股票类期权、利率类期权和外汇类期权。股票类期权与股票类期货分类相似,主要包括股票期权和股指期权。股票期权是在单个股票基础上衍生出来的选择权。股指期权主要分为两种:一种是股指期货衍生出来的期货期权,例如新加坡交易所交易的日经225指数期权,是从新加坡交易所交易的日经225指数期货衍生出来的;另一种是从股票指数衍生出来的现货期权,例如大阪证券交易所日经225指数期权,是从日经225指数衍生出来的。两种股指期权的执行结果是不一样的,前者执行得到的是一张期货合约,而后者则进行现金差价结算。

小贴士

资料卡 3—5　什么是金融互换?

金融互换是两个或两个以上的参与者之间,直接或通过中介机构签订协议,互相或交叉支付一系列本金或利息或本金和利息的交易行为。根据支付内容的不同,金融互换有两种基本形式:利率互换、货币互换。利率互换是只交换利息的金融互换,即协议的当事人之间,就共同的名义本金额,各自依据不同的利率计算指标,计算并交换一组利息流量。货币互换是交换本金,通常也交换利息的金融互换,即协议的当事人之间在既定的期间内交换不同币别的利息流量,并于期间结束时,依据协议约定的汇率交换计算利息的本金。

三、按照金融交易程序的不同,金融市场可划分为发行市场和流通市场

(一)发行市场

发行市场又称一级市场或初级市场,是指金融工具最初发行的市场,是筹资者和初始投资者之间进行金融交易的市场,如债券发行市场和股票发行市场。一级市场是二级市场的前提和基础,证券发行者和债券投资者融通资金的多少,直接决定一级市场的规模。

(二)流通市场

流通市场又称二级市场或次级市场,是指已经发行的金融工具转让买卖的市场,是投资者之间进行金融交易的市场。如债券流通市场和股票流通市场。二级市场是一级市场存在与发展的重要条件之一，无论从流动性上还是从价格的确定上，一级市场都要受到二级市场的影响。

四、按照金融交易场地和空间的不同，金融市场可划分为有形市场和无形市场

（一）有形市场

有形市场是指具有固定的空间和场地，集中进行有组织交易的市场。证券交易所就是一种典型的有形市场。

（二）无形市场

无形市场是指没有固定的空间和场地，而是通过电话、传真、计算机网络等现代化通信工具实现交易的市场。随着计算机和通信技术的发展，现代金融市场已越来越无形化，金融工具及资金可以在其中迅速转移。在现实生活中，大部分的金融工具交易都是在无形市场上进行的。

五、按照金融交易地域的不同，金融市场可划分为国内金融市场和国际金融市场

（一）国内金融市场

国内金融市场是指在全国范围内进行融资活动的市场。在国内金融市场上进行交易的标的物必须以本国货币标价，交易活动要遵守本国的政策和法律法规。

（二）国际金融市场

国际金融市场是指金融超出国界，在国际范围内进行融资活动的市场。国际金融市场又分为传统的国际金融市场和新型的国际金融市场。传统的国际金融市场又称“在岸市场”，它以市场所在国货币进行融资活动，其交易活动必须受市场所在国政府政策、法律法规的管辖，如伦敦、纽约、巴黎、法兰克福和东京等国际金融市场。新型的国际金融市场又称“离岸市场”，它以非市场所在国货币（第三国货币）进行融资活动，其交易活动既不受货币发行国（第三国）政府政策、法律法规的管辖，也不受市场所在国政府政策、法律法规的管辖，如欧洲货币市场、亚洲美元市场、中国香港离岸货币市场等。

第三节　金融市场的功能

金融市场的功能是多方面的，其中最基本的功能是满足社会再生产过程中的投融资需求，促进资本的集中与转换。具体表现为以下几点。

一、筹资和融资的功能

筹资和融资是金融市场最重要的功能。金融市场是一种多渠道、多层次、多形式、多功能的筹资和融资的场所。它可以通过各种金融工具的交易，为资金的供应者和需求者提供多种选择的机会，满足其不同的筹资和融资的需要。金融市场不仅可以将分散的、沉淀于居民手中的消费型货币资金聚集起来，将其转化为生产型的资金，而且可以将各企业暂时闲置的、不能形成投资规模的资金集中起来，形成具有一定规模的巨额资金，将其用来投资，推动社会经济

的发展。同时,金融市场上融资形式的灵活性,交易工具的多样性,有利于加速资金周转速度,减少在途占用或闲置,对合理使用资金,用较少的资金为更多的商品生产和流通服务,具有积极的意义。

二、资源配置的功能

金融市场是一种较高层次的资金运动场所,它可以通过价格机制和利率机制来调节资金和各种金融资产的供求,实现资金在各个经济部门的重新组合和优化配置。金融市场通过利率的上下波动,通过市场上优胜劣汰的竞争以及对有价证券价格的影响,能够引导资金流向最需要的地方,流向那些经营管理好、产品畅销、有发展前途的经济单位,从而有利于提高投资效益,实现资金在各地区、各部门、各单位间的合理流动,完成社会资源的优化配置。

三、灵活地调度和转化资金的功能

金融市场上多种形式的金融交易,形成纵横交错的融资活动,融资活动不受行业、部门、地区或国家的限制,便于各经济单位灵活地调度资金,充分利用不同性质、不同期限、不同额度的资金,同时还能转化资金的性质和期限。比如,通过股票、债券的发行能将储蓄资金转化为生产资金,将流动的短期资金转化为相对固定的长期资金。

四、国民经济"信号系统"的功能

金融市场历来被人们称为国民经济的"信号系统"。金融市场不仅是资金融通和金融资产交易的场所,而且是信息交换的场所。上市公司和其他经济实体的业绩与经营状况都可以通过金融市场的借贷和交易活动反映出来。这些信息可以直接或间接地反映出国民经济发展中的动向和问题,便于管理层及时采取相应的对策,保证国民经济持续、稳定、健康的发展。

五、分散社会经济风险的功能

人们在社会经济活动中,尤其是为了取得某种经济收益而进行的投资活动中,常常会碰到来自各方面的风险,如经济风险、政治风险、自然风险等,使投资者遭受经济损失,严重时还会造成倾家荡产。对于这些风险,投资者不可能去消灭,而只能进行预防,预防的方法就是分散风险。金融市场为投资者分散风险提供了一个合适的机制。例如,分散投资于数个企业单位,分散投资于数个不同类别的行业,分散投资于不同经济地区或国家,分散投资于到期日不同的金融证券等,从而保证投资者的利益,这就是投资组合问题。

六、调节宏观经济的功能

金融市场是国家进行宏观调控的重要工具。中央银行作为国家货币政策的制定者和执行者,主要是通过调整存款准备金率、贴现率和公开市场业务来实现对国民经济的宏观调控,而这些宏观调控手段的实施无一不是在金融市场上进行的。也就是说,国家有关货币金融方面的方针、政策通过中央银行的货币政策工具传导到金融市场,引起货币流通量和流动方向的变动,这种变动又会作用于各产业部门,引起国民经济局部或整体的变动,从而达到宏观调控的目的。

资料卡3－6 2014年金融市场运行情况

2014年，金融市场各项改革和发展措施稳步推进，产品创新不断深化，市场制度逐步完善，金融市场对于降低社会融资成本、促进实体经济发展的作用得以进一步发挥。2014年，债券发行规模同比增加，公司信用类债券发行增速扩大；银行间市场成交量同比大幅增长，债券指数有所上升；货币市场利率中枢下行明显，债券收益率曲线整体大幅下移，企业债券融资成本显著降低；机构投资者类型更加多元化；商业银行柜台交易量和开户数量显著增加；利率衍生品交易活跃度明显上升；股票指数和两市成交量均大幅增长。

一、债券发行规模同比增加，公司信用类债券发行增速扩大

2014年，债券市场共发行人民币债券11.0万亿元，同比增加22.3%。截至2014年末，债券市场债券托管余额达35.0万亿元，同比增加18.0%。其中，银行间市场债券托管余额为32.4万亿元，同比增加16.9%。2014年，财政部通过银行间债券市场发行国债1.7万亿元，财政部代发地方政府债券2 908亿元、地方政府自行发债1 092亿元，国家开发银行和中国进出口银行、中国农业发展银行在银行间债券市场发行债券2.3万亿元，政府支持机构发行债券1 850亿元，商业银行等金融机构发行金融债券5 460亿元，证券公司发行短期融资券4 247亿元，信贷资产支持证券发行2 794亿元。公司信用类债券发行5.2万亿元，同比增加38.9%，增速较上年扩大了34.9个百分点。

二、银行间市场成交量同比大幅增长，债券指数有所上升

2014年，银行间市场拆借、现券和债券回购累计成交302.4万亿元，同比增加28.5%。其中，银行间市场同业拆借成交37.7万亿元，同比增加6.0%；债券回购成交224.4万亿元，同比增加41.9%；现券成交40.4万亿元，同比减少3.0%。2014年，银行间市场债券指数和交易所市场债券指数均有所上升。银行间债券总指数由年初的143.93点上升至年末的158.69点，上升14.76点，升幅为10.26%；交易所市场国债指数由年初的139.52点升至年末的145.68点，上升6.16点，升幅为4.42%。

三、货币市场利率中枢下行明显，债券收益率曲线大幅下移，企业债券融资成本显著降低

2014年，货币市场利率波动幅度减小，利率中枢明显下行。2014年12月，质押式回购加权平均利率为3.49%，较2013年同期下降79个基点；同业拆借加权平均利率为3.49%，较2013年同期下降67个基点。年内货币市场利率共发生两次较大波动：1月20日，7天质押式回购加权平均利率上升至6.59%，达到年内最高点；12月22日，7天质押式回购加权平均利率上升至6.38%，创下半年利率新高。2014年银行间市场国债收益率曲线整体大幅下移。

四、机构投资者类型更加多元化

银行间市场投资者类型进一步丰富，数量继续增加。2014年末，银行间市场各类参与者共计6 462家，较2013年末增加607家，同比增加10.4%。截至2014年末，共有211家，包括境外中央银行或货币当局、国际金融机构、主权财富基金、人民币业务清算行、跨境

贸易人民币结算境外参加行、境外保险机构、RQFII 和 QFII 等在内的境外机构获准进入银行间债券市场，较 2013 年末增加 73 家，其中已有 180 家境外机构入市交易，持有债券 5 720.4亿元。

五、商业银行柜台交易量和开户数量显著增加

2014 年，商业银行柜台业务运行平稳。2014 年商业银行柜台新增记账式国债 21 只，国开行金融债 3 只和进出口银行债 4 只。期限品种进一步丰富，包含 1 年、3 年、5 年、7 年、10 年和 15 年六个品种。2014 年，记账式国债累计成交 71.7 亿元，同比增加 283.4%，商业银行通过柜台分销国开行金融债 67 亿元，进出口银行债 30 亿元。

六、利率衍生品交易活跃度明显上升

2014 年，人民币利率互换共交易 4.3 万笔，名义本金总额 4.0 万亿元，同比增加 47.9%。从期限结构来看，1 年及 1 年期以下交易最为活跃，其名义本金总额 2.7 万亿元，占总量的 63.4%。从参考利率来看，2014 年人民币利率互换交易的浮动端参考利率包括 7 天回购定盘利率、SHIBOR 以及人民银行公布的基准利率，与之挂钩的利率互换交易名义本金占比分别为 81.1%、18.2%、0.7%。

七、股票指数和两市成交量均大幅增长

2014 年，股票指数和两市成交量均大幅增长。年末，上证综合指数收于年内新高 3 234.68 点，较 2013 年末上涨 1 118.70 点，涨幅为 52.9%，年内最低为 1 991.25 点。沪市全年累计成交 37.7 万亿元，日均成交 1 539.4 亿元，同比增加 59.1%。深圳成分指数收于年内新高 11 014.62 点，较 2013 年末上涨 2 892.84 点，涨幅为 35.62%，年内最低为 6 998.19 点。深市全年累计成交 36.7 万亿元，日均成交 1 496.9 亿元，同比增加 49.4%。

资料来源：中国人民银行网站。

第四节 金融市场交易主体

金融市场的交易主体就是金融市场的参与者。它可以分为资金的供应者、需求者、中介者和管理者。具体来说，它又可以分为企业、金融机构、政府、家庭和个人及海外投资者。

一、家庭

在世界各国，家庭部门都是金融市场上重要的资金供给者，或者说是金融工具的主要认购者或投资者。家庭或出于节俭，或为了预防不测，收入与支出相抵后，总是收入大于支出，因而成为经常的储蓄者。

家庭部门因其收入的多元化和分散特点而在金融市场上成为传统的投资者和资金供给者。家庭部门有时是资金需求者，最常见的是为了购房和购车，在金融市场上筹集资金，有时也是为了短期的资金需求而在次级市场出售证券。

家庭部门投资的分散性和多样性使得金融具有了广泛的参与性和聚集长期资金的功能，使得金融市场的作用得以很好的发挥。没有家庭部门的参与，金融市场的作用会大打折扣。

二、企业

在世界上任何国家和地区，企业都毫无例外是经济活动的中心，因而也是金融市场运行的基础。企业在生产经营过程中会发生资金余缺，资金短缺的企业要设法筹资，资金盈余的企业要寻求投资机会和对象，金融市场成为满足其资金需求及投资的场所。

企业和银行之间总保持着存贷款关系，也与其他企业或金融机构保持着筹资或投资关系。同时，企业通过在资本市场发行股票和债券成为其筹资的主要渠道。企业以资本市场为其活动的主要领域，与它在货币市场上的活动并不矛盾。一些大的企业尤其是跨国公司，经常在财务中实行现金管理，通过压缩现金库存来进行短期投资，此外，它的季节性、临时性资金要求，一部分也要通过货币市场来满足。如果说企业在资本市场上主要是以资金需求者的身份出现，那么在货币市场上，则是以资金需求者和资金供给者的双重身份出现的。

三、政府

政府部门是一国金融市场上重要的资金需求者。不管是中央政府还是地方政府，为了提供公共服务和弥补财政赤字，一般都通过金融市场筹措所需资金，从而要以资金需求者的身份在金融市场上活动。

政府通过在国内外市场上发行国家债券，筹集资金以弥补赤字或者扩大建设规模；作为资金的供给者，它以自己所拥有的财政性存款和外汇储备汇集到金融市场，成为金融机构的重要资金来源。

政府在货币市场和资本市场上都是债券的发行主体。在货币市场上，政府是最活跃的主体之一，是一个主要的资金借入者。在一些国家，如美国，国库券发行总额约等于货币市场其他工具的总和。在资本市场上，许多国家的中央政府和地方政府都是最重要的资金需求者，其资金需求量仅次于企业。

在国际金融市场上，各国政府仍然是金融市场重要的活动主体。但是与国内市场上的资金需求者身份不同，在国际金融市场上，有些国家政府是资金的供给者，有些则是资金的需求者。资金供给者多为一些发达国家，而资金需求者多为一些发展中国家。

政府除了是金融市场上的重要资金需求者，还是重要的监管者，因而在金融市场上的身份是双重的。

四、金融机构

金融机构是金融市场的主导力量。它既是资金的供应者，也是资金的需求者。金融机构有在间接融资领域活动的金融机构和在直接融资领域活动的金融机构之分。前者既是资金余缺双方进行金融交易的中介人，又是资金的供给者与需求者，这类金融机构包括创造存款货币的商业银行、创造货币能力较低或无创造货币能力的银行及其他一些非银行中介机构。后者仅为资金余缺双方搭桥牵线，如证券公司、商人银行等。这里所说的金融机构仅指前者，主要包括商业银行、专业银行和非银行金融机构。

金融机构是金融市场上最重要的中介机构，是储蓄转化为投资的媒介和导向者。金融机构还是金融市场上资金的需求者。金融机构筹集资金的最终目的，还是为了向市场供应资金，但有时也有以自营为特征的投资活动，这些都需要在金融市场上直接发行证券，以资金需求者的面目出现在市场上。金融机构也是金融市场上资金的供给者。它们到金融市场上购买有价证券，尤其是国家债券来调节自身的资产结构。在发达的金融市场，对金融市场的调节一般也是通过金融机构传递的。货币政策就是开始作用于银行货币头寸，然后影响实际经济部门，进而通过有价证券的买卖、中央银行接受商业银行等金融机构的再贴现，来控制货币供应量，最终实现货币政策的目的。

五、机构投资者

机构投资者是指在金融市场从事交易的机构，多为一些非银行金融机构。一般来说，主要包括保险公司、投资基金公司、信托投资公司以及养老基金等。这些机构是金融市场的重要投资者，也是保持金融市场繁荣的重要因素。

机构投资者活动范围主要是资本市场，在资本市场上买卖公司和政府债券，同时也买卖公司股票。它们最初是从私人手里购买证券，尤其是公司债券和股票，经过长期的积累，年复一年地取得证券，现在机构投资者在金融市场上已占有相当重要的地位。

六、海外投资者

在当今经济全球化、金融国际化的浪潮中，海外投资者逐步成为国内市场的重要参与者。随着金融市场对外开放的程度不断加大，越来越多的海外投资者来国内投资和筹资，从事存贷款活动和其他投资活动；当在岸、离岸金融市场和资本市场进一步开放之后，会有更多的海外投资者参与到国内金融市场的投资活动中来。

小贴士

资料卡 3－7　QFII 介绍

QFII（Qualified Foreign Institutional Investors）是合格的境外机构投资者的简称，QFII 机制是指外国专业投资机构到境内投资的资格认定制度。

作为一种过渡性制度安排，QFII 制度是在资本项目尚未完全开放的国家和地区，实现有序、稳妥开放证券市场的特殊通道。包括韩国、中国台湾、印度和巴西等市场的经验表明，在货币未自由兑换时，QFII 不失为一种通过资本市场稳健引进外资的方式。在该制度下，QFII 将被允许把一定额度的外汇资金汇入并兑换为当地货币，通过严格监督管理的专门账户投资当地证券市场，包括股息及买卖价差等在内各种资本所得经审核后可转换为外汇汇出，实际上就是对外资有限度地开放本国的证券市场。

什么样的境外机构投资者才是合格的？在这当中需要很多条件，核心是不能短期炒作，应具有中长期投资的性质。中国台湾、韩国等地的经验表明，引入 QFII 机制后，热衷投资绩优股、重视上市公司分红、关注企业的长远发展的理性投资理念开始盛行，投机行为有所减少，在一定程度上降低了市场的巨幅波动。因此，通过引进 QFII 机制，吸引境外合格的机构投资者参与进来，有利于进一步壮大机构投资者队伍；还可以借鉴国外成熟的投资理念,促进资源的有效配置;同时促进上市公司提升公司治理水平,加速向现代企业制度靠拢。

第五节 金融市场媒体

一个成熟而完善的金融市场,除了有主体和客体外,也少不了媒体的参与,金融媒体的存在对于促进主体之间的交易、加快金融工具的流通具有非常重要的意义。金融市场媒体分两类:一类是经纪人和券商,另一类是金融中介机构和金融市场组织。

一、经纪人

经纪人是指市场上为买卖双方成交撮合并从中收取佣金的商人或商号。经纪人一般都对其经手中介的交易业务具有专业知识,谙熟市场行情和交易程序,对交易双方的资信有深入了解。因此,许多交易主体都喜欢通过经纪人进行交易。经纪人是市场运行中不可缺少的中间环节。

(一)货币经纪人

货币经纪人又称货币市场经纪人,是指在货币市场上充当交易双方中介收取佣金的中间商人。货币市场的交易工具主要是货币头寸、各种票据及短期的国库券。货币经纪人获利的途径不外两条:其一是收取佣金,其二是赚取差价。

由于在电子通信系统和分支机构网络方面具有得天独厚的优势,货币经纪公司在金融市场上具有充分的"用武之地"。通过货币经纪公司的经纪人,金融机构与瞬息万变的国际金融市场形成了"远在天边,近在眼前"的关系,它们专司市场行情,并据此为金融机构调整经营策略、调整资产结构,并进行风险管理。

金融机构可以通过货币经纪人在某一个特定的时间里,以最短的时间、最公平优惠的价格达成交易,而不必像直接交易那样在每家银行间进行询价比较,从而节省了时间,降低了成本。

小贴士

资料卡3-8 货币经纪人:一年赚2 000万元

在熙熙攘攘的银行间市场里,活跃着一群整天手持报价单、头戴耳机、嘴对话筒、不停地大声喊价的人,他们就是货币经纪人。这个行业在国内也许还略显陌生,但他们的收入绝对会让人瞠目结舌。

"货币经纪人的年薪确实非常高,1 000 万元、2 000 万元的很常见。"某货币经纪公司一名有近30年从业经验的货币经纪人告诉记者,在中国香港,货币经纪人的收入甚至超过很多政府高官,中国香港金融管理局局长的年薪也不过900多万元。

货币经纪人在国际金融市场上有一个雅号——"价格发现者"。由于银行同业市场是一个无形的市场,没有一个固定场所可供金融机构集中交易,而货币经纪人就通过现代化的电子通信网络来完成交易任务,即金融机构的交易员向货币经纪人提出交易要求,经纪人随即通过电子通信系统，将信息发往分布在世界各地的分支机构，各地分支机构的经纪人向其他金融机构询价，然后将报价进行综合筛选，向客户报出最低价格。上述交易听起来很复杂，但仅需几秒钟就可完成，所以货币经纪人基本上一整天都在喊价。

货币经纪人的工作不能出任何差错，且必须在极短的时间内做出反应，对从业人员的反应速度要求很高。银行间的交易动辄上百亿元，即使很小的差错或极短的延迟造成的差价，都会带来非常严重的后果。由此可见，与高收入相对应的，是一般人难以承受的工作强度。

资料来源：http://www.sznews.com/jbjob/content/2007-11/09/content_1638891.htm。

货币经纪人的类型主要有：

(1)货币中间商，专门为同业拆借市场交易服务的中间商人，通常包括两类：自由经纪人和专门设立的一些机构或商号。

(2)票据经纪人，指专营票据买卖的中间商人。往往兼有经纪人和自营商的性质。

(3)短期证券经纪人，也兼有自营商和经纪人的性质。

(二)证券经纪人

证券经纪人，是指在证券市场(或资本市场)充当交易双方中介或代理买卖而收取佣金的中间商人。可以是自由经纪人，也可以是法人经纪人。证券经纪人必须先获得席位，才能进场交易。

由于证券经纪人通常只在证券交易所活动，因此非常重要。这是因为普通投资者面对瞬息万变的市场行情，很难选择到合适的证券；证券交易所只能由证券经纪人进场交易。因此，没有证券经纪人，证券交易就很难顺利和有效地进行，从而也就形成不了高效率的证券市场。

证券经纪人同客户的关系：

(1)委托代理关系。客户是委托人，经纪人是代理人或被委托人。客户委托经纪人进行证券买卖；经纪人根据客户的偏好和要求，权衡风险和收益后，代理客户买卖证券，并从中收取佣金和手续费。

(2)债权债务关系。在保证金信用交易中，客户与经纪人之间的关系扩大为债权债务关系。债权债务关系包括抵押关系。

(3)信任关系。经纪人虽不能诱导客户买卖何种证券，却可以根据工作经验，向客户提供必要的交易信息。

(4)买卖关系。有些经纪人兼有经纪人和自营商的双重身份，因而有时也和客户形成买卖关系。不过这种关系只是一种从属关系，经纪人只有完成了委托代理任务后，才能再做自营业务。

证券经纪人的类型：

(1)佣金经纪人。接受客户委托，在证券交易所内代理客户买卖有价证券，并按固定比率收取佣金的经纪人，是证券交易所中人数最多、最为活跃的会员。

(2)两元经纪人。是指专门接受佣金经纪人的委托，代理买卖有价证券的经纪人，因而又称交易厅经纪人或居间经纪人。不属于任何会员行号，而以个人名义在交易厅取得席位。

(3)专家经纪人。他是佣金经纪人的经纪人。专家经纪人是证券交易所内的重要人物,他只接受佣金经纪人的委托而进行业务活动,并不直接与客户打交道。专家经纪人通常表现为专做几种股票的专家。专家经纪人可以自己买卖证券,因而兼有经纪人和自营商的双重身份。但他的首要职责是维持证券市场价格稳定、维持交易正常进行。

(4)证券自营商。既为顾客买卖证券,也为自己买卖证券,自担风险,赚取买卖之间的差价。自营商必须遵守一个规则,即一定要先完成客户的委托代理业务,然后再做自营业务。

(5)零股经纪人。是指专门经营不满一个交易单位的零股交易的经纪人。其客户多为佣金经纪人。

资料卡 3-9 证券经纪人须持证执业 不得超代理权限范围

《证券经纪人管理暂行规定》于 2009 年 4 月 13 日正式施行,这意味着自即日起证券经纪人要取得证券经纪人证书方可执业。证监会提醒投资者,要增强自我保护意识,主动查验证书载明相关信息。

根据暂行规定及有关自律规则的要求,证券经纪人应当通过所服务的证券公司向中国证券业协会办理执业注册登记,并领取由所服务的证券公司颁发的证券经纪人证书,之后方可执业。证券经纪人要在执业过程中主动向客户出示证书。

规定要求,证券经纪人的执业活动不得超出证书载明的代理权限范围,不得替客户办理账户开立、注销、转移以及证券认购、交易或者资金存取、划转、查询等。根据规定,证券经纪人不能与客户约定分享投资收益,对客户证券买卖的收益或者赔偿证券买卖的损失做出承诺,也不允许以贬低竞争对手、进入竞争对手营业场所劝导客户等不正当手段招揽客户。

此外,泄漏客户的商业秘密或者个人隐私,为客户之间的融资提供中介、担保或者其他便利,通过互联网、新闻媒体从事客户招揽和客户服务等活动也被列入证券经纪人的禁止行为范围。

对证券经纪人证书及其载明信息的真实性,投资者可通过中国证券业协会网站查询、核实,也可通过现场、电话、网络等方式向该证书载明的证券公司查询、核实。

资料来源:新华网,2009 年 4 月 20 日。

(三)外汇经纪人

外汇经纪人又称外汇市场经纪人,是指在外汇市场上为了促成外汇买卖双方的外汇交易成交的中介人。外汇经纪人既可以是个人,也可以是中介组织,如外汇经纪行或外汇经纪人公司。前者的资力不如后者,通常只专注于某些外汇的交易,因而被称为跑街经纪人。后者由于资力相对雄厚,具有专业化经营的特点,因而在外汇买卖业务不断国际化的背景下,业务迅速发展,几乎遍布世界各个金融中心。

西方国家银行法一般对在外汇市场上从事外汇交易的人员身份有严格的限制,任何公司不得以自己的名义进行外汇买卖,必须依靠与众多银行有密切联系及了解外汇业务情况的经纪人进行,后者收取一定数额的手续费。

外汇经纪人存在的根本原因是外汇汇率的频繁波动，经纪人的作用在于减少信息成本。在外汇市场上，汇率因受各种政治、经济因素的影响而瞬息万变。外汇买卖双方要直接进行交易存在诸多困难，因而必须通过某一中间人来进行，外汇经纪人应运而生。

外汇供需双方既可以直接交易，也可以通过经纪人来完成交易，具体采用哪种方式，主要取决于交易成本及其风险。如果直接交易所用于搜集信息的成本大于通过经纪人完成交易所需成本(支付给经纪人的手续费)，那么通过经纪人来完成交易就会成为优先选择。

小贴士

资料卡 3－10 外汇经纪人职业情况

工作内容

1. 专业人员职位，拥有专业知识和技术能力，能独立处理和解决所负责的任务；分析金融市场的宏观投资环境，预测金融市场走势。

2. 观测证券、基金市场等理财产品并进行研究，熟悉与了解海外的理财产品，能为客户量身制定投资理财项目，并能结合客户情况开展相关的理论与操作培训。

3. 需具备优良的与人沟通能力，客户资源的积累十分迫切。

职业背景、现状和前景

作为外汇经纪人，他们与外币存款经纪人共同组成外汇经纪人与外币存款经纪人协会。纽约外汇市场上的外汇交易分为三个层次：银行与客户间的外汇交易，本国银行间的外汇交易，以及本国银行和外国银行间的外汇交易。其中，银行同业间的外汇买卖大多通过外汇经纪人办理。纽约外汇市场有8家经纪商，虽然有些专门从事某种外汇的交易，但大部分还是同时从事多种货币的交易。外汇经纪人的业务不受任何监督，对其安排的交易不承担任何经济责任，只是在每笔交易完成后向卖方收取佣金。

职业生涯

外汇经纪人的晋升通道类似销售或者猎头，当外汇经纪人具有一定工作经验和相应的客户资源之后，晋升成为一个经纪人团队的领导者较为合理。不过，对于一些能力较为突出的经纪人，积累相对大量的客户资源和对该行业操作的高认知程度后，还可以转换一下在企业内部的角色，与金融企业成为合作关系，并可能走上创业之路。

资料来源：http://www.shiziduo.com/job/content-144299.html。

二、证券公司

证券公司是专门从事有价证券买卖的法人企业。它是非银行金融机构的一种，是从事证券经营业务的法定组织形式。

在我国，设立证券公司必须经国务院证券监督管理机构审查批准。证券公司的组织形式必须是依照公司法的规定成立的有限责任公司或者股份有限公司。依据我国《公司法》的规定，证券公司从它成立的时候起就按照现代企业制度来规范管理，以使证券公司能够成为具有一定规模的、产权清晰、风险自负、权责分明、管理科学的现代企业，担负起证券公司在证券发行与交易中的责任。

小贴士

资料卡3—11 证券公司的设立条件

《证券法》第122条:设立证券公司,必须经国务院证券监督管理机构审查批准。未经国务院证券监督管理机构批准,任何单位和个人不得经营证券业务。

《证券法》第124条:设立证券公司,应当具备下列条件:

1. 有符合法律、行政法规规定的公司章程;

2. 主要股东具有持续盈利能力,信誉良好,最近3年无重大违法违规记录,净资产不低于人民币2亿元;

3. 有符合本法规定的注册资本;

4. 董事、监事、高级管理人员具备任职资格,从业人员具有证券从业资格;

5. 有完善的风险管理与内部控制制度;

6. 有合格的经营场所和业务设施;

7. 法律、行政法规规定的和经国务院批准的国务院证券监督管理机构规定的其他条件。

《证券公司管理办法》第6条:设立经纪类证券公司,除应当具备《证券法》规定的条件外,还应当符合以下要求:

1. 具备证券从业资格的从业人员不少于15人,并有相应的会计、法律、计算机专业人员;

2. 有符合中国证监会规定的计算机信息系统、业务资料报送系统;

3. 中国证监会规定的其他条件。

《证券公司管理办法》第7条:设立专门从事网上证券经纪业务的证券公司,除应当具备第6条规定的条件外,还应当符合以下要求:

1. 证券公司或经营规范、信誉良好的信息技术公司出资不得低于拟设立的网上证券经纪公司注册资本的20%;

2. 有符合中国证监会要求的网络交易硬件设备和软件系统;

3. 有10名以上计算机专业技术人员并能确保硬件设备和软件系统安全、稳定运行;

4. 高级管理人员中至少有一名计算机专业技术人员。

《证券公司管理办法》第16条:境外机构可以在中国境内设立中外合营证券公司。

中外合营证券公司的业务范围以及外方股东的持股比例应当符合中国有关法律法规和中国证监会的规定。

世界各国对证券公司的划分和称呼不尽相同,美国的通俗称谓是投资银行,在法律上统称为“经纪人—交易商”;英国则称商人银行。以德国为代表的一些国家实行银行业与证券业混业经营,通常由银行设立公司从事证券经营业务。日本等一些国家和我国一样,把专营证券业务的金融机构称为证券公司。

证券公司的业务内容十分广泛,其主要业务可分为五类,即承销业务、代理买卖业务、自营买卖业务、投资咨询业务、融资融券业务。

1. 承销业务

承销业务又称代理证券发行业务，即证券公司承销证券发行人的有价证券。至于承销是采取包销方式还是代销方式，或者介于二者之间，需根据承销证券的风险、责任、收益、市场行情等多种因素而定。

2. 代理买卖业务

代理买卖业务是指证券公司作为客户的代理人，或受客户的委托，代行买卖有价证券的业务。这是证券公司最重要的日常业务之一。证券公司代理客户买卖证券通常有两种途径：一是通过证券交易所进行交易；二是通过证券公司自身的柜台完成交易。

3. 自营买卖业务

自营买卖业务，即为了谋取利润，证券公司作为投资者而给自己买卖证券并自担风险的业务。自营买卖业务是一种投资活动，必须对收益、风险及流动性做通盘考虑，从中做出最佳选择。

4. 投资咨询业务

投资咨询业务是指充当客户的投资顾问，并向客户提供各种证券交易的情况、市场信息，以及其他有关资料等方面的服务，对客户提出具体的投资建议。

5. 融资融券业务

融资融券又称证券信用交易，是指投资者向证券公司提供担保物，借入资金买入上市证券或借入上市证券并卖出的行为。主要包括券商对投资者的融资、融券和金融机构对券商的融资、融券。

融资是借钱买证券，证券公司借款给客户购买证券，客户到期偿还本息，客户向证券公司融资买进证券称为“买空”；融券是借证券来卖，然后以证券归还，证券公司出借证券给客户出售，客户到期返还相同种类和数量的证券并支付利息，客户向证券公司融券卖出称为“卖空”。

目前国际上流行的融资融券模式基本有四种：证券融资公司模式、投资者直接授信模式、证券公司授信的模式以及登记结算公司授信的模式。

小贴士

资料卡 3－12　2013 年中国证券公司总资产前 10 名名单(万元)

1. 中信证券	19 293 365
2. 海通证券	12 901 784
3. 国泰君安	11 784 112
4. 广发证券	10 884 661
5. 华泰证券	8 834 968
6. 招商证券	7 518 404
7. 国信证券	7 076 072
8. 银河证券	6 972 940
9. 中信建投	6 568 393
10. 申银万国	5 978 954

资料卡 3—13 首批融资融券试点券商申请门槛明确

2010 年 1 月,中国证监会发布了《关于开展证券公司融资融券业务试点工作的指导意见》(下称《指导意见》),标志着融资融券业务申请程序已经进入倒计时环节。

根据《指导意见》,证券公司开展融资融券业务,按照"试点先行、逐步推开"的步骤有序进行。首批申请试点的证券公司应该符合以下条件:最近 6 个月净资本均在 50 亿元以上;最近一次证券公司分类评价为 A 类;已开发完成融资融券业务交易结算系统,并通过了证券交易所、证券登记结算公司组织的全网测试;具备开展融资融券业务所需的自有资金和自有证券,自有资金占净资本的比例相对较高;融资融券业务试点实施方案通过了中国证券业协会组织的专业评价。证监会将严格按照《监管条例》《试点办法》及上述条件,对首批证券公司申请开展融资融券业务进行审批,成熟一家,批准一家。

业内人士表示,目前的申报流程将分为参与第三次联网测试、向协会提交试点实施方案、获得辖区监管局书面意见、获得证监会试点资格、申请新的经营证券业务许可证五个步骤,预计整个流程需要 3 个月左右。同时,《指导意见》指出,"首批试点取得成效后,证监会将适时逐步放宽试点的条件,将兼顾不同类型和不同地区的证券公司,分期分批地扩大试点范围",并且提示分类评价为 B 类以上的证券公司进行相应准备,这意味着占行业公司总数 80%左右的 B 类以上证券公司有望进入试点范围,预计后续试点的进程有望提速。

资料来源:《上海金融报》,2010 年 1 月 26 日。

三、证券交易所

证券交易所是证券买卖双方公开交易的场所,是一个有组织、有固定地点、集中进行证券交易的市场。证券交易所本身并不买卖证券,也不决定证券的价格,而是为证券交易提供一定的场所和设施,配备必要的管理和服务人员,并对证券交易进行周密的组织和严格的管理。

在我国,《证券法》指出,"证券交易所是提供证券集中竞价交易场所的不以营利为目的的法人"。我国内地目前有上海和深圳两大证券交易所。深市、沪市分别是深圳证券交易所和上海证券交易所的简称。

(一)证券交易所的基本特征

(1)证券交易所自身并不持有和买卖证券,也不参与制定价格;

(2)交易采用经纪制方式;

(3)交易按照公开竞价方式进行;

(4)证券交易所有着严格的规章制度和定型的运作规程;

(5)证券交易的过程完全公开。

(二)证券交易所的社会职能

(1)创造了一个具有连续性和集中性的证券交易市场;

(2)形成公平合理的交易价格；

(3)保证充分的信息披露，便利投资与筹资；

(4)客观反映经济状况，引导资金投向。

(三)证券交易所的两种组织形式

1. 会员制证券交易所

会员制证券交易所是一个由会员自愿出资共同组成，不以营利为目的的法人团体。交易所会员必须是出资的证券经纪人和券商，也只有会员才能参加证券交易，交易所所有会员共同经营、共同分担费用。会员同交易所之间是自治自律的关系而非合同关系，其最高权力机构为会员大会，并由会员大会选举产生理事会，理事会是交易所的决策管理机构。

2. 公司制证券交易所

公司制证券交易所是采取股份公司组织形式，由股东出资组成，以营利为目的的法人团体。这种交易所的股东不参加证券交易，只是出资建立，为券商和证券经纪人提供交易的场地、设施及服务，以保障交易的公正性。进行交易的证券经纪人和券商都与交易所签订合同，购买席位，缴纳营业保证金。交易所的主要收入是按证券买卖成交额收取佣金。其最高决策机构为董事会，董事会、监事会均由股东大会选举产生。

资料卡3－14　世界著名证券交易所介绍

伦敦证券交易所

作为世界第三大证券交易中心，伦敦证券交易所是世界上历史最悠久的证券交易所。它的前身为17世纪末伦敦交易街的露天市场，是当时买卖政府债券的“皇家交易所”。1760年，伦敦150名股票交易商自发组成一个俱乐部以买卖股票。1773年，露天市场交易迁入司威丁街的室内进行，并正式更名为“伦敦证券交易所”。

纽约证券交易所

纽约证券交易所是目前世界上规模最大的有价证券交易市场。在美国证券发行之初，尚无集中交易的证券交易所，证券交易大多在咖啡馆和拍卖行里进行，1792年5月17日，24名经纪人在纽约华尔街和威廉街的西北角一咖啡馆门前的梧桐树下签订了《梧桐树协定》，这是纽约证券交易所的前身。1817年，华尔街上的股票交易已十分活跃，于是市场参加者成立了“纽约证券和交易管理处”，一个集中的证券交易市场基本形成，1863年，管理处易名为纽约证券交易所，此名一直沿用至今。

东京证券交易所

东京证券交易所的前身是1879年5月成立的东京证券交易株式会社。东京证券交易所的发展历史虽然不长，但作为日本最大的证券交易所，其在世界证券交易市场上具有举足轻重的地位，也是世界三大证券交易所之一。东京证券交易所的股票交易量占日本全国交易量的80%以上。如果按上市的股票市场价格计算，它已超过伦敦证券交易所，成为仅次于纽约证券交易所的世界第二大证券市场。

巴黎证券交易所

巴黎证券交易所是法国最大的证券交易所,1724年正式建立,其经纪人由法国财政经济部指定,共有99人,其中巴黎71人,外省28人。证券经纪人的工作是接受客户买卖证券的委托,掌握买卖双方供求数量和要求的价格幅度,代客户进行买卖,从中收取佣金。

法国从1961年开始,所有交易所实行"单一价格"。巴黎证券交易所发行全国性、国际性和外国证券,7家外省交易所经营地区证券交易,并划分了各自的管辖区,但有时一种证券也同时在几个交易所交易,标价统一。巴黎证券交易所交易的证券,在官方牌价表上约有经济部门的1 300个发行者,其中180多个来自外国。交易所的客户是证券持有者,除其本国法人如保险公司、退休金金库、存款及信托金库、可变资本投资公司、共同投资基金、银行、工业发展局和地区发展公司外,外国人(含外国企业)也持有各种证券。巴黎证券交易所在世界各大交易所中,次于纽约、东京和伦敦,名列第四。

四、投资银行

投资银行是主营业务为资本市场业务的金融机构。随着资本市场业务的不断发展,投资银行的内涵也在不断发展。就目前而言,投资银行的业务主要包括证券承销、证券交易、企业兼并与收购、基金管理、风险投资、理财顾问、项目融资、资产证券化、金融衍生工具业务等。投资银行是证券和股份公司制度发展到特定阶段的产物,是发达证券市场和成熟金融体系的重要主体,在现代社会经济发展中发挥着沟通资金供求、构造证券市场、推动企业并购、促进产业集中和规模经济形成、优化资源配置等重要作用。

投资银行的名称通用于欧洲大陆及美国等工业化国家。英国称为商人银行,法国称为实业银行,日本称为证券公司。尽管名称不同,但从其业务与功能来看,都具有现代银行的性质。投资银行在资本市场上承担了金融中介的重要角色,使得资本供给者与资本需求者的交易得以顺利进行。投资银行作为直接融资的中介,仅充当中介人的角色,它为筹资者寻找合适的融资机会,为投资者寻找合适的投资机会。一般情况下,投资银行不介入投资者和融资者之间的权利与义务之中,仅收取佣金,投资者和融资者直接拥有相应的权利与承担相应的义务。

当前世界的投资银行主要有四种类型:

(1)独立的专业性投资银行。这种形式的投资银行在全世界范围内广为存在,美国的所罗门兄弟公司、第一波士顿公司,日本的野村证券、大和证券、日兴证券、山一证券,英国的华宝公司、宝源公司等均属于此种类型,并且,它们都有各自擅长的专业方向。

(2)商业银行拥有的投资银行(商人银行)。这种形式的投资银行主要是商业银行对现存的投资银行通过兼并、收购、参股或建立自己的附属公司形式从事商人银行及投资银行业务。这种形式的投资银行在英、德等国家非常典型。

(3)全能型银行。这种类型的投资银行直接经营投资银行业务,主要在欧洲大陆,它们在从事投资银行业务的同时,也从事一般的商业银行业务。

(4)一些大型跨国公司兴办的财务公司。

资料卡3—15 西方的投资银行和我国的投资银行

所谓投资银行其实只是理论上的称谓，现实生活中的投资银行并不称作“投资银行”，而是叫作“××公司”或“××证券公司”，如英国的罗斯柴尔德公司、施罗德公司，日本的野村证券公司、日兴证券公司等。投资银行之所以在理论上称为银行，主要有以下两个原因：一是投资银行是金融体系的重要组成部分，二是投资银行在历史上与商业银行的业务融合。从本质上讲，投资银行是一种金融中介，是资本市场上投资者和筹资者的桥梁，其主要功能是以最有效的方式，使筹资者能够筹集资金，投资者能够投放资金。

投资银行产生于西欧，发展于北美，目前已成为西方金融市场上重要的和最活跃的金融机构，在世界经济中发挥着不容忽视的积极作用。

从1987年第一家证券公司——深圳特区证券公司——成立至今，我国已建立起拥有90家专营机构、200多家兼营机构的证券经营机构队伍，为社会主义市场经济的发展做出了重大贡献。从行业定位和机构功能来看，我国现有的由证券公司和信托投资公司组成的证券经营机构就是中国的投资银行。诚然，严格来说，由于功能上的某些缺陷，现有的证券经营机构还不能算是真正意义上的投资银行，但它们与我国证券市场同生存、共发展，在多年的实践中积累了大量经验，培育了一批投资银行专业人才，树立起自身的行业优势，实际上已经成为我国投资银行队伍的主要组成部分。

我国证券经营机构的业务还基本定位在传统的证券经纪、自营和承销三大项上，企业购并、基金管理等还处于起步阶段，同时受法规限制，缺乏融资手段，投资银行的融资功能还未发挥出来。投资银行业是一种以业务创新为特征的行业。要成为中国的投资银行，现有证券经营机构就应从适应证券市场进一步发展和为国企改革服务的需要出发，以不断满足广大企业和投资者的需要为己任，利用自身优势为企业改革服务，为国有资产重组服务，不断开拓新业务，挖掘新的服务领域。

西方国家发展投资银行有自然成长和政府指导两种模式。与国际同行相比，我国证券经营机构先天不足，在资产规模、规范程度、管理能力和专业水平上都存在较大差距。我国要想在尽可能短的时间内培养出自己的投资银行，就应借鉴日本经验，选择政府指导的模式，从政策法规上扶持现有的证券经营机构发展壮大。

五、其他金融机构

(一)金融公司

金融公司是经营投资和长期信贷的一种金融机构。其主要业务是收购企业发行的股票、债券以及本国和外国政府的公债，向对方提供长期资金，参与企业创业活动。其主要资金来源是发行自己的股票和债券，向其他银行借款及吸收一部分定期存款，但不能从事短期存贷业务。

小贴士

资料卡 3-16 金融公司的产生与发展

金融公司最早产生于18世纪初的法国，当初主要是控制私人资本和企业有价证券的专门机构。进入19世纪以后，在美国和西欧等国有了较大的发展。此后，金融公司的资金实力和业务范围有所扩大，时至今日，许多金融公司已经具有跨国公司的性质，但其中也有一些经营业务比较单纯，以办理有价证券业务为主，在金融市场，主要是资本市场发挥着重要作用。

(二)财务公司

财务公司或称"财务有限公司"，又称"注册接受存款公司"，是指经营部分金融业务的金融机构。其业务范围大多是为购买耐用消费品提供分期付款形式的贷款和抵押贷款业务。主要承办定期大额存款、发放贷款、经销证券、买卖外汇、代理保险、财务咨询等金融服务。其服务对象主要是大企业、大公司集团，不开立私人账户、不办理小额存贷款和储蓄，以此与银行相区别。在当代，西方国家的财务公司还兼营外汇、联合贷款、包销证券、财务及投资咨询服务等。财务公司的资金来源主要是银行间的借入资金。

目前我国的财务公司主要分为两大类：一类是企业集团财务公司(主要是中资企业集团财务公司)，是为企业集团成员单位提供金融服务的非银行金融机构；另一类是一般性财务公司，主要包括外资财务公司、中外合资财务公司，是由中外金融机构或外国金融机构按中国法律规定，经批准在中国境内投资设立、面向社会提供较为广泛金融服务的非银行金融机构。通常所说的财务公司主要是指上述第一类财务公司。

根据中国人民银行2000年6月30日第三号令发布的《企业集团财务公司管理办法》的规定：所谓财务公司是指，依据《中华人民共和国公司法》和本办法设立的，为企业集团成员单位(简称成员单位)技术改造、新产品开发及产品销售提供金融服务，以中长期金融业务为主的非银行金融机构。这里所称的成员单位是指集团母公司，母公司控股51%以上的子公司，母公司、子公司单独或共同持股20%以上的公司，或持股不足20%但处于最大股东地位的公司。外资企业集团的成员单位还包括该外资企业集团的外方投资者在中国境内直接持股或与该外资企业集团共同持股20%以上的公司。由此可见，我国的财务公司是由企业集团内部集资组建的，其宗旨和任务是为本企业集团内部各企业筹资和融通资金，促进其技术改造和技术进步，如华能集团财务公司、中国化工进出口财务公司、中国有色金属工业总公司财务公司等。

财务公司的业务包括存款、贷款、结算、票据贴现、融资性租赁、投资、委托以及代理发行有价证券等。财务公司的特点就是为集团内部成员提供金融服务，其业务范围、主要资金来源与资金运用都应限定在集团内部，而不能像其他金融机构那样到社会上去寻找生存空间。

小贴士

资料卡 3—17 我国的企业集团财务公司

我国的第一家财务公司是1987年成立的东风汽车工业财务公司。统计资料表明，在20世纪90年代美国的银行及其他金融机构业务都有大幅萎缩的情况下，财务公司却保持住了自己的市场份额，由此也不难看出，其灵活多样的运作方式、低成本的融资便利大大提高了其自身的竞争优势。

自1987年中央银行正式批准设立第一家企业集团财务公司至今，我国的财务公司已由初建时期的较小规模、较单一品种经营，发展到如今实力日益强大，业务范围日趋合理、规范。

1996年9月的《企业集团财务公司管理暂行办法》对财务公司从市场准入、业务监管到市场退出等全过程进行了规范，第一次对企业集团成员单位进行了界定，明确了依产权关系建立的企业集团才可以设立财务公司。这一规定同样适用于在中国境内设立的外资企业集团财务公司。自此，我国的财务公司进入一个规范化的发展阶段。目前我国企业集团财务公司主要分布于机械、电子、汽车、石油、化工、建材、能源、交通等国民经济骨干行业和重点支柱产业。

资料来源：http://www.chinaacc.com/new/2005_12/5121209374348.htm。

（三）信托公司

信托是指委托人基于对受托人（信托投资公司）的信任，将其合法拥有的财产委托给受托人，由受托人按委托人的意愿以自己的名义，为受益人的利益或者特定的目的，进行管理或者处分的行为。概括地说，是“受人之托，代人理财”。信托投资公司以收取报酬为目的，以受托人身份接受信托和处理信托事务。

信托的基本特征：

(1)信托是以信任为基础，受托人应具有良好的信誉。

(2)信托成立的前提是委托人要将自有财产委托给受托人。

(3)信托财产具有独立性。信托依法成立后，信托财产即从委托人、受托人以及受益人的自有财产中分离出来，成为独立运作的财产。

(4)受托人为受益人的最大利益，管理信托事务。

信托业务范畴主要包括商事信托、民事信托、公益信托等领域。经中央银行批准的金融信托投资公司可以经营资金信托、动产信托、不动产信托和其他财产信托四大类信托业务。

（四）信用合作社

信用合作社是农村信用合作社和城市信用合作社的统称。它们是群众性的合作制金融组织，是对我国银行体系的必要补充和完善，对我国城乡集体企业、个体工商业户和居民个人之间的资金融通起了很好的作用。

信用合作社是合作制金融组织。合作制是与股份制不同的产权组织形式。其不同之处表现在：(1)入股方式不同。股份公司一般自上而下控股，下级为上级所拥有；合作制则自下而上参股，上一级机构由下一级机构入股组成，并被下一级机构所拥有，基层社员是最终所有者。

(2)经营目标不同。股份制企业以利润最大化为目标;而合作组织的主要目标是为社员服务。(3)管理方式不同。股份制实行"一股一票",大股东有控股权;合作制实行"一人一票",社员不论入股多少,具有同等权利。(4)分配方式不同。股份制企业的利润主要用于股东分红,积累要量化到某一股份;而合作组织盈利主要用于积累,积累归社员集体所有。

【本章小结】

1. 金融市场是资金供求双方借助金融工具进行各种货币资金交易活动的市场。在现代经济中,商品、劳务的生产与交换都需要货币资金,而货币资金的获得除了通过企业内部自我形成以外,还要依靠企业外部的资金融通,即通过借贷方式借入资金或贷出资金,而资金的借贷需通过各种金融工具的交易来完成。

2. 金融市场是一个由多种元素构成的有机整体。同任何市场一样,金融市场由四个基本要素构成,即交易主体、交易对象、交易中介和交易价格。

3. 金融市场是一个包含许多不同层次和内容的复杂复合体,包括许多相互独立又相互联系的市场,根据不同的标准,从不同的角度,金融市场可以划分为几种类别:按期限分为短期金融市场和长期金融市场;按交割方式分为现货市场、期货市场和期权市场等。

4. 金融市场的功能是多方面的,其中最基本的功能是满足社会再生产过程中的投融资需求,促进资本的集中与转换。具体表现为以下几点:筹资和融资的功能,资源配置的功能,灵活地调度和转化资金的功能,国民经济"信号系统"的功能,调节宏观经济的功能,分散社会经济风险的功能。

5. 金融市场的交易主体就是金融市场的参与者。它可以分为资金的供应者、需求者、中介者和管理者。具体来讲,它又可分为企业、金融机构、政府、家庭和个人及海外投资者。

6. 金融市场媒体分为两类:一类是经纪人和券商,另一类是金融中介机构和金融市场组织。其中主要有证券公司、证券交易所、投资银行、信托公司等。

【本章思考题】

1. 什么是金融市场?
2. 金融市场的功能有哪些?
3. 金融市场有哪些类型?
4. 金融市场的参与主体有哪些?
5. 金融市场交易媒体有哪些?

第四章 货币市场

货币市场是金融市场的重要组成部分，其发展水平对于金融体制改革、商业银行经营方式的转变和中央银行货币政策操作都具有重要意义。从1996年起，中国才开始逐步建立银行间同业拆借市场、回购市场、银行间债券市场和票据市场，组成了较完整的货币市场体系，为公开市场操作等间接调控创造了操作平台，提高了货币政策间接调控的效率。

【学习目标】

学完本章，你应能够：

1. 掌握货币市场的特点；
2. 理解同业拆借市场、商业票据市场的概念与结构；
3. 理解大额可转让定期存单的概念；
4. 了解短期政府债券市场；
5. 了解回购协议市场。

第一节 货币市场的功能和特点

货币市场是指融资期限在一年以内的短期资金市场。货币市场的交易对象是短期金融工具，主要包括货币头寸、商业票据、银行承兑汇票、大额可转让定期存单、短期国债等。就其结构而言，货币市场包括同业拆借市场、票据贴现市场、短期政府债券市场、证券回购市场等。

货币市场产生和发展的初始动力是为了保持资金的流动性，它借助于各种短期资金融通工具将资金需求者和资金供应者联系起来，既满足了资金需求者的短期资金需要，又为资金有余者的暂时闲置资金提供了获取盈利的机会。但这只是货币市场的表面功用，将货币市场置于金融市场甚至市场经济的大环境中，可以发现，货币市场的功能远不止此。货币市场既从微观上为银行、企业提供灵活的管理手段，使其在对资金的安全性、流动性、营利性相统一的管理上更方便灵活，又为中央银行实施货币政策以调控宏观经济提供手段，为保证金融市场的发展发挥巨大作用。

一、货币市场的功能

(一)短期资金融通功能

市场经济条件下的各种经济行为主体客观上有资金盈余方和资金不足方之分,从期间上可分为一年期以上的长期性资金余缺和一年期以内的短期性资金余缺两大类,相对于资本市场(Capital Market)为中长期资金的供需提供服务,货币市场(Money Market)则为季节性、临时性资金的融通提供了可行之径。相对于长期投资性资金需求来说,短期性、临时性资金需求是微观经济行为主体最基本的、也是最经常的资金需求,因为短期的临时性、季节性资金不足是由于日常经济行为的频繁性所造成的,是必然的、经常的,这种资金缺口如果不能得到弥补,就连社会的简单再生产也不能维系,或者只能使商品经济处于初级水平,短期资金融通功能是货币市场的一个基本功能。

(二)管理功能

货币市场的管理功能主要是指通过其业务活动的开展,促使微观经济行为主体加强自身管理,提高经营水平和盈利能力。

(1)同业拆借市场、证券回购市场等有利于商业银行业务经营水平的提高和利润最大化目标的实现。同业拆借和证券回购是商业银行在货币市场上融通短期资金的主渠道。充分发达的同业拆借市场和证券回购市场可以适时有度地调节商业银行准备金的盈余和亏缺,使商业银行无须为了应付提取或兑现而保有大量的超额准备金,从而将各种可以用于高收益的资产得以充分运用,可谓"一举两得"。为此,商业银行要运用科学的方法进行资金的流动性管理,使商业银行资产负债管理迈上一个新的台阶。

(2)票据市场有利于以盈利为目的的企业加强经营管理,提高自身信用水平。票据市场从票据行为上可以分为票据发行市场、票据承兑市场、票据贴现市场;从签发主体上可以分为普通企业票据和银行票据。只有信誉优良、经营业绩良好的主体才有资格签发票据,并在发行、承兑、贴现各环节得到社会的认可和接受。不同信用等级的主体所签发和承兑的票据在权利、义务关系上有明显的区别,如利率的高低、票据流动能力的强弱、抵押或质押的金额的大小等。所以,试图从票据市场上获得短期资金来源的企业必须是信誉优良的企业,而只有管理科学、效益优良的企业才符合这样的条件。

(三)政策传导功能

货币市场具有传导货币政策的功能。市场经济国家的中央银行实施货币政策主要通过再贴现政策、法定存款准备金政策、公开市场业务等的运用来影响市场利率和调节货币供应量以实现宏观经济调控目标,在这个过程中货币市场发挥了基础性作用。

1. 同业拆借市场是传导中央银行货币政策的重要渠道

中央银行通过同业拆借市场传导货币政策借助于对同业拆借利率和商业银行超额准备金的影响。首先,同业拆借利率是市场利率体系中对中央银行的货币政策反应最为敏感和直接的利率之一,成为中央银行货币政策变化的"信号灯"。这是因为,在发达的金融市场上,同业拆借活动涉及范围广、交易量大、交易频繁,同业拆借利率成为确定其他市场利率的基础利率。

国际上已形成在同业拆借利率的基础上加减协议幅度来确定利率的方法，尤其是伦敦同业拆借利率更成为国际上通用的基础利率。中央银行通过货币政策工具的操作，首先传导影响同业拆借利率，继而影响整个市场利率体系，从而达到调节货币供应量和调节宏观经济的目的。其次，就超额准备而言，发达的同业拆借市场会促使商业银行的超额准备维持在一个稳定的水平，这显然为中央银行控制货币供应量创造了一个良好的条件。

2. 票据市场为中央银行提供了宏观调控的载体和渠道

传统的观念认为票据市场仅限于清算，甚至短期资金融通功能也经常被忽略。实际上，除了上述两个基本功能外，票据市场还为中央银行执行货币政策提供了重要载体。首先，再贴现政策必须在票据市场实施。一般情况下，中央银行提高再贴现率，会起到收缩票据市场的作用，反之则扩展票据市场。同时，中央银行通过票据市场信息的反馈，适时调整再贴现率，通过货币政策中介目标的变动，实现货币政策的最终目标。另外，随着票据市场的不断完善和发展，票据市场的稳定性不断增强，会形成一种处于均衡状态下随市场规律自由变动的、供求双方均能接受的市场价格，反映在资金价格上就是市场利率，它无疑是中央银行利率政策的重要参考。其次，多种多样的票据是中央银行进行公开市场业务操作的工具之一，中央银行通过买进或卖出票据投放或回笼货币，可以灵活地调节货币供应量，以实现货币政策的最终目标。

3. 国库券等短期债券是中央银行进行公开市场业务操作的主要工具

公开市场业务与存款准备金政策和再贴现政策相比有明显优势，它使中央银行处于主动地位，其规模根据宏观经济的需要可大可小，交易方法和步骤可以随意安排，不会对货币供给产生很大的冲击，同时，其操作的隐蔽性不会改变人们的心理预期，因此易于达到理想的效果。但是，开展公开市场业务操作需要中央银行具有规模相当、种类齐全的多种有价证券，其中国债尤其是短期国债是主要品种。因为国债信用优良、流动性强，适应了公开市场业务操作的需要，同时，公开市场业务操作影响的主要是短期内货币供应量的变化，所以对短期债券和票据要求较多。因此，具有普遍接受性的各种期限的国库券成为中央银行进行公开市场业务操作的主要工具。

(四)促进资本市场尤其是证券市场发展的功能

货币市场和资本市场作为金融市场的核心组成部分，前者是后者规范运作和发展的物质基础。首先，发达的货币市场为资本市场提供了稳定充裕的资金来源。从资金供给角度看，资金盈余方提供的资金层次是由短期到长期、由临时性到投资性的，因此货币市场在资金供给者和资本市场之间搭建了一个“资金池”。资本市场的参加者必不可少的短期资金可以从货币市场得到满足，而从资本市场退出的资金也能在货币市场找到出路。因此，货币市场和资本市场就如一对“孪生兄弟”，不可偏废于任何一方。其次，货币市场的良性发展减少了由于资金供求变化对社会造成的冲击。从长期市场退下来的资金有了出路，短期游资对市场的冲击力大减，投机活动得到了最大可能的抑制。因此，只有货币市场发展健全了，金融市场上的资金才能得到合理地配置，从世界上大多数发达国家金融市场的发展历程中可以总结出“先货币市场，后资本市场”是金融市场发展的基本规律。

二、货币市场的特点

（一）交易主体以机构投资者为主

货币市场因其短期流动性较强，因此市场参与者主要是各类机构投资者，如商业银行、政府、保险公司、社保基金，个人投资者交易的份额很小。

（二）融资工具具有较强的流动性

货币市场上的融资工具具有很强的流动性。由于在货币市场上交易的金融资产期限较短，转手容易，变现能力强，收益较稳定，因此市场的参与者较多，每笔交易的金额也较大，少则几十万元，多则几千万元甚至上亿元，资金的周转量也是相当可观的。

（三）市场价格波动较小

由于货币市场的交易都是即期交易，市场的参与者从事交易活动的目的主要是进行短期融资，因此不存在期货市场那样的投机活动，一般情况下不会出现金融资产价格大幅涨跌的现象，因此市场的交易价格波动不大，交易额也比较平稳。

（四）投资收益有保障

由于通过货币市场融通的资金绝大部分都是用于短期资金周转，偿还期很短，加上短期金融工具（国库券、银行承兑汇票）等的发行人信誉一般较高，因此投资者的收益比较有保障，投资风险较小。

第二节　同业拆借市场

一、同业拆借市场的定义

同业拆借市场是指各类金融机构之间进行短期资金拆借活动所形成的市场。换句话说，同业拆借市场是金融机构之间的资金调剂市场。同业拆借市场主要是满足金融机构之间在日常经营活动中经常发生的头寸盈缺调剂的需要。同业拆借市场的参与者是各类金融机构。

同业拆借市场的拆借期限一般以1～2天最为常见，最短期的为隔夜拆借，这些时间很短的拆借，又称头寸拆借，因为其拆借资金主要用于弥补借入者头寸资金的不足。其他还有拆借期限比较长的，如7天、14天、28天等，也有1个月、2个月、3个月期的，最长的可以达1年，但通常不会超过1年。时间较长的拆借又称同业借贷，拆借的资金主要用于借入者的日常经营，以获得更多收益，如银行的短期放贷。

小贴士

资料卡4－1　我国同业拆借市场的发展

1984～1995年底：初始阶段

我国的同业拆借始于1984年。1984年以前实行的是高度集中统一的信贷资金管理体制。银行间的资金余缺只能通过行政手段纵向调剂，不能自由地横向融通。1984年10月，二级银行体制已经形成了新的金融组织格局，信贷资金管理体制也实行了重大改革，允许各专业银行互相拆借资金。1988年9月，面对社会总供求关系严重失调，国家实行了严历的"双紧"政策，治理整顿宏观措施，同业拆借市场的融资规模大幅度下降。1992 年，宏观经济和金融形势趋于好转，同业拆借市场的交易活动也随之活跃起来。1993 年 7 月，针对拆借市场违章拆借行为频生，国家开始对拆借市场进行清理，市场交易数额再度萎缩。1995 年，为了巩固整顿同业拆借市场的成果，中国人民银行进一步强化了对同业拆借市场的管理，为进一步规范和发展同业拆借市场奠定了基础。

1996 年 1 月～1998 年：规范阶段

为了改变同业拆借市场的分割状态，更好地规范拆借行为，建立全国统一的同业拆借市场，1996 年 1 月 3 日，全国统一的银行间同业拆借市场正式建立。这个市场由两级网络组成：一级网通过中国外汇交易中心的通信网络和计算机系统进行交易，由各类商业银行和中国人民银行各省、自治区、直辖市分行牵头的融资中心参加；二级网由融资中心牵头，经商业银行总行授权的分支机构和非银行金融机构共同参与交易。

1998 年至今：发展阶段

1998 年 6 月，中国人民银行正式决定逐步撤销融资中心，致使银行间同业拆借市场出现交易量大幅度下降。针对这一情况，中国人民银行主要从网络建设、扩大电子交易系统、扩大交易主体三方面进行了改进和完善。

自 2002 年 6 月 1 日起，中国外汇交易中心为金融机构办理外币拆借中介业务。统一、规范的国内外币同业拆借市场正式启动。2014 年银行间市场拆借、现券和债券回购累计成交 302.4 万亿元，同比增加 28.5%。

二、同业拆借市场的分类构成

同业拆借市场主要有两种类型。

(一)银行同业拆借市场

银行同业拆借市场是指银行同业之间短期资金的拆借市场。各银行在日常经营活动中会经常发生头寸不足或盈余的情况，银行同业间为了相互支持对方业务的正常开展，并使多余资金产生短期收益，就会自然产生银行同业间的资金拆借交易。这种交易活动一般没有固定的场所，主要通过电信手段成交。期限有 1 日、2 日、5 日不等，一般不超过 1 个月。期限最短的甚至只有半日，如日本的"半日拆"，从上午票据交换清算后到当日营业终了为限。拆借的利息叫"拆息"，其利率由交易双方自定，通常低于中央银行的再贴现率而高于银行的资金成本。拆息变动频繁，灵活地反映资金供求状况。同业拆借每笔交易的数额较大，以适应银行经营活动的需要。日拆一般无抵押品，单凭银行间的信誉进行。期限较长的拆借常以信用度较高的金融工具为抵押品。

(二)短期拆借市场

短期拆借市场又称"通知放款"，主要是商业银行与非银行金融机构(如证券公司)之间的一种短期资金拆借形式。其特点是利率多变，拆借期限不固定，随时可以拆出，随时偿还。交易所经纪人多用这种方式向银行借款。具体做法是银行与客户间订立短期拆借协定，规定拆借幅度和担保方式，在幅度内随用随借，担保品多是股票、债券等有价证券。借款人在接到银行还款通知的次日即须偿还,如到期不能归还,银行有权出售其担保品。

三、同业拆借的特点

(一)融通资金的期限比较短

同业拆借市场的资金拆借最初多为隔夜拆借(一日)或几日的资金临时调剂,目的是解决临时性的资金头寸不足问题或对多余头寸进行融通。然而发展到今天,同业拆借市场已经成为各金融机构弥补短期资金不足和进行短期资金运用的场所。目前,同业拆借的期限一般为1~7天,也可以是1个月、3个月、6个月,最长期限为一年。同业拆借市场也从临时性的资金调剂市场变成了参与者以银行业为主的短期的融资市场。

(二)交易金额较大

同业拆借市场的交易金额较大,一般少则上百万元,多则几千万元;而且多数情况下不需要担保或抵押,完全是一种信用交易,交易双方都以自己的信用作为担保,严格按协议的规定执行。这主要是因为同业拆借市场的参与者都是银行或其他金融机构,信誉较高,自律性较强,并且金融监管部门对同业拆借市场的监管也较为严格。

(三)拆借利率由交易双方议定

同业拆借市场的利率一般采用随行就市、由交易双方议定的方法,可由双方协商、讨价还价,最后议价成交。拆入方或拆出方可以同时向几家询价,选择其中最优惠的价格成交。通常同业拆借利率低于中央银行同期的贴现利率而高于同期的银行存款利率。同业拆借市场的利率是一种市场化程度较高的利率,能够比较真实地反映市场资金供求状况及变化。

(四)交易手段比较先进

同业拆借市场发展到今天,其交易手段越来越先进,交易手续比较简便,成交较为快捷。同业拆借市场以无形市场为主,其交易主要通过电话、电报、传真等方式来进行。交易双方达成协议后,就可以通过各自在中央银行开立的存款账户进行划账清算。随着计算机、网络和通信技术的迅速发展,目前同业拆借市场的融资活动已经可以通过网上交易的方式来完成。

小贴士

资料卡4-2 什么是LIBOR

LIBOR即London Inter Bank Offered Rate的缩写,译成中文名为“伦敦银行同业拆借利率”。它是英国乃至世界上最著名的同业拆借利率,同时也是制定国际贷款或发行债券的利率基准。

LIBOR是英国银行家协会(British Banker's Association)根据其选定的几家参考银行,于规定的时间(一般是伦敦时间上午11:00)在伦敦市场报出的银行同业拆借利率,进行取样并平均计算成为指标利率,该指标利率在每个营业日都会对外公布。目前全球使用量最大的是3个月和6个月的LIBOR。目前中国的银行对外的筹资成本即是在LIBOR的基础上加一定百分点。

另外,从LIBOR变化出来的还有新加坡同业拆借利率(SIBOR)、纽约同业拆借利率(NIBOR)、中国香港同业拆借利率(HIBOR)等。2013年7月9日,纽约泛欧交易所宣布,将自2014年初开始接手LIBOR的管理。

四、同业拆借市场的作用

同业拆借市场的重要作用在于，它使金融机构在不用保持大量超额准备金的前提下，满足存款支付及汇兑、清算的需要。在现代金融制度体系中，金融机构为了实现较高利润和收益，必然要扩大资产规模，但同时会面临准备金减少、可用资金不足的问题，甚至出现暂时性支付困难。但准备金过多、可用资金闲置过多又使金融机构利润减少、收益降低。金融机构需要在不影响支付的前提下，尽可能地降低准备金水平，以扩大能获取高收益的资产规模，使利润最大化。同业拆借市场使准备金多余的金融机构可以及时拆出资金，保证获得较高收益，准备金不足的金融机构可以及时借入资金保证支付，有利于金融机构实现其经营目标。

同业拆借市场还是中央银行实施货币政策、进行金融宏观调控的重要场所。同业拆借市场的交易价格即同业拆借市场利率，是资金市场上短期资金供求状况的反映。中央银行根据其利率水平，了解市场资金的松紧状况，运用货币政策工具进行金融宏观调控，调节银根松紧和货币供应量，实现货币政策目标。

第三节　票据市场

一、票据市场的概念

票据是具有法定形式，表明债权债务关系的一种有价凭证，是一种商业证券。商业票据有两种：本票（期票）和汇票。票据市场也是货币市场的重要组成部分，是以各种票据作为交易媒介进行资金融通的市场。商业票据是由一些资金雄厚、财务健全、信誉卓著的著名公司发行的，到期按票面金额向持票人付现的一种无抵押担保承诺凭证。商业票据市场是指在商品交易和资金往来过程中产生的以汇票、本票和支票的发行、担保、承兑、贴现、转贴现、再贴现实现短期资金融通的市场。美国的商业票据属于本票性质，英国的商业票据则属于汇票性质。商业票据市场就是对这些信誉卓著大公司所发行的商业票据进行交易的市场。

票据市场按票据发行主体划分，可分为银行票据市场、商业票据市场；按资金属性划分，可分为商业票据市场和融资票据市场；按交易方式划分，可分为票据发行市场、票据承兑市场和票据贴现市场。这里主要介绍票据承兑市场和票据贴现市场。

二、票据承兑市场

目前在票据市场上流通的票据主要可以分为商业票据和银行承兑汇票两类。

（一）商业票据

商业票据又称公司票据，是商业活动中最古老的一种信用方式。商业票据一般是由信誉较高的大公司为筹措短期资金而发行的短期债务凭证，主要有商业本票和商业汇票两种类型。商业本票又称期票，是债务人向债权人发出的、要求债务人向指定的收款人或持票人支付一定金额款项的支付命令。商业汇票按付款日的不同又分为即期汇票和远期汇票，远期汇票必须经过承兑才具有法律效力。承兑是指在票据到期前，由付款人在票据上做出承认付款的文字记载及签名的一种手续。

商业票据的期限一般为30～60天，最长不超过270天。利率水平一般略高于国库券的利率。商业票据经过背书可以流通转让。背书即票据的收款人或持票人在转让票据时在票据背面签名的行为。经过背书的票据可以充当流通手段和支付手段，用来购买商品或偿还债务。

（二）银行承兑汇票

银行承兑汇票是在国内商品交易和国际贸易中广泛使用的一种重要的结算工具。它是指银行应进口商（或债务人）的请求，由进口商（或债务人）开出的，由银行在汇票上签字盖章，承诺在汇票到期日付款的远期汇票。银行承兑汇票实质上是商业票据的一种，并非银行票据；但由于银行承兑汇票是用银行信用代替了原有的商业信用，这样就使其在安全性和流动性方面都大大高于一般的商业票据，因此成为票据市场上一种优良的信用工具。

银行承兑汇票的期限一般为30～180天，以90天的最为常见。银行承兑汇票可以在票据市场上买卖和转让。银行承兑汇票的持有人多数情况下不会将汇票持有至到期日才收回欠款，而是在票据市场上将其转让或向承兑银行办理票据贴现，以此来融通短期资金，加速资金的周转。

由于银行承兑汇票一般都以真实的商品买卖作为基础，又有付款人和银行对付款的双重保证，因此具有很高的安全性，在某些情况下可以代替货币来使用。目前，银行承兑汇票不仅成为货币市场上一种非常重要的金融工具，而且在商品交易市场上也是一种很受欢迎的、重要的支付手段。

三、票据贴现市场

票据贴现市场是通过对未到期的票据进行贴现，为客户提供短期融资的市场。所谓贴现，是指票据的持有人在需要资金时，将未到期的票据经过背书后转让给银行，银行（或贴现行）按贴现利率从票面金额中扣除贴现日至到期日的利息后将余款支付给持票人的一种融资方式。贴现是融通短期资金的一种重要方式，其实质是一种以票据为抵押的短期贷款。贴现市场的参与者有工商企业、个人、商业银行、贴现公司（或贴现行）、中央银行等，贴现的票据主要有政府国库券、短期债券、银行承兑汇票和商业承兑汇票，贴现利率一般高于银行贷款利率。票据贴现的计算公式为：

票据贴现付款额＝票据面额×（1－年贴现率×未到期天数/365）

贴现市场的存在和发展对于汇票持有人、商业银行以及中央银行都有重要作用。对于汇票持有人来说，通过汇票贴现为其提前兑取现款提供了方便条件，满足了临时资金的需要；对于商业银行来说，贴现市场既是运用资金的有力场所，又是获取资金的有效渠道；对于中央银行来说，贴现市场为其实现宏观调控创造了条件，中央银行通过提高或降低再贴现率，以达到影响商业银行信贷规模、紧缩信用或扩张信用、实现对信用总量调控的目的。贴现、转贴现、再贴现的关系如图4－1所示。

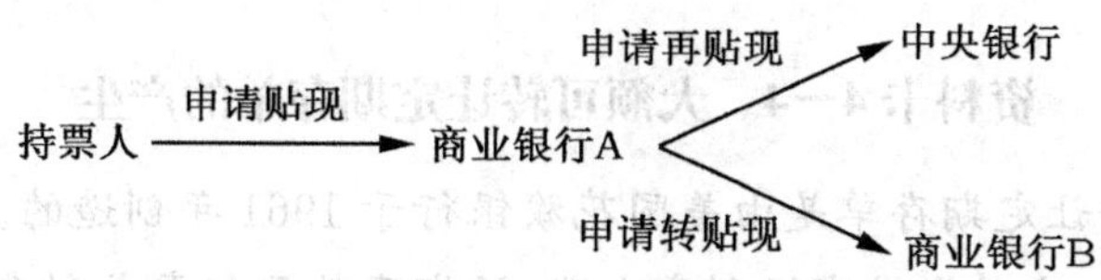

图 4—1　贴现、转贴现与再贴现的关系

小贴士

资料卡 4—3　我国的票据市场发展状况

国外票据市场的发展模式主要有三种：以美国为代表的放任经营模式，以英国为代表的引导专营模式，以日本为代表的强管制模式。它们都有发达的市场经济水平、健全的市场经济体制、成熟的资本市场和货币市场体系及完善的规章制度等。这为票据市场健康有序发展、支持货币政策尤其是票据的再贴现政策充分发挥效应提供了重要条件。目前，发达国家的票据市场呈现以下特点：票据多样化，融资性票据与交易性票据并存，再贴现操作方式趋同，再贴现利率多层次，中介机构多元化，等等。

我国票据市场起步较晚，从 21 世纪初开始快速增长。2001～2008 年商业汇票年累计承兑量由 1.2 万亿元增加到 7.1 万亿元，年均增长 29%；贴现量由 1.4 万亿元增加到 13.5 万亿元，年均增长 41%；期末商业汇票未到期余额由 0.5 万亿元增加到 3.2 万亿元，贴现余额由 0.3 万亿元增加到 1.9 万亿元。

2013 年，票据承兑业务增幅趋缓。2013 年，企业累计签发商业汇票 20.3 万亿元，同比增长 13.3%；期末商业汇票未到期金额 9.0 万亿元，同比增长 8.3%。从行业结构看，企业签发的银行承兑汇票余额仍集中在制造业、批发和零售业。从企业结构看，由中小型企业签发的银行承兑汇票约占 2/3。票据承兑的持续稳定增长有效加大了对实体经济，特别是对小微企业的融资支持。

2013 年，金融机构累计贴现 45.7 万亿元，同比增长 44.3%；期末贴现余额 2.0 万亿元，同比下降 4.1%。

第四节　大额可转让定期存单市场

大额可转让定期存单，简称 CDs，是在银行定期存款的凭据上注明存款金额、期限、利率，到期持有人提取本金和利息的一种债务凭证。它是商业银行用来吸收大额定期存款的一种新型的金融工具。由于这种存单是不记名的，可在二级市场上自由转让，因此称为大额可转让定期存单。

资料卡 4－4　大额可转让定期存单的产生

小贴士

第一张大额可转让定期存单是由美国花旗银行于 1961 年创造的。其目的是为了稳定存款、扩大资金来源。由于当时市场利率上涨，活期存款无利率或利率极低，现行定期储蓄存款亦受联邦条例制约，利率上限受限制，存款纷纷从银行流出，转入收益高的金融工具。大额可转让定期存单利率较高，又可在二级市场转让，对于吸收存款大有好处，于是，这种新的金融工具诞生了。大额可转让定期存单除了对银行起稳定存款的作用、变银行存款被动等待顾客上门为主动发行存单以吸收资金、更主动地进行负债管理和资产管理外，存单购买者还可以根据资金状况买入或卖出，调节自己的资金组合。

可转让大额定期存单市场的主要参与者是货币市场基金、商业银行、政府和其他非金融机构投资者，市场收益率高于国库券。

一、大额可转让定期存单的特点

在我国，可转让大额定期存单是银行发行的一种固定面额、固定期限、可转让的大额存款凭证。其主要特点有以下几个方面：

（一）固定面额

大额可转让定期存单有固定面额，是指存单的面额有法律的限定，不得任意变更。一般的存折或存单都可以根据具体的情况来确定存款金额，且随支取情况的变化，存单面额可以发生改变。但是我国的《大额可转让定期存单管理办法》规定，大额存单对个人发行部分，其面额不得低于 500 元（见图 4－2）；对单位发行部分，其面额不得低于 5 万元。这主要是因为，发行大额存单的目的是为了吸取市场上的大额短期流动资金。

图 4－2　大额可转让定期存单

（二）固定期限

固定期限是指大额存单有法定的期限档次，不得自行变更，而且与一般定期存款不一样，不得提前支取。对一般存单来说，存款人可以根据具体需要来决定存款期限的长短，但是，大额存单的期限大多为一年或更短些。一般大额存单的期限为 1 个月、3 个月、6 个月、9 个月和

12个月。大额存单不得提前支取，不分段计息，而是到期后一次还本付息，不计付逾期利息。

（三）可转让性

大额可转让定期存单最大的特点是可转让性。可转让的意思是，存单的购买者可于存单到期日之前在货币市场上把它们售出以回收资金，或者可以用来作为债务抵消工具，或者进行质押来获得流动资金，在到期日银行将对任何一个持有该存单的人付款。

二、大额可转让定期存单与一般存单的差别

（一）不记名

大额可转让定期存单不记名，自由转让，持有者需用现款即可在市场上转让出售。

（二）金额固定，面额大

美国的大额可转让定期存单最低起价为10万美元。存单的期限通常不少于2周，大多为3～6个月，一般不超过1年。大额可转让定期存单的利率略高于同等期限的定期存款利率，与当时的货币市场利率基本一致。

（三）允许买卖、转让，使它集中了活期存款和定期存款的优点

对于银行来说，它是定期存款，未到期不能提前支取，故可作为相对稳定的资金用于期限较长的放款；对于存款人来说，既有较高的利息收入（国外活期存款一般没有利息），又能在需要时转让出售，迅速变现，是一种理想的金融工具。

三、我国的大额可转让定期存单

我国商业银行于1986年才开始发行大额可转让定期存单。中国人民银行1996年颁布的《大额可转让定期存单管理办法》规定，我国商业银行对城乡居民个人发行的大额可转让定期存单，面额为1万元、2万元、5万元；对企业、事业单位发行的大额可转让定期存单，面额为50万元、100万元、500万元。大额可转让定期存单的期限为3个月、6个月、12个月（1年），利率由中国人民银行制定。我国的大额可转让定期存单市场发展起步较晚、规模较小、发育不成熟。目前大额可转让定期存单的交易主要限于一级市场，二级市场的交易极其清淡。为了进一步完善银行的负债结构，为银行吸引更多、更稳定的信贷资金，有必要加速培育我国的大额可转让定期存单市场。这也是我国金融业特别是银行业业务发展的需要。

第五节　短期国债市场

短期国债市场也称国库券市场，是指期限在1年以内的政府债券流通和交易的场所。国库券的期限一般分为3个月、6个月、9个月和1年。各国政府发行国库券，主要是为了弥补因财政先支后收造成的临时性资金短缺。由于短期国债是以国家信用作担保的，不存在信用风险，而且期限较短，具有安全性好、流动性强、可享受税收优惠等优点，同时还可以获得高于同期银行存款的利息，因此国库券已成为各国金融市场上十分抢手的投资工具。目前短期国债已成为许多国家货币市场上交易量最大的交易品种，其持有者包括政府、银行、基金、保险公司、个人等，而商业银行和中央银行是短期国债的最大持有者。商业银行投资短期国债是将其

作为银行的二级准备，这样既可保证资产的安全性和流动性，又能获得相对较高的收益。中央银行则把短期国债作为进行公开市场业务操作的重要工具之一，通过对国债的直接买卖和回购等方式向市场投放或回收货币，从而调控货币供应量，实现其货币政策目标。

一、短期国债市场的特征

（一）安全性高

国库券是由财政部发行的，一般不存在违约风险。因此，国库券利率往往被称为无风险利率，成为确定其他利率的依据。

（二）流动性强

极高的安全性以及组织完善、运行高效的市场赋予国库券极强的流动性，使持有者可随时在市场上转让变现。

（三）税收优惠

政府为增强国库券的吸引力，通常给予购买者税收方面的优惠，如豁免州和地方所得税、交易税等。此外，国库券市场具有其他货币市场不可替代的作用。它有助于协调商业银行经营“三性”的矛盾，有助于弥补财政临时性、季节性收支短缺，有助于中央银行进行宏观调控。

二、短期国债的发行

（一）发行动机

财政部发售国库券主要是为政府筹措短期资金以弥补季节性、临时性财政赤字或应付其他短期资金需求，如偿还到期国库券。

（二）发行方式

国库券的发行一般采用招投标方式进行。国库券的投标分为竞争性和非竞争性两种。竞争性投标者应在标书中列明购买的价格和数量，投标人可能因出价太低失去购买机会，或者因投标价格太高造成损失，因此风险较高；非竞争投标者应在投标书中标明参加非竞争性投标，他们不提出投标价格，而以竞争性投标者的平均价格作为买入价格，但购买数量会受到限制。

三、短期国债的流通

在国库券的流通市场上，市场的参与者主要有商业银行、中央银行、证券交易商、企业、个人投资者。国库券市场行情的变动主要受到国家宏观经济形势、市场利率水平、债券供求关系等诸多因素的影响。从世界各国的情况看，美国的国库券市场最发达，多年来从国库券的发行到流通已经形成了一个完备的系统和制度，不仅国库券的发行数量非常大，发行十分频繁，而且国库券流通市场的交易也十分活跃。

在流通市场购买国库券有两种途径：一是通过银行购买国库券。这是最方便的方法。某些大银行往往既是国库券的投资者，也是国库券的承销商。二是通过证券交易商购买国库券。但不同交易商的收费有所不同。大交易商收费较少，小交易商因需要向银行或大交易商购买国库券，收费较高。银行和交易商者主要是从买进和卖出的微小价差中获利，因而较为关注大宗交易，对于零散交易常常提高其手续费标准。此外，投资者还可向财政部直接购买国库券，可以免交差价和手续费，但手续麻烦。

四、短期政府债券的收益计算

由于采取贴现发行，短期政府债券的收益是面值与实际购买价格之间的差额。计算短期政府债券的收益率有两种不同的情况：

第一种是计算短期政府债券的名义收益率，公式为：

$$短期政府债券名义收益率=\frac{面值-发行价格}{面值}\times\frac{360}{期限}\times100\%$$

例如，某一期限为60天的短期政府债券面额为1 000美元，实际出售价格为980美元，则其名义收益率为：

$$\frac{1\,000-980}{1\,000}\times\frac{360}{60}\times100\%=12\%$$

第二种是计算短期政府债券的真实收益率，公式为：

$$短期政府债券真实收益率=\frac{面值-发行价格}{发行价格}\times\frac{365}{期限}\times100\%$$

上例中，短期政府债券的真实收益率为：

$$\frac{1\,000-980}{980}\times\frac{365}{60}\times100\%=12.41\%$$

从计算中可以看出，真实收益率反映了投资者在付出购买价格成本基础上所获得的收益，且在数值上要高于名义收益率。短期政府债券的真实收益率可用于同其他货币市场工具的收益率进行比较。

小贴士

资料卡4—5　最初的短期国债

短期国债在英美称为国库券，英国是最早发行短期国债的国家。19世纪70年代，英国政府因为地方政府融资及开拓苏伊士运河的需要，经常缺乏短期周转资金，遂接受经济学家及财政专家W. 拜基赫特的建议，于1887年发行了国库券。短期国债自英国创立以后，在美国得到极大的发展，成为最重要的货币市场工具。我国自1994年财政部开始发行短期国债，2014年，发行人民币债券11万亿元。

第六节　回购协议市场

一、回购协议市场的概念

回购协议市场又称证券回购协议市场，是指通过回购协议进行短期资金融通交易的场所，市场活动由回购与逆回购组成。这里的回购协议是指资金融入方在出售证券的同时，同证券购买者签订的、在一定期限内按原定价格或约定价格购回所卖证券的协议。

从本质上看，回购协议是一种质押贷款协议。虽然回购交易是以签订协议的形式进行交易的，但协议的标的物却是有价证券。另外，我国回购协议市场上回购协议的标的物是经中国人民银行批准的、可用于在回购协议市场进行交易的政府债券、中央银行债券及金融债券。

回购协议市场吸引投资者的原因主要有：首先，该市场为剩余资金的短期投资提供了现成的工具。实际上，大量的回购协议交易是在一个晚上的时间进行的，称为隔夜回购。隔夜回购的利率通常比一国的基准利率低，尽管利率很低，但因为隔夜时间短，可以获得一定的利息回报。其次，在剩余资金数量每日不定的情况下，投资者可通过滚动隔夜回购的办法有效地管理可能的剩余资金。

二、回购市场的分类

（一）按场所不同

按场所不同，证券回购可以分为场内回购和场外回购。

场内回购是指在证券交易所、期货交易所、证券交易中心、证券交易报价系统内，由其设计并经主管部门批准的标准化回购业务。如上海证券交易所开展的证券回购业务，就对回购业务的券种、期限结构、回购合约标的金额、交易竞价方式、清算与结算的相关制度等内容做了较为详细的规定。目前，在我国开展证券回购业务的场所主要有上海证券交易中心、天津证券交易中心以及一些中心城市的证券交易中心等。

场外回购是指在交易所和交易中心之外的证券公司、信托投资公司证券部、国债服务中心、商业银行证券部及同业之间进行的证券回购交易。在西方国家，证券回购通常是一个无形市场，而非中心交易场所交易，即通过电话系统达成回购协议。从长期趋势来看，我们应当以非中心交易场所开展的证券回购为重点。

（二）按期限不同

按期限不同，证券回购可以分为隔日回购和定期回购。隔日回购是指最初出售者在卖出债券的第二天即将同一品种的债券购回的交易行为。定期回购是指最初出售者在卖出债券时，与其购买者约定，在两天以后的某一特定日，再将该债券买回的交易行为。在美国，一般为7天，最长不超过1个月；在我国，最长不得超过1年。目前，全国各主要证券市场为开展国债回购业务均开设了各自的交易品种。例如，上海证券交易所不分国债券种，统一按面值计算持券量的标准化回购交易品种。这种对应标准国债开设的回购交易分别为7天、14天、28天、91天和182天（对应名称为R007、R014、R028、R091、R182）五个回购品种。从近几年我国证券回购市场发展的现实状况来看，有相当一部分回购主体不按协议书上规定的期限进行逆回购交易，有的已逾期三五年了，仍无逆回购的意向，从而影响各经济主体资金的正常运行。

（三）按交易的标的物不同

按交易的标的物不同，可分为国债回购、金融债回购和公司债回购。由于受公司信誉的影响，在美、日、英等资本主义国家，以公司债券为依托的证券回购交易量并不大。至于以股票、权证、法人股、大额可转让定期存单和商业票据为依托的证券回购交易，更为少见。1995年3月13日，上海证券交易所（以下简称上交所）又以创新的方式推出“综合债券回购”。根据上交所的说明，可进行“综合债券回购”交易的债券，限于在上交所挂牌上市的各类金融债券、建设债券和企业债券。参照国债回购交易办法，上交所将上述债券按种类进行合并，并据此开立了

28天(RC028)、91天(RC091)和182天(RC182)三个挂牌品种。

(四)按交易的方式不同

按交易的方式不同,证券回购可以分为证券公司回购、委托回购和直接回购三种。证券公司回购是指证券公司为筹措资金而以附买回条件的方式卖出自己手持的债券。证券公司为了发挥其"零售商机能",通常要在自己的账户上保有一定数量的债券,但作为补充或调节在库资金的主要手段,证券公司又会通过回购交易(卖出债券)来筹措资金。所以,简单地讲,证券公司回购就是其为了自己筹措资金而进行的证券回购交易。

委托回购是指证券公司以外的债券保有者为筹措资金而通过证券公司以回购交易的形式卖出自己持有的债券。也就是说,债券卖出者以附买回条件的方式将自己持有的债券卖给证券公司,证券公司买了这些债券之后又以附买回条件的方式在当天就将这些债券卖给购买者——事业法人、资金充裕的金融机构等。因此,在委托回购的场合,证券公司的在库债券余额不会发生任何变化。

直接回购是指商业银行等资金不足的金融机构不通过证券公司和证券交易场所而直接以附买回条件的方式将自己持有的债券卖给债券购买者的行为。

【本章小结】

1. 货币市场是指融资期限在一年以内的短期资金市场。货币市场的交易对象是短期金融工具,主要包括货币头寸、商业票据、银行承兑汇票、大额可转让定期存单、短期国债等。就其结构而言,货币市场包括同业拆借市场、票据贴现市场、短期政府债券市场、证券回购市场等。

2. 同业拆借市场的重要作用在于,它使金融机构在不用保持大量超额准备金的前提下,满足存款支付及汇兑、清算的需要。同业拆借市场还是中央银行实施货币政策、进行金融宏观调控的重要场所。

3. 票据是具有法定形式,表明债权债务关系的一种有价凭证,是一种商业证券。商业票据有两种:本票(期票)和汇票。票据市场也是货币市场的重要组成部分,是以各种票据作为交易媒介进行资金融通的市场。商业票据是一些资金雄厚、财务健全、信誉卓著的著名公司发行的,到期按票面金额向持票人付现的一种无抵押担保承诺凭证。

票据市场按票据发行主体划分,可分为银行票据市场、商业票据市场;按资金属性划分,可分为商业票据市场和融资票据市场;按交易方式划分,可分为票据发行市场、票据承兑市场和票据贴现市场。

4. 大额可转让定期存单是在原有银行定期存款的基础上所做的金融创新,同传统的定期存款相比,它的特点表现在:(1)固定面额。大额可转让定期存单有固定面额,是指存单的面额有法律的限定,不得任意变更。(2)固定期限。固定期限是指大额可转让定期存单有法定的期限档次,不得自行变更,而且同一般定期存款不一样,不得提前支取。(3)可转让性。大额可转让定期存单最大的特点是可转让性。可转让的意思是,存单的购买者可于存单到期日之前在货币市场上把它们售出以回收资金,或者可以用来作为债务抵消工具,或者进行质押来获得流动资金,在到期日银行将对任何一个持有该存单的人付款。

5. 短期政府债券是政府作为债务人承诺一年内债务到期时偿还本息的有价凭证。短期政府债券具有违约风险小、流通性强、面额小和利息免税等特点。在国库券的流通市场上，市场的参与者主要有商业银行、中央银行、证券交易商、企业个人投资者。

6. 回购市场是指通过回购协议进行短期资金融通交易的市场。所谓回购协议，指的是在出售证券的同时，与证券的购买商签订协议，约定在一定期限后按原定价格或约定价格购回所卖证券，从而获取即时可用资金的一种交易行为。从本质上说，回购协议是一种抵押贷款，其抵押品为证券。在证券的回购交易中，可以作为回购协议标的物的主要有国库券、政府债券、企业(公司)债券、金融债券、其他有担保债券、大额可转让定期存单和商业票据等。

【本章思考题】

1. 货币市场的特点有哪些？
2. 简述同业拆借市场的概念及其分类构成。
3. 商业票据的发行市场由哪些要素构成？
4. 大额可转让定期存单有哪些特点？
5. 简述短期政府债券的概念及其特征。
6. 简述回购协议市场的分类。

第五章 债券市场

债券市场是发行和买卖债券的场所，是金融市场的一个重要组成部分。债券市场是一国金融体系中不可或缺的部分。一个统一、成熟的债券市场可以为全社会的投资者和筹资者提供低风险的投融资工具；债券的收益率曲线是社会经济中一切金融商品收益水平的基准，因此债券市场也是传导中央银行货币政策的重要载体。统一、成熟的债券市场构成了一个国家金融市场的基础。

【学习目标】

学完本章，你应能够：

1. 掌握债券市场的性质和种类；
2. 理解债券的票面要素；
3. 了解债券的发行市场的构成、发行方式和程序；
4. 掌握债券的票面利率与发行价格；
5. 了解债券交易市场的类型；
6. 掌握债券交易的方式；
7. 理解债券的市场价格及其影响因素；
8. 理解债券的收益率。

第一节 债券的性质和种类

一、债券的定义和特征

(一)债券的定义

债券是发行人依照法定程序发行，并约定在一定期限还本付息的有价证券。债券包含四个方面的含义：(1)发行人是借入资金的经济主体；(2)投资者是出借资金的经济主体；(3)发行人需要在一定时期付息还本；(4)债券反映了发行者和债权人的债务关系，而且是这一关系的法律凭证。

债券具有以下基本性质：

1. 债券属于有价证券

首先，债券反映和代表一定的价值。债券本身有一定的面值，通常它是债券投资者投入资金的量化表现；另外，持有债券可按期取得利息，利息也是债券投资者收益的价值表现。其次，债券与其代表的权利联系在一起，拥有债券也就拥有了债券所代表的权利，转让债券也就将债券代表的权利一并转移。

2. 债券是一种虚拟资本

资本债券尽管有面值，代表了一定的财产价值，但它也只是一种虚拟资本，而非真实资本。因为债券的本质是证明债权债务关系的证书，在债权债务关系建立时所投入的资金已被债务人占用，债券是实际运用的真实资本的证书。债券的流动并不意味着它所代表的实际资本也同样流动，债券独立于实际资本。

3. 债券是债权的表现

债券代表债券投资者的权利，这种权利不是直接支配财产权，也不以资产所有权表现，而是一种债权。拥有债券的人是债权人，债权人不同于财产所有人。以公司为例，在某种意义上，财产所有人可以视作公司的内部构成分子，而债权人是与公司相对立的。债权人除了按期取得本息外，对债务人不能做其他干预。

（二）债券的票面要素

债券作为证明债权债务关系的凭证，一般以有一定格式的票面形式来表现。通常，债券票面有四个基本要素：

1. 债券的票面价值

在债券的票面上，首先要规定票面价值的币种，即以何种货币作为债券价值的计量标准。确定币种主要考虑债券的发行对象。一般来说，在国内发行的债券通常以本国货币作为面值的计量单位；在国际金融市场筹资，则通常以债券发行地所在国家的货币或以国际通用货币为计量标准。此外，确定币种还应考虑债券发行者本身对币种的需要。币种确定后，还要规定债券的票面金额。票面金额大小不同，可以适应不同的投资对象，同时也会产生不同的发行成本。票面金额定得较小，有利于小额投资者购买，持有者分布面广，但债券本身的印刷及发行工作量大，费用可能较高；票面金额定得较大，有利于少数大额投资者认购，且印刷费用等也会相应减少，却使小额投资者无法参与。因此，债券票面金额的确定也要根据债券的发行对象、市场资金供给情况及债券发行费用等因素综合考虑。

2. 债券的偿还期限

债券偿还期限是指债券从发行之日起至偿清本息之日止的时间。各种债券有着不同的偿还期限，短则几个月，长则几十年，习惯上有短期债券、中期债券和长期债券之分。发行人在确定债券期限时，要考虑多种因素的影响，主要有：

第一，资金使用方向。债务人借入资金可能是为了弥补自己临时性资金周转之短缺，也可能是为了满足对长期资金的需求。在前者情况下可以发行一些短期债券，在后者情况下可以相应地发行中长期债券。这样安排的好处是，既能保证发行人的资金需要，又不因占用资金时间过长而增加利息负担。

第二,市场利率变化。债券偿还期限的确定应根据对市场利率的预期,相应选择有助于减少发行者筹资成本的期限。一般来说,当未来市场利率趋于下降时,应选择发行期限较短的债券,这样可以避免市场利率下跌后仍支付较高的利息;而当未来市场利率趋于上升时,应选择发行期限较长的债券,这样能在市场利率趋高的情况下保持较低的利息负担。

第三,债券变现能力。这一因素与债券流通市场发育程度有关,流通市场发达,债券容易变现,长期债券的销路就可能好一些;如果流通市场不发达,投资者买了长期债券而又急需资金时不易变现,长期债券的销售就可能不如短期债券。

3. 债券的票面利率

债券票面利率是债券年利息与债券票面价值的比率,通常年利率用百分数表示。因此,利率成为债券票面要素中不可缺少的内容。在实际经济生活中,债券利率有多种形式,如单利、复利和贴现利率等。债券利率亦受很多因素影响,主要有:

第一,借贷资金市场利率水平。市场利率普遍较高时,债券的票面利率也相应较高,否则,投资者会选择其他金融资产投资而舍弃债券;反之,市场利率较低时,债券的票面利率也相应较低。

第二,筹资者的资信。如果债券发行人的资信状况好,债券信用等级高,投资者的风险小,债券票面利率可以定得低一些;如果债券发行人的资信状况差,债券信用等级低,投资者的风险大,债券票面利率就需要定得高一些。此时,利率差异反映了信用风险的大小,高利率是对高风险的补偿。

第三,债券期限长短。一般来说,期限较长的债券,流动性差,风险相对较大,票面利率应该定得高一些;而期限较短的债券,流动性强,风险相对较小,票面利率就可以定得低一些。不过,债券票面利率与期限的关系是较复杂的关系,它们还受其他因素的影响,所以有时也可能见到短期债券票面利率高而长期债券票面利率低的现象。

4. 债券发行者名称

这一要素指明了该债券的债务主体,也为债权人到期追索本金和利息提供了依据。

上面四个要素虽然是债券票面的基本要素,但它们也并非一定在债券上印制出来。在许多情况下,债券发行者是以公布条例或公告形式向社会公开宣布某债券的期限与利率,只要发行人具备良好的信誉,投资者也会认可接受。此外,债券票面上有时还包含一些其他要素,如还本付息方式等。

二、债券市场的功能

发达的债券市场是一个成熟的金融市场的重要组成部分,债券市场有以下几个重要的功能。

(一)融资功能

作为金融市场的一个重要组成部分,债券市场具有调剂闲散资金以及为企业、政府等资金不足者筹集资金的功能。与股票市场一样,债券市场为资金需求者提供了一个直接融资的渠道。

（二）资金流动导向功能

效益好的企业发行的债券通常较受投资者的欢迎，因而发行利率低、筹资成本低；相反，效益差的企业所发行的债券风险相对较大，受投资者欢迎的程度较低，筹资成本较大。因此，债券市场可使得资金向效益好的企业流动，从而有利于资源的优化配置。

（三）宏观调控功能

作为一种间接宏观调控的重要手段，公开市场业务是中央银行通过在证券市场上买卖国债或发行央行票据来调节货币的供应量。在经济过热、需要减少货币供应量时，中央银行卖出债券或发行央行票据收回基础货币，从而控制经济的过热运行；当经济萧条需要增加货币供应量时，中央银行便买入债券，增加基础货币的供应。

（四）防范金融风险

一个较为完备的债券市场可以有效地降低一国金融系统的风险。金融债券的发行可以极大地补充银行的附属资本，并且在股东之外增加了债权人的约束，有利于银行的稳健经营。在债券融资的背景下，公司一旦出现不履行债务的情况，会迅速导致公司在投资者群体中的名誉损失，并且通过债券市场信息披露使广大社会公众知悉公司的信誉，使这种惩罚自动扩散到整个社会。

三、债券的分类

（一）按发行主体分类

根据发行主体的不同，债券可分为政府债券、金融债券、公司债券和国际债券。

1. 政府债券

政府债券的发行主体是政府。政府债券是指政府部门为了筹措资金，向投资者出具的承诺在一定时期支付利息和到期偿还本金的债务凭证。

政府债券是有价证券的一种形式，具备有价证券的一般特征。发行政府债券的目的主要是解决政府的临时性资金短缺问题、财政赤字问题和增加金融工具品种与数量以满足国家进行宏观经济调控的需要等。政府债券按发行主体不同，可分为中央政府债券和地方政府债券；按发行期限不同，可分为短期政府债券（国库券）和长期政府债券（公债）。

2. 金融债券

金融债券的发行主体是银行或非银行的金融机构。金融机构一般有雄厚的资金实力，信用度较高，因此，金融债券往往也有良好的信誉。银行和非银行金融机构是社会信用的中介，它们的资金来源主要靠吸收公众存款。它们发行债券的目的主要有两个：一是筹资用于某种特殊用途；二是改变了本身的资产负债结构。对于金融机构来说，吸收存款和发行债券都是它的资金来源，构成了它的负债。但存款的主动性在储户，金融机构只能通过提供服务条件来吸引存款，而不能完全控制存款。而发行债券则是金融机构的主动负债，金融机构有更大的主动权和灵活性。金融债券的期限以中期较为多见。

3. 公司债券

公司债券是指公司依照法定程序发行的、承诺在未来的特定日期偿还本金并按事先规定的利率支付利息的一种有价证券，又称企业债券。公司债券体现了发债公司与债券投资者之间的债权债务关系，广义的公司债券包括工商企业债券和金融债券。

下面简要介绍几种主要的公司债券。

(1)抵押公司债券

抵押公司债券是指发行债券的公司以动产或不动产为抵押品而发行的债券。由于公司以动产或不动产为抵押品，一旦公司发生了不能偿还本息的情况，债权人就有权依法处理抵押品，所得款项用于偿付债券持有者的本息。如果抵押品处理后仍不足以清偿债券的本息，债权人对债券发行公司的剩余财产仍然享有要求偿付的权利。

(2)信用公司债券

信用公司债券是指发行债券的公司不以任何资产为担保或抵押，全凭公司的信用发行的债券。信用公司债券只有少数经营状况良好、信誉卓著的大公司才能成功发行。信用公司债券的持有者为公司的一般债权人，公司倒闭清算时，只有在清偿一切有抵押的负债后，才对公司债券的持有者偿付本息。为了保护信用公司债券投资者的利益，一般要附有某些限制性条款，如公司债券不得随意增加、债券未清偿之前要限制股东分红派息事宜等。

(3)保证公司债券

保证公司债券是指公司发行的由第三者作为承担还本付息担保人的债券。保证公司债券是担保债券的一种形式。担保人一般是债券发行人以外的第三人，如政府、银行和债务人的母公司等。

(4)可转换公司债券

可转换公司债券是指发行人依照法定程序发行，在一定期限内按约定的条件转换成公司股票的债券。可转换公司债券享有转换特权，即在转换之前它以债权的形式存在，在转换之后就由债权转换为股权了。

可转换债券具有以下特性：

①债权性。可转换债券有明确规定的利率和期限。投资者可以选择持有债券到期并收取本金和利息。

②股权性。可转换债券在转换成股票之前是纯粹的债券，在转换成股票之后，原债券持有人就由债权人转变为公司的股东并享有相应的权利。

③可转换性。可转换性是可转换债券的重要标志，债券持有者有权按约定的条件将可转换债券转换为股票。转换权是可转换债券投资者所享有的其他债券所没有的选择权。可转换债券持有人既可以在转换期内将其转换为股票，也可以作为债券持有直至期满时收回本金和利息，或者在流通市场变现。

(5)附新股认购权公司债券

附新股认购权公司债券是指公司发行的赋予持有人购买该公司新发行股票权利的债券。附新股认购权公司债券的购买者享有按约定的条件(股票发行价格、认购比例、认购期间等)购买该公司新发行股票的优先权。投资者可以行使，也可以放弃这种权利。

4. 国际债券

国际债券是一国借款人在国际金融市场上发行的长期债务凭证。国际债券的发行主体是各国政府、政府所属机构、银行或其他金融机构、工商企业和一些国际组织等。

国际债主要分为外国债券和欧洲债券两种类型：

(1)外国债券

外国债券是指一国借款人在本国以外的某一国家发行的以该国货币为面值的债券。外国债券的主要特点是，债券面值与发行市场同属一个国家。发行外国债券要得到发行市场所在国家同意，并受该国金融监管当局监管。

(2)欧洲债券

欧洲债券是指一国借款人在本国境外某个国家发行的以第三国货币为面值的债券。欧洲债券通常同时在几个国家的金融市场上发行，它的特点是，债券发行人、债券面值货币和债券发行市场分别属于不同的国家。例如，英国某一公司在瑞士国际金融市场上发行的以美元、日元、欧元等货币为面值的债券都为欧洲债券。欧洲债券具有如下优点：发行自由；无须得到有关国家、政府的批准；发行量大；手续简单；发行费用低；债券持有者不用为所获得的利息而缴纳所得税。

(二)按计息与付息方式分类

承诺支付利息是债券发行者筹借资金的条件之一，但计算利息的方式可以不同。根据计算方式上的差异，有单利债券、附息债券、贴现债券、零息债券和累进利率债券等。在计算利息时一般以年为单位。

1. 单利债券

单利债券是指在计算利息时，不论期限长短，仅按本金计息，所生利息不再加入本金计算下期利息的债券。

2. 附息债券

附息债券又称息票债券，是按照债券票面载明的利率及支付方式定期分次付息的债券。

3. 贴现债券

贴现债券是指在票面上不规定利率，发行时按某一折扣率，以低于票面金额的价格发行，到期时仍按面额偿还本金的债券。贴现债券是属于折价方式发行的债券，其发行价格与票面金额(即偿还价格)的差额，构成了实际的利息。

4. 零息债券

零息债券是指在存续期内不支付利息，投资者以低于面值的价格购买，购买价格是票面值的现值，投资者的收益是债券面值与购买价格的差额。零息债券的期限一般大于1年，因此实际上是一种以复利方式计息的债券。

5. 累进利率债券

累进利率债券是指以利率逐年累进方法计息的债券。与单利债券或附息债券在偿付期内利率固定不变不同，累进利率债券的利率随着时间的推移而递增，后期利率比前期利率高，呈累进状态。这种债券的期限往往是浮动的，但有最短持有期和最长持有期的规定。

(三)按利率是否固定分类

根据债券票面利率固定与否的特点，债券可分为固定利率债券和浮动利率债券。

1. 固定利率债券

固定利率债券就是在偿还期内利率固定的债券。在该偿还期内，无论市场利率如何变化，债券持有人只能按债券票面载明的利率获取债息。这种债券有可能为债券持有人带来风险。当偿还期内的市场利率上升且超过债券票面利率时，债券持有人就要承担收益率相对降低的风险。当然，在偿还期内，如果利率下降且低于债券票面利率，债券持有人也就获得了由于利率下降而带来的额外收益。

2. 浮动利率债券

浮动利率债券是指利率可以变动的债券。这种债券的利率与基准利率挂钩，一般高于基准利率一定的百分点。当市场利率上升时，债券的利率也相应上浮；反之，当市场利率下降时，债券的利率就相应下调。这样，浮动利率债券就可以避开因市场利率波动而产生的风险。

(四)按债券形态分类

债券有不同的形式，根据债券券面形态可以分为实物债券、凭证式债券和记账式债券。

1. 实物债券

实物债券是一种具有标准格式实物券面的债券。在标准格式的债券券面上，一般印有债券面额、债券利率、债券期限、债券发行人全称、还本付息方式等各种债券票面要素。

2. 凭证式债券

凭证式债券的形式是债权人认购债券的一种收款凭证，而不是债券发行人制定的标准格式的债券。我国近年通过银行系统发行的凭证式国债，券面上不印制票面金额，而是根据认购者的认购额填写实际的缴款金额，是一种国家储蓄债券，可记名、挂失，以“凭证式国债收款凭证”记录债权，不能上市流通，从购买之日起计息。

3. 记账式债券

记账式债券是没有实物形态的票券，只在电脑账户中做记录。在我国，上海证券交易所和深圳证券交易所已为证券投资者建立了电脑证券账户，因此，可以利用证券交易所的交易系统来发行债券。我国近年来通过沪、深交易所的交易系统发行和交易的记账式国债就是这方面的实例。

小贴士

资料卡 5－1　主要国际债券简介

1. 美国债券

美国债券又称扬基债券，它是指美国以外的债券发行人在美国国内发行的一种债券。美国债券的发行人主要是美国以外的政府、金融机构、工商企业和国际组织等。

2. 日本债券

日本债券又称武士债券，它是指日本国以外的债券发行人在日本国内发行的日元债券。武士债券均为无担保发行，典型期限为 3～10 年，一般可在东京证券交易所上市交易。

3. 龙债券

一般是到期一次还本，每年付息一次的长期固定利率债券，或者是以美元计价，以伦敦银行同业拆借利率为基准，每一季或每半年重新定一次的浮动利率债券。龙债券市场是指在除日本以外的亚洲地区发行的一种非亚洲国家货币标价的公开债券市场。龙债券的发行人来自亚洲、欧洲、北美洲和南美洲，投资者则主要来自亚洲国家。

4. 欧洲债券

欧洲债券市场占主要地位的是欧洲美元债券、欧洲日元债券和欧洲欧元债券。欧洲债券市场有着严格的管理制度和活动规则，是一个批发性市场。只有资信很高的政府机构、大型跨国公司和跨国银行才能发行欧洲债券筹集资金。发行人在进入欧洲债券市场时，首先要到资本市场委员会或证券市场管理委员会申请登记，提供相应证明文件，经审查确认后，才能取得债券发行权。在欧洲债券市场中，伦敦发行的欧洲债券数量最大。

第二节 债券的发行

一、债券发行的概念

债券发行是发行人以借贷资金为目的，依照法律规定的程序向投资人要约发行代表一定债权和兑付条件的债券的法律行为，债券发行是证券发行的重要形式之一，是以债券形式筹措资金的行为过程。通过这一过程，发行者以最终债务人的身份将债券转移到它的最初投资者手中。

债券发行市场是指发行人以发行债券方式募集资金的市场，又称一级市场或初级市场。债券发行市场是金融市场的一个重要组成部分，是债券交易市场的基础。债券发行市场在现代经济生活中发挥着独特的作用。一方面，通过利用债券发行市场，政府部门、金融机构和一些工商企业能够筹集到长期、稳定的资金；另一方面，债券发行市场为筹资者和投资者提供了资金融通的场所，有利于实现资金营利性和流动性的统一。

二、债券发行市场的构成

(一)发行者

债券的发行者是指以发行债券形式筹措资金的企业、政府或金融机构。企业为了弥补资金的不足，可以通过发行企业债券来筹集资金；政府为了解决临时性资金需要、弥补财政赤字、扩大政府开支刺激经济增长等，可以通过发行政府债券的形式来筹集资金；金融机构为了补充资本金，可以通过发行金融债券的形式筹集资金。

(二)投资者

投资者是指债券的购买者，主要包括个人、工商企业、机构投资者、政府和中央银行。

个人是债券发行市场主要的资金供应者，个人购买债券主要是为了调整自己的金融资产结构，追求消费的最佳效果和收入的最大化。企业一般来说是资金的需求者，但有时在生产经营中也会形成一部分暂时闲置的货币资金，这时可以把这部分没有特定用途的货币资金的一部分投资于债券市场，当有了新的用途时再卖出债券以获取现款。

机构投资者是指集聚社会闲散资金投资于各类证券，以降低投资风险和提高投资收益的专门机构，包括商业银行、投资银行、储蓄机构、信托投资公司、保险公司、养老基金、共同基金公司、持股公司等。机构投资者的优势在于，它一般拥有经验丰富、精通投资业务的专门人才，有这些专家进行理财，一般可以避免投资风险，弥补个人不能承担较大风险的缺陷。

政府的财政出现盈余时，也会把盈余的一部分资金投资于各种企业债券和金融债券，或政府为了支持某些行业的发展而购买这些行业的债券。

中央银行参与债券市场的目的与个人、企业、机构投资者的目的有着本质的区别。它购买债券不是因为出现了临时剩余资金，也不是为了获得利息收入，而是为了调节社会资金的供求量，以发挥公开市场操作的作用。

（三）中介机构

中介机构不直接进行证券投资，而是为债券发行者和投资者牵线搭桥，帮助发行者把债券卖给投资者。债券发行的中介机构包括承销公司、受托人、财务代理人和担保人等。

承销公司的职能是接受债券发行人的委托，办理债券的承购和分销业务。承销的方式有推销承销、助销承销和包销承销。

受托人主要是按照同发行人签订的合同，负责印制债券、办理各种有关募集债券的手续、保护投资者的权利和办理债券偿还事宜等。

财务代理人主要是接受发行者的委托，负责向债券投资者支付本金和利息。

企业为了增强债券信用，吸引投资者购买，在发行债券时需要一个第三者出面担保，以保证债券按时还本付息。担保人通常是银行、非银行金融机构以及政府等。

（四）管理者

管理者主要是指针对从事债券的募集、发行、买卖等经营行为进行监督管理的机构，包括政府监管机构、行业监管机构等。在我国，对债券发行行使管理监督权的是中国人民银行。

三、债券发行的条件

债券的投资价值是由面值、利率、偿还期限和发行价格这四方面决定的，这四个要素也称为债券的发行条件。

面值、利率和偿还期是债券发行的基本因素，这三个要素决定债券的基本投资价值。由于市场利率水平经常变动，为使发行条件的决定具有一定的弹性，故保留发行价格这一要素，可以根据发行时的市场利率水平进行微调，通过市场决定债券的发行价格。若以发行价格为面值时，称作平价发行，发行价格在面值以下的称作折价发行，发行价格在面值以上的称作溢价发行。

（一）面值

面值即债券的票面价值。它载明债券的面值的单位、数额和币种。面值有三个含义：

（1）对于付息债券，面值是债券偿还本金时的数额的依据。

（2）对于贴现国债，面值是表明到期偿还额。

（3）对于二手债券，面值是计算收益率的主要依据。

（二）利率

利率即年利息额对票面金额的比率。大多数债券都是固定利率债券。固定利率债券在整个债券期限内不变。因此，利率的确定应该根据市场情况及发展趋势全面考虑。

票面利率也称名义利率，是年利息和票面金额的比率。债券的票面利率主要包括以下三个内容：

(1)利率水平。利率水平主要受银行同期存款利率水平、其他债券的利率水平、债券期限长短、发行人信用级别等因素的影响。发行者应综合各种因素，确定合理的票面利率，既保证债券的顺利发行，又减轻利息负担。

(2)计息方法。主要有以下三种：

①单利计息。即仅按本金逐期计算，债券未偿还前所产生的利息不加入本金重复计算。其计算公式如下：

利息＝本金×利息率×期限

本息合计＝本金×(1＋利息率×期限)

②复利计息。即将债券未到期之前所产生的利息加入本金，逐期滚算。计算公式如下：

本息合计＝本金×$(1+利息率)^n$

其中，n 表示期限。

③贴现计息。投资者按债券票面额和约定的应收利息的差价买进债券，债券到期偿还时按票面额收回本息。计算公式如下：

贴现利息＝票面额－发行价格

$$贴现利率=\frac{票面额-发行价格}{票面额\times 期限}\times 100\%$$

(三)偿还期

即从发行到兑付的期间称为偿还期。债券期限分为长期、中期和短期三种情况。通常短期为1年以内，中期为1～5年，长期为5年以上。有的国家还有超长期国债，超长期国债是指10年以上的国债。

(四)价格

即债券的价格是债券价值的表现形式。发行价格可以有以下四种情况：

(1)票面价发行，以票面价格发行债券。

(2)折价发行，以低于票面额的价格发行债券。

(3)溢价发行，以高于票面额的价格发行债券。

(4)贴现发行，从票面金额中扣除贴现额后发行。

四、债券的发行方式

债券的发行是指债券从发行者手中转移到购买者手中的过程。

(一)按照债券的发行对象，债券的发行方式可分为私募发行和公募发行

1. 私募发行

私募发行是指面向少数特定的投资者发行债券，一般以少数关系密切的单位和个人为发行对象，不对所有的投资者公开出售。具体发行对象有两类：一类是机构投资者，如大的金融机构或是与发行者有密切业务往来的企业等；另一类是个人投资者，如发行单位自己的职工，或是使用发行单位产品的用户等。私募发行一般多采取直接销售的方式，不经过证券发行中介机构，不必向证券管理机关办理发行注册手续，可以节省承销费用和注册费用，手续比较简

便。但是私募债券不能公开上市，流动性差，利率比公募债券高，发行数额一般不大。

2. 公募发行

公募发行是指公开向广泛不特定的投资者发行债券。公募债券发行者必须向证券管理机关办理发行注册手续。由于发行数额一般较大，通常要委托证券公司等中介机构承销。公募债券信用度高，可以上市转让，因而发行利率一般比私募债券利率为低。公募债券采取间接销售的具体方式又可分为三种：(1)代销。发行者和承销者签订协议，由承销者代为向社会销售债券。承销者按规定的发行条件尽力推销，如果在约定期限内未能按照原定发行数额全部销售出去，债券剩余部分可退还给发行者，承销者不承担发行风险。采用代销方式发行债券，手续费一般较低。(2)余额包销。承销者按照规定的发行数额和发行条件，代为向社会推销债券，在约定期限内推销债券。如果有剩余，须由承销者负责认购。采用这种方式销售债券，承销者承担部分发行风险，能够保证发行者筹资计划的实现，但承销费用高于代销费用。(3)全额包销。首先由承销者按照约定条件将债券全部承购下来，并且立即向发行者支付全部债券价款，然后再由承销者向投资者分次推销。采用全额包销方式销售债券，承销者承担了全部发行风险，可以保证发行者及时筹集到所需要的资金，因而包销费用也较余额包销费用更高。

西方国家以公募方式发行国家债券一般采取招投标的办法进行。投标又分竞争性投标和非竞争性投标。竞争性投标是先由投资者(大多是投资银行和大证券商)主动投标，然后由政府按照投资者自报的价格和利率，或是从高价开始，或是从低价开始，依次确定中标者名单和配额，直到完成预定发行额为止。非竞争性投标，是政府预先规定债券的发行利率和价格，由投资者申请购买数量，政府按照投资者认购的时间顺序，确定各自的认购数额，直到完成预定发行额为止。

(二)按照债券的实际发行价格和票面价格的异同，债券的发行方式可分为平价发行、溢价发行和折价发行

1. 平价发行，指债券的发行价格和票面额相等，因而发行收入的数额和将来还本数额也相等。前提是债券发行利率和市场利率相同，这在西方国家比较少见。

2. 溢价发行，指债券的发行价格高于票面额，以后偿还本金时仍按票面额偿还。只有在债券票面利率高于市场利率的条件下，才能采用这种方式发行。

3. 折价发行，指债券发行价格低于债券票面额，而偿还时却要按票面额偿还本金。折价发行是因为规定的票面利率低于市场利率。

五、债券的发行程序

(一)公司债券发行程序

1. 制定发行计划和发行章程。公司在发行债券之前首要的一项工作是制定发行计划和发行章程，即对本次债券发行的目的、可行性和实施内容进行统筹规划和具体部署。

2. 董事会决议。公司债券发行计划和发行章程须经公司董事会决议通过才算有效，而且也须有 2/3 以上董事出席，并获得超过半数出席董事的赞成通过，才能付诸实施。

3. 评定信用等级。债券的信用评级，指的是证券评级机构根据对债券发行人的基本经营状况分析，从本利支付可靠度和信用度两个方面对发行者的债券评定等级。债券信用等级是

投资者衡量债券投资风险的重要指标,也是债券管理机构对债券进行管理的重要依据。

4. 提出发行申请。各国发行债券都须经国家证券主管机关审查核准,未经批准不得擅自发行。为此,公司董事会就债券发行事宜做出决议后,需向证券管理机关提出发行申请。申请审核的事项主要有:公司名称,公司债的总额和面额,公司债的利率、发行价格、偿还方式和偿还期限,用资和还款计划,以前所募集公司债的偿还情况,公司现有资产减去全部负债、无形资产后的余额,最近3年的营业报告书、资产负债表和其他财务报表,公司营业执照以及其他文件。

5. 签订委托代理协议。公开间接发行债券时,发行公司需与承销人就本次债券的发行承销问题举行谈判,就本次债券的发行总额、发行方式、承销方式、发行价格、发行时间等有关事宜进行磋商,并规定承销者所承担的责任和义务、承销者的报酬和承销者缴款的日期。以上内容通过签订协议的方式确定下来。

6. 签订信托合同。在发行抵押公司债券时,发行公司必须与受托公司签订信托合同。在信托合同中主要规定受托人的权利和义务。根据信托合同,受托公司取得抵押资产的留置权。

7. 发布发行公告。在上述发行准备工作完成后,发行公司应以公告形式公布发行内容,主要包括公司经营管理简况、公司财务状况、发行计划、发行债券的目的、债券总金额、发行条件、还本付息方式、募集时间等。

小贴士 资料卡5-2 2007年中海油田服务股份有限公司债券发行概要

债券名称:2007年中海油田服务股份有限公司债券

发行总额:人民币15亿元

债券期限和利率:本期债券为15年期固定利率债券,票面利率为4.48%,在债券存续期内固定不变。本期债券采用单利按年计息。不计复利,逾期不另计息。

发行价格:债券面值100元,以1 000元为一个认购单位,认购金额必须是人民币1 000元的整数倍且不少于人民币1 000元。

债券形式:实名制记账式公司债券,投资人认购的本期债券在中央国债登记公司开立的一级托管账户中托管记载。

发行范围及对象:本期债券通过承销团成员设置的网点公开发行。中华人民共和国境内机构投资者(国家法律、法规另有规定者除外)均可购买。

发行首日:本期债券发行期限的第1日,即2007年5月14日。

发行期限:5个工作日,自发行首日至2007年5月18日。

起息日:自发行首日开始计息,本期债券存续期限内每年的5月14日为该计息年度的起息日。

还本付息方式:每年付息一次,到期一次还本,最后一期利息随本金的兑付一起支付。年度付息款项自付息首日起不另计利息,本金自兑付首日起不另计利息。

付息日:2008~2022年间每年5月14日(如遇法定节假日或休息日,则顺延至其后的第1个工作日)。

兑付日：2022年的5月14日（如遇法定节假日或休息日，则顺延至其后的第1个工作日）。

本息兑付方式：通过本期债券托管机构办理。

承销团成员：

主承销商：中银国际证券有限责任公司和中信证券股份有限公司。

副主承销商：国泰君安证券股份有限公司、中国国际金融有限公司、中海石油财务有限责任公司。

分销商：中国银河证券股份有限公司、华泰证券有限责任公司、中信建设证券有限责任公司、招商证券股份有限公司、中海信托投资有限责任公司和国民信托投资有限公司。

8. 认购人应募交割。在募集期间，认购人填写认购申请书，在规定的时间缴纳债券价款，发行公司交割认购人的债券，进行钱券两清的了结。

9. 发行总结。债券募集期结束后，由发行公司进行债券发行总结，将本次债券发行的成败及其原因进行汇总分析，并在一定时间内向政府主管机关呈报。

（二）政府债券发行程序

与公司债券相比，其主要特征是发行量大、信誉高、发行次数多，常采用公募招标方式，各国政府债券发行程序方面的规定都有所区别。以美国国库券为例，其程序大致如下：(1)认购者索取投标单；(2)联邦储备银行接受投标单；(3)决定中标者及中标价格；(4)由财政部宣布投标结果；(5)财政部正式发行国库券。

六、影响债券发行价格的因素

（一）债券票面金额

债券票面金额是发行价格的决定因素。因为债券到期要偿还本金，本金的偿还是按票面的金额进行的，而发行价格是投资人投入的本金额，所以，从理论上讲，债券的发行价格应与票面的金额一致。但在实际操作中，债券的发行价格与票面金额经常出现偏离现象，但这种偏离总是以票面金额为中心，且偏离的幅度不大。

（二）债券票面利率

作为一种投资工具，对于投资者其最重要的指标就是收益率，因而票面利率的高低会给投资者一个很直观的投资收益印象。因此在无风险贴水的条件下，票面利率高于银行利率，则债券会溢价发行；反之，当票面利率低于银行利率时，债券会折价发行。票面利率等于银行利率，债券会平价发行。

（三）债券有效期限

对投资者来讲，投资对象的收益与风险是否均衡是一定要权衡的问题。一般来讲，债券的有效期限越长，其不可测的市场风险越大，这种风险一般用较高的票面利率来弥补，有时也用较低的债券发行价格来弥补。

（四）债券的信用级别

债券信用级别是机构通过对债券发行公司的综合考察所评定的质量级别，它标明了债券按期还本付息的保证程度的大小。信用级别低，则风险较高，如果不在较高的利率上弥补或弥补不足，发行价格就必须降低；反之，如果信用级别很高，风险极小，其售价也可能比较高。

(五)新发债的发行量

债券发行的市场价格也同样受供求关系的影响。在某段时期内，如果各种债券的发行数量很小，不能满足投资者购买新发债券的需求，其发行价格就可以高一些；反之，如果各种债券的发行数量相当大，超过投资者的需求，为保证筹集到资金，发债人就可能会降低发行价格以吸引投资者。

第三节 债券交易

一、债券交易市场的概念

债券交易市场是指债券买卖、转让、流通的场所，又称流通市场或二级市场。与债券发行市场的本质区别在于，债券交易市场上买卖流通的债券，只代表现有债券债权的转移，债券所有权和资金的易位与原发行者无关，并不创造新的实际资产或金融资产，也不代表社会总资本存量的增加。

债券交易市场的功能在于：(1)促进短期闲散资金转化成长期建设资金；(2)通过市场竞价，维持债券的合理价格；(3)通过债市行情变动，调节资金供求，引导资金流向，保证社会资金的最佳使用；(4)为国家宏观经济政策的制定提供依据。

二、债券交易市场的类型

债券交易市场主要有四种类型，即证券交易所、场外交易市场、第三市场和第四市场。

(一)证券交易所

证券交易所是具有严格管理规则、高度专业化和有组织地进行证券交易的场所。在债券流通市场中，证券交易所交易占据核心地位。证券交易所能够为债券交易提供固定场所、人员和设施，并对债券交易进行严格的管理。证券交易所交易具有集中性、公平性、公开性、有组织性等特征。只有经过主管部门批准的债券才能进入证券交易所进行交易，又称上市。各证券交易所对债券的上市交易都规定了一定的标准。一般情况下，国债不经审核部门审核就可直接上市；金融债券和公司债券必须达到一定条件并经过证券交易所批准后才能上市。对于已上市的债券，若不能达到上市条件，证券交易所有权停止其上市交易。

债券在证券交易所交易是采用公开竞价方式进行的。公开竞价对于债券买卖双方来说是一种双向竞价，即存在买方之间的竞争、卖方之间的竞争和买卖双方之间的竞争。在双向竞价过程中，买方申报价格不断提高，卖方申报价格不断压低直至买卖双方申报价格达成一致，即宣告成交。

在证券交易所进行债券交易要按“价格优先”和“时间优先”原则进行，即以较高价格的买入申报优先于以价格较低的买入申报成交；以较低价格的卖出申报优先于以价格较高的卖出申报成交。在同等申报价格条件下，按委托指令发出时间的先后顺序成交。

小贴士

资料卡 5-3 上海证券交易所债券交易系统

目前上海证券交易所的债券交易系统分为固定收益平台、竞价撮合系统及其附属的大宗交易系统。

一、竞价系统

竞价系统是上海证券交易所最早、也是最主要的交易系统，起始于 1992 年，已为广大市场参与者熟悉与关注，其产生的开盘价已成为当日债券交易价格的"基准"。相关特点说明如下：

(1)单层市场结构。所有的投资者都可参与交易。该所会员及其所认可的机构获得相应席位或交易单元后可进入系统直接参与交易，其他投资者指定交易后可委托会员参与交易。

(2)市场参与者。所有的机构投资者和个人投资者都可参与交易。

(3)交易品种。现券交易和债券回购交易，现券交易包括国债、公司债、企业债、分离债、可转债和地方政府债(还包括 A 股、B 股、基金、权证等)。

(4)交易时间。每个交易日的 9:15～9:25 为开盘集合竞价时间，9:30～11:30、13:00～15:00 为连续竞价时间。

(5)交易机制。交易机制有集合竞价和连续竞价两种方式。集合竞价是指在规定时间内接受的买卖申报一次性集中撮合的竞价方式，连续竞价是指对买卖申报逐笔连续撮合的竞价方式。集合竞价期间未成交的买卖申报，自动进入连续竞价。

二、大宗交易系统

大宗交易系统是竞价系统的衍生系统，于 2003 年 8 月正式上线。大宗交易系统有利于降低大宗交易商的交易成本，也有利于完善该所交易机制。相关特点说明如下：

(1)单层市场结构。所有的投资者都可参与交易。该所会员和合格投资者可直接通过 CA 证书登录系统参与交易，其他投资者可委托会员参与交易。

(2)市场参与者。大宗交易系统包括 300 多家会员和众多的合格投资者(包括保险公司、信托投资公司、财务公司以及 QFII 等)，其他投资者可委托会员参与交易。

(3)交易品种。现券交易和回购交易，能在竞价系统交易的产品原则上都可以在大宗交易系统交易。现券交易包括国债、公司债、企业债、分离债、可转债、地方政府债和资产支持证券，大宗交易系统有最低单笔买卖数量限制。

(4)交易时间。采用竞价系统交易结束后的下午 15:00～15:30 进行交易。

(5)交易机制。大宗交易系统支持协商交易的交易方式。买卖双方根据大宗系统上的意向报价信息可通过电话、传真或者网上洽谈室等协商达成一致后，分别通过各自委托的证券营业部向大宗交易系统进行成交申报，大宗交易系统确认后结束交易。

三、固定收益平台

固定收益平台是该所于 2007 年 7 月正式上线的专门用于固定收益类产品交易的独立系统。固定收益平台具有适合债券交易的两层次的市场结构和一级交易商做市机制，提高了债券交易的效率和市场流动性，为国债、企业债、资产证券化债券等固定收益产品提供高效、低成本的批发交易平台。

资料来源：上海证券交易所网站。

资料卡 5-4 上海证券交易所债券市场简介

上海证券交易所（下称上交所）成立于1990年11月26日，同年12月19日开业。该所自成立之初即开办债券交易，其中国债交易品种5个、金融债9个。1993年，为发展我国国债市场，活跃国债交易，该所推出了国债期货和国债回购两大业务，其中国债回购已经发展成为债券市场一种基本的融资手段，直接促进了债券市场的发展，对资本市场的发展做出了重大贡献；1995年起，配合财政部在交易所市场尝试发行记账式国债，直接促进了国债的市场化发行，改变了国债行政摊派的局面；2007年，推出了新型的电子交易平台——固定收益证券综合电子平台，这一兼具场内外特点的交易平台为债券市场发展提供了新的工具。同年，第一只公司债券“长江电力”公司债券在该所成功发行和上市，标志着公司债券市场扬帆启航。

经过20多年的发展，上交所债券市场持续快速发展，无论是市场规模还是市场规范等方面，均取得了长足的进步。债券业务涉及发行、现货、回购三大类。截至2015年5月，上市债券现货品种共2 816只，其中，国债165只，地方政府债97只，公司债432只，可转债7只，年分离债2只，金融债、企业债现货1 622只。截至2015年5月，上市债券品种共成交375 216.16亿元。

资料来源：上海证券交易所网站。

(二)场外交易市场

场外交易市场又称店头交易或柜台交易，是指在证券交易之外进行的债券交易。由于债券在证券交易所挂牌上市交易必须要达到相应的条件，要经过严格的审核程序，而有些债券根本无法达到交易所的有关规定。为了提高这类债券的流动性，就形成了债券场外交易市场。在西方国家的债券市场，大部分公司债券是通过场外交易市场进行的。

场外交易市场交易方式灵活、交易网点多、覆盖面广、交易成本低，能够满足不同类型、不同层次投资者的需求。与证券交易所交易相比，债券的场外交易主要有以下几个方面的特点：

(1)场外交易市场的交易对象是未上市的债券。

(2)场外交易市场是一个分散的市场，交易场地不固定，交易者可以通过面谈、电话、电传和计算机网络等方式进行交易。

(3)通过协商方式达成成交价格。

(三)第三市场

第三市场是指在柜台市场上从事已在交易所挂牌上市的证券交易。严格地讲，第三市场既是场外交易市场的一部分，又是交易所市场的一部分，即“正上市证券的场外交易市场”。

（四）第四市场

第四市场是指各种机构投资者和很富有的个人投资者完全绕开通常的证券商，相互间直接进行的债券交易。目前只在美国有所发展。

三、债券交易的方式

债券交易方式主要有现货交易、期货交易、期权交易和回购协议交易等。

（一）现货交易

现货交易是指在达成成交协议后立即交割或在较短的期限内交割的交易方式。交割是指买卖双方一手交钱、一手交券，钱券两清的行为，又称交收。

在债券的实际交易过程中，由于种种原因，现货交易中的交割又分为当日交割、次日交割、例行日交割和特约日交割等。当日交割是指债券买卖双方在债券交易达成后，于成交当日进行债券和价款的收付，完成交收的行为。次日交割是指债券买卖双方在债券交易达成后，于下一个营业日进行债券和价款的收付，完成交收的行为。例行日交割是指债券买卖双方在债券交易达成之后，按证券交易所的规定，在成交日后的某一个营业日进行交收的行为。特约日交割是指债券交易双方在达成交易后，由双方根据具体情况商定，在成交之日起 15 天以内的某一特定契约日进行交收的行为。

（二）期货交易

期货交易是指债券交易双方在成交后按照合约规定的条件在未来某一确定远期进行交割的方式。期货交易是以期货合约为交易对象的一种交易方式。债券期货合约是由期货交易所设计，经国家监督机构审批上市，规定交易双方在将来某一确定的时间和地点交收一定数量债券的标准化合约。

期货交易主要有以下几个方面的特点：

(1)期货合约是标准化的。期货合约标准化是指除价格外，期货合约其他条款都是事先由期货交易所规定好的、标准化的。

(2)集中化交易。期货交易只能在期货交易所内进行。

(3)具有对冲交易机制。所谓对冲，是指卖出或买进已买进或卖出的合约。即在债券期货交易中，大多数交易者并不是通过合约到期时进行实物交收来履行合约，而是通过与前期交易方向相反的交易来结清履约责任。

(4)杠杆效应。债券期货交易实行部分保证金制，即交易者在进行债券交易时只需要缴纳相当于交易合约价值 3% 左右的保证金。期货交易具有以少量保证金就可以进行较大价值期货合约交易的特点，一般被形象地称之为杠杆效应。

(5)实施每日交易结算制度。期货交易在每个交易日结束后，都要对交易者当天的盈亏进行结算，确定其盈亏状况。如果某一交易者某一交易日亏损严重，交易所将要求其于下一日开盘前追加保证金或采取强行平仓措施。

小贴士

资料卡5—5 我国国债期货"3·27"事件

1992年底,12个品种的国债标准期货合约被隆重推出,1993年上市交易。随后,北京商品交易所和武汉证券交易中心等十几家交易所也相继推出了国债期货。国债期货如雨后春笋般遍布主要的期货交易中心。

当时国债期货走向火爆的因素主要有两个:一是1994年初,一些券商钻实际利率比国债利率高的空子,违规超计划卖出非实物国债,以套用社会资金牟利。当国务院宣布查处这类券商时,他们为了补足计划外卖出的这部分非实物券,纷纷买入流散在社会上的实物券,使国债现货市场人为制造出供不应求的局面。二是为了配合新国债发行,财政部根据当时物价水平较高的客观情况,对1992年3年期和5年期利率比较低的券种实行保值补贴。一时间,国库券炙手可热。

当时,国债期货开户保证金只要1万元,每手保证金只要500元,浮盈还可以再开新仓;一些散户满仓带透支,一路死多头,由几万元翻到几十万元,再由几十万元翻到几百万元。那份狂热绝不亚于一场豪赌,赌成了就是"王",赌输了那就另当别论了。

随着国债期货虚盘毫无节制地扩大,市场在进入1994年下半年以后,已逐渐沦为超级主力机构堆砌巨资互相抗衡以图投机暴利的赌场。1995年初,市场盛传"财政部将对'3·27'国债加息"的消息。从2月初起,当时赫赫有名的上海万国证券公司和辽宁国发股份有限公司(下称辽国发)因对保值贴补率和贴息的错误预估,联手对"3·27"品种在148元左右的交易部位大量抛空,企图操纵市场。2月23日,辽国发及其操纵的几家公司通过无锡国泰期货经纪公司大笔抛空无效,又提前得知"贴息"的确切消息后,率先空翻多。这一行为再加上原本就做多的各种机构的推波助澜,导致期价自148.50飙升至151.98。

后知后觉的万国证券当即处于全面被套牢状态,且由于持仓过大,一旦平仓会引发价格更加飞涨,其亏损将达几十亿元,足以使整个公司灰飞烟灭。为扭转局面,其主要负责人授意恶意透支,超限量砸盘,造成收市前8分钟,700万手(需保证金14亿元)巨单将价格暴挫至147.50。不少多头也于瞬间由"巨额浮盈"转眼变成"亏损爆仓",市场一片混乱。

"3·27"事件从此震惊中外。当晚,上海证交所即发布公告,以某会员蓄意违规为由,决定尾市8分钟所有成交无效。紧接着证监会和财政部就发布《国债期货交易管理暂行办法》;其后又出台了《关于加强国债期货交易风险控制的紧急通知》《关于落实国债期货交易保证金规定的紧急通知》《关于要求各国债期货交易场所进一步加强风险管理的通知》等一系列通知。

然而,这一系列通知虽然都具有震慑力的权威性,但并不能在短期内改变上交所的风险控制机制。而且因为对万国违规的查处进展缓慢,令个别投机商暗藏侥幸之心,所以违规操作层出不穷。终于,在1995年5月,当"3·19"国库券借保值贴补率的上升连封停板,当"辽国发"及其联手机构仍然违规打压时,管理层忍无可忍了。5月18日证监会发布《关于暂停国债期货交易试点的紧急通知》,宣布暂停国债期货交易试点。

（三）期权交易

期权又称选择权，是指在未来某一特定时间或时期内买进或卖出一定数量的相关资产的权利。为了获得这一权利，期权合约的买方必须向卖方支付一定数量的费用，即期权费。债券期权交易是以债券期权合约为对象进行交易的一种方式，期权交易的买方在期权的有效期限内可以行使期权也可以放弃期权，因此，承担的风险是有限的，而获利潜力可能是巨大的。

（四）回购协议交易

回购协议交易是指以债券回购协议为交易对象进行的交易。回购协议是指债券卖方在出售债券进行融资的同时，与债券买方签订的承诺在约定的时间、按约定价格重新买回该债券的一种交易合同。

这种有附加条件的债券交易实质上是一种以债券为抵押品的资金融通行为。从卖方角度来看，回购交易是卖出现货买进期货的交易行为。以买方角度来看，回购交易是买进现货卖出期货的交易行为，这种交易又称逆回购交易。回购协议的期限有长有短，最短的为 1 天，又称隔夜回购交易，最长的可达 1 年。回购协议的利率由协议双方根据回购期限、货币市场行情以及回购债券的信用级别等因素来议定，与债券票面利率无直接关系。债券回购交易的主体为中央银行、商业银行、企业、非银行金融机构和地方政府部门等。

小贴士

资料卡 5－6　我国证券回购交易市场

我国证券回购交易市场自 1993 年开始设立，主要有三种形式，即资本市场中的回购市场、货币市场中的回购市场、场外国债回购市场。其中不同的市场，其国债回购品种也不同。例如，深交所目前的国债回购交易品种有 3 天、4 天、7 天、14 天、28 天、63 天、91 天、182 天和 273 天等回购品种，上交所目前的回购交易品种为 3 天、7 天、14 天、28 天、91 天、182 天等回购品种。在实际交易过程中，上交所规定进行委托买卖的数量必须是以 100 手（1 手为 1 000 元面额国债）即 10 万元面额及其整数倍为交易单位；深交所则规定回购必须是以 1 手（面额 1 000 元）及其整数倍为交易单位。

四、债券的市场价格

债券交易的理论价格由现值理论得出，债券的投资收益来自每期的利息收入和到期时的债券面值，因此债券的价格在理论上等于用当前的市场利率将未来的债息收入和债券面值折算成现在的价值。

债券的市场价格是指债券在市场中某一时点上的债券价值。债券的市场价格是随着市场利率的波动而波动的。一般来说，债券的市场价格同市场利率成反比例关系，即当市场利率上升时，债券的市场价格会下降；当市场利率下降时，债券的市场价格会上升。

（一）到期一次还本付息的债券价格

$$P=\frac{V(1+r)}{(1+i)^n}$$

其中，P 表示债券理论价格，也是债券的现值；V 表示债券面值；r 表示债券票面利率；i 表示市场利率；n 表示债券持有年限。

（二）分次支付利息的债券价格

1. 单利计息的债券价格

$$P=\frac{V(1+nr)}{(1+ni)}$$

2. 复利计息的债券价格

$$P=\frac{V(1+r)^n}{(1+i)^n}$$

因此，债券的理论价格主要取决于债券面额、债券票面利率、市场利率及债券持有年限等因素。

债券的市场价格则在包括上述因素的诸多因素的影响和作用下，使某一具体债券的实际收益率不断趋近市场收益率（即市场利率）的过程中形成，并围绕着债券理论价格这一中心上下波动。

五、影响债券价格的因素

债券理论价格决定债券市场价格，而市场价格又经常背离理论价格而波动。除了市场利率和市场供求关系这两个最基本的因素外，债券市场价格的波动还受到以下因素的影响：

（一）社会经济发展状况

经济发展的不同阶段会影响社会资金的供求变化，从而引起债券价格的变化。一般而言，在经济景气阶段，企业会增加投资，通过出售持有的国债、金融债券、其他公司债券，或者发行新的企业债券来获得资金，从而减少对债券的需求，债券供给相对增加，引起债券价格下降；反之，在经济衰退阶段，企业和金融机构都出现资金过剩，它们会将闲置资金投资于债券，并且减少自身债券的发行，从而引起债券需求相对增加，供给减少，债券价格上升。

（二）宏观经济政策

宏观经济政策的松紧程度会对金融市场产生巨大影响，从而影响债券价格的变化。如一国实行宽松的货币政策时，整个社会资金供应偏松，利率下降，债券价格会上升；反之，债券价格则下降。

（三）财政收支状况

财政收支状况也对债券价格有重大影响。财政资金宽松时，会增加银行存款和对金融债券、企业债券的持有，以提高资金效益，这样会增加债券需求并推动债券价格的上升；反之，财政资金紧张或有赤字时，会减少银行存款并发行巨额政府债券以弥补赤字，此时会带动债券供应增加和社会资金紧张，从而促使债券价格下跌。

（四）其他因素

诸如国际利差和汇率的影响等，也会对开放型金融市场中的债券价格变化产生影响。

六、债券的收益率

债券的收益率是指债券的投资收益与投资额的比率。通常用年率表示。决定债券收益率的因素主要有票面利率、期限、面值和购买价格。

$$债券购买者的收益率=\frac{(到期本利和-买入价格)\div 剩余年限}{买入价格}\times 100\%$$

$$债券出售者的收益率=\frac{(卖出价格-发行价格)\div 持有年限}{发行价格}\times 100\%$$

$$债券持有期间的收益率=\frac{(卖出价格-买入价格)\div 持有年限}{买入价格}\times 100\%$$

小贴士

案例分析 5－1

某人以 124 元的单价于 2014 年 2 月 20 日购买了一张面值 100 元、利率 8%的 2009 年 12 月 20 日发行的 5 年期国库券，如果保存到 2014 年 12 月 20 日，则：

$$购买者收益率=\frac{(140-124)\div(10\div 12)}{124}\times 100\%=15.48\%$$

$$出售者收益率=\frac{(124-100)\div(50\div 12)}{100}\times 100\%=5.76\%$$

小贴士

案例分析 5－2

某人 2010 年 10 月 11 日以 115 元购买了面值 100 元的 2009 年发行的 5 年期国库券，并持有到 2013 年 10 月 11 日以 138 元卖出，则：

$$持有期间收益率=\frac{(138-115)\div 3}{115}\times 100\%=6.67\%$$

【本章小结】

1. 债券是发行人依照法定程序发行，并约定在一定期限还本付息的有价证券。债券包含四个方面的含义：(1)发行人是借入资金的经济主体；(2)投资者是出借资金的经济主体；(3)发行人需要在一定时期付息还本；(4)债券反映了发行者和债权人的债务关系，而且是这一关系的法律凭证。

2. 债券市场的功能主要有：(1)融资功能。债券市场具有调剂闲散资金以及为企业、政府等资金不足者筹集资金的功能。(2)资金流动导向功能。效益好的企业发行的债券通常较受投资者的欢迎，因而发行利率低、筹资成本低；相反，效益差的企业所发行的债券风险相对较大，受投资者欢迎的程度较低，筹资成本较大。(3)宏观调控功能。作为一种间接宏观调控的重要手段，中央银行通过在证券市场上买卖国债或发行央行票据来调节货币的供应量。(4)防范金融风险。一个较为完备的债券市场可以有效地降低一国金融系统的风险。金融债券的发行可以极大地补充银行的附属资本，并且在股东之外还增加了债权人的约束，有利于银行的稳健经营。

3. 债券发行是发行人以借贷资金为目的，依照法律规定的程序向投资人要约发行代表一定债权和兑付条件的债券的法律行为，债券发行是证券发行的重要形式之一，是以债券形式筹措资金的行为过程。通过这一过程，发行者以最终债务人的身份将债券转移到它的最初投资者手中。

债券发行市场是指发行人以发行债券方式募集资金的市场，又称一级市场或初级市场。债券发行市场由发行者、投资者、中介机构和管理者四个方面构成。

4. 发行价格是新发行的债券从发行人手中到投资者手中的初始价格。由于从票面利率的确定到债券实际发行之间存在一定的时间间隔，在这期间市场利率可能会发生变化，因此可能会导致债券的发行价格与其票面金额不一致的情况。具体来说，债券发行价格根据市场利率的不同水平可分为以下三种：(1)平价发行。平价发行又称等价发行，此时债券票面利率与市场收益率正好一致。(2)溢价发行。此时市场收益率低于债券票面利率，债券以高于面额价格发行，使债券发行人筹资成本减少，投资者实际收益水平下降。(3)折价发行。此时市场收益率高于债券票面利率，债券以低于票面金额价格发行，使投资者的实际收益水平不低于市场收益率。

5. 债券的发行是指债券从发行者手中转移到购买者手中的过程，债券的发行方式有公募发行和私募发行两种。公募发行即以不特定的多数人为募集对象公开发行债券。所谓"不特定"，就是不明确地限定哪些人是债券的发行对象，而是任何投资者都可购买。一般来说，发行量大、信用水平高的发行主体，如政府、著名大公司等，大多采用公募发行方式。私募发行是指只向特定的少数投资者发行债券。所谓"特定"，是指与债券发行者有某种特殊关系的对象，如发行单位的职工、业务关系密切的企业和公司等。

6. 债券流通市场又称二级市场，是指对已发行的债券进行买卖和转让的市场。债券一经认购，即确立了一定期限的债权债务关系。当债券持有人需要资金时，可以到二级市场上出售或抵押其债券，以取得现金。

7. 债券交易方式主要有现货交易、期货交易、期权交易和回购协议交易等。现货交易是指在达成成交协议后立即交割或在较短的期限内交割的交易方式。期货交易是指债券交易双方在成交后按照合约规定的条件在未来某一确定远期进行交割的方式。期权又称选择权，指在未来某一特定时间或时期内买进或卖出一定数量的相关资产的权利。回购协议交易是指以债券回购协议为交易对象进行的交易。

【本章思考题】

1. 债券市场有哪些重要的功能？
2. 什么是可转换债券？
3. 简述债券发行的方式。
4. 债券的市场价格和理论价格的区别有哪些？
5. 影响债券价格的因素有哪些？
6. 什么是债券的证券交易所交易？
7. 什么是债券的回购交易？

第六章　股票市场

股票至今已有400多年的历史。企业经营规模扩大与资本需求不足要求有一种方式来让公司获得大量的资本金，于是产生了股份公司。世界上最早的股份有限公司制度诞生于1602年在荷兰成立的东印度公司。伴随着股份公司的诞生和发展，以股票形式集资入股的方式也得到发展，并且产生了买卖、转让股票的需求，带动了股票市场的出现和形成，并促进了股票市场的完善和发展。

1611年东印度公司的股东们在阿姆斯特丹股票交易所进行股票交易。阿姆斯特丹股票交易所成了世界上第一个股票市场。目前，股份有限公司已经成为最基本的企业组织形式之一；股票已经成为大企业筹资的重要渠道和方式，也是投资者投资的基本选择方式；股票市场与债券市场成为证券市场的重要基本内容。

【学习目标】

学完本章，你应能够：

1. 掌握股票的性质和种类；
2. 了解股票发行的条件；
3. 了解股票的发行与方式；
4. 掌握股票发行的价格的确定；
5. 掌握股票交易的方式；
6. 理解股票的市场价格及其影响因素；
7. 理解股票市盈率的概念；
8. 掌握股票收益率的计算；
9. 了解股票价格指数的编制和种类；
10. 了解二板市场的主要内容。

第一节 股票的性质和种类

股票是一种有价证券，是股份有限公司为筹集资金而发行给股东作为持股凭证并借以取得股息和红利的凭证。

1. 股票是一种出资证明，当一个自然人或法人向股份有限公司参股投资时，便可获得股票作为出资的凭证。

2. 股票的持有者凭借股票来证明自己的股东身份，参加股份有限公司的股东大会，对股份有限公司的经营发表意见。

3. 股票持有者凭借股票参加股份有限公司的利润分配，也就是通常所说的分红，以此获得一定的经济利益。

股票作为一种所有权凭证，有一定的格式。从股票的发展历史看，最初的股票票面格式既不统一，也不规范，由各发行公司自行决定。随着股份制度的发展和完善，许多国家对股票票面格式做了规定，提出票面应载明的事项和具体要求。我国《公司法》规定，股票采用纸面形式或国务院证券管理部门规定的其他形式。股票应载明的事项主要有：公司名称、公司登记成立的日期、股票种类、票面金额及代表的股份数、股票的编号。股票由董事长签名，公司盖章。发起人的股票，应当标明“发起人股票”字样。

由于电子技术的发展与应用，我国深、沪股市股票的发行和交易都借助电子计算机及电子通信系统进行，上市股票的日常交易已实现了无纸化，所以现在的股票仅仅是由电子计算机系统管理的一组组二进制数字而已。但从法律上来说，上市交易的股票都必须具备上述内容。我国发行的每股股票的面额均为1元人民币，股票的发行总额为上市的股份有限公司的总股本数。

小贴士

资料卡6—1 我国股票市场的发展

20世纪80年代，中国的部分国有企业开始以股票形式筹资，并公开向社会发行，新中国的第一只股票飞乐音响悄然诞生。1990年12月19日，上海证券交易所的一声开市锣响唤醒了沉睡已久的中国资本市场。

上交所开业之初仅有8只上市股票，人称“老八股”。1991年深圳证券交易所正式开业，上市股票也仅有6只。屈指可数的14只股票，在火热的投资热情推动下，价格一路高涨。此时的证券市场、交易所、证券商和过户公司，三足鼎立，没有相互的制约和监管，股市黑幕渐渐浮现。

中国证券市场合法地位的确立，让随后的沪深股市走出了一轮气势磅礴的牛市行情，股市涨幅超过2倍，股票供不应求。为增加供给，1992年8月，深圳市宣布发行5亿股公众股，发售500万张抽签表，每张抽签表可以购1 000股股票。消息发布后，数百万的投资者涌向了深圳，抢购新股认购表。

2007年被称作是全民投资意识觉醒的一年，两市的开户数突破1个亿，沪深股票市场的总市值一度突破8万亿元大关，成为全球第一大股市。2009年，在全球仍未摆脱经济危机困扰的时候，中国经济一枝独秀，再加上中国政府所出台的规模庞大的刺激计划以及中央银行释放出的充裕的货币，A股指数一度从1 664点回到3 651点的高位，涨幅居全球资本市场之首。

一、股票市场的概念

股票市场是资本市场最活跃、最重要的市场，其发达与否直接关系到一个国家金融市场的发达程度。股票市场是股票发行与流通市场的统称，是各市场参与主体以股票为交易对象而进行的发行、流通、买卖转让的金融市场。完整的股票市场由股票发行市场和股票流通市场构成。股票发行市场是整个股票市场的起点和股票交易的基础，股票流通市场是股票发行市场存在和发展的条件。股票发行市场的规模决定了股票流通市场的规模，并在一定程度上影响股票流通市场上股票交易的价格。而只有股票流通市场的存在才能够吸引大量的投资者进入股票市场，这样又推动了股票发行市场的发展。因此，股票发行市场与股票流通市场相互依存、互为补充，共同构成了完整的金融市场。

二、股票的性质

(一)股票是有价证券

有价证券是财产价值和财产权利的统一表现形式。持有有价证券，一方面表示拥有一定价值量的财产，另一方面也表明有价证券持有人可以行使该证券所代表的权利。

(二)股票是要式证券

股票应记载一定的事项，其内容应全面真实，这些事项往往通过法律形式加以规定。在我国，股票应具备《公司法》规定的有关内容，如果缺少规定的要件，股票就无法律效力。而且，股票的制作和发行须经证券主管机关的审核和批准，任何个人或者团体不得擅自印制发行股票。

(三)股票是证权证券

证券可以分设权证券和证权证券。设权证券是指证券所代表的权利本来不存在，而是随着证券的制作而产生，即权利的发生是以证券的制作和存在为条件的。证权证券是指证券是权利的一种物化的外在形式，它是权利的载体，权利是已经存在的。

(四)股票是资本证券

股份公司发行股票是一种吸引认购者投资以筹措公司自有资本的手段，对于认购股票的人来说，购买股票就是一种投资行为。因此，股票是投入股份公司资本份额的证券化，属于资本证券。

(五)股票是综合权利证券

股票不属于物权证券，也不属于债权证券，而是一种综合权利证券。物权证券是指证券持有者对公司的财产有直接支配处理权的证券。债权证券是指证券持有者为公司债权人的证券。股票持有者作为股份公司的股东，享有独立的股东权利。

三、股票的特征

股票具有以下五个方面的特征：

(一)收益性

收益性是股票最基本的特征，它是指持有股票可以为持有人带来收益的特征。持有股票的目的在于获取收益。股票的收益来源可分成两类：一是来自股份公司。认购股票后，持有者即对发行公司享有经济权益，这种经济权益的实现形式是从公司领取股息和分享公司的红利。二是来自股票流通。股票持有者可以持股票到市场上进行交易，当股票的市场价格高于买入价格时，卖出股票就可以赚取差价收益。这种差价收益称为资本利得。

(二)风险性

风险性是指持有股票可能产生经济利益损失的特性。股票风险的内涵是预期收益的不确定性。股票可能给股票持有者带来收益，但这种收益是不确定的，股东能否获得预期的股息红利收益，完全取决于公司的盈利情况：利大多分，利小少分，无利不分；公司发生亏损时股东要承担有限责任；公司破产时可能血本无归。

(三)流动性

流动性是指股票可以依法自由地进行交易的特性。股票持有人虽然不能直接从股份公司退股，但可以在股票交易市场上很方便地卖出股票来变现，在收回投资(可能大于或小于原出资额)的同时，将股票所代表的股东身份及其各种权益让渡给受让者。所以，股票是流动性很高的证券。

(四)永久性

永久性是指股票所载有的权利的有效性是始终不变的，因为它是一种无期限的法律凭证。股票的有效期与股份公司的存续期间相联系，两者是并存的关系。这种关系实质上反映了股东与股份公司之间比较稳定的经济关系。股票代表着股东的永久性投资，当然股票持有者可以出让股票而转让其股东身份，而对于股份公司来说，由于股东不能要求公司退股，所以通过发行股票筹集到的资金，在公司存续期间是一笔稳定的自有资本。

资料卡 6-2　股票的风险

就股市而言，风险就是投资者的收益和本金遭受损失的可能性。

从风险的定义来看，证券投资风险主要有两种：一种是投资者的收益和本金的可能性损失；另一种是投资者的收益和本金的购买力的可能性损失。

在多种情况下，投资者的收益和本金都有可能遭受损失。对于股票持有者来说，发行公司因经营治理不善而出现亏损时，或者没有取得预期的投资效果时，持有该公司股票的投资者，其分派收益就会减少，有时甚至无利润可分，投资者就得不到任何股息；投资者在购买了某一公司的股票以后，由于受某种政治的或经济的因素影响，大多数投资者对该公司的未来前景持悲观态度，此时，因大批量的抛售，该公司的股票价格直线下跌，投资者也不得不在低价位上脱手，这样，投资者高价买进、低价卖出，本金因此遭受损失。对于债券投资者来说，债券发行者在出售债券时已确定了债券的利息，并承诺到期还本付息，但是，并不是所有的债券发行者都能按规定的程序偿还债务。一旦债务发行者陷入财务困境，或者经营不善，而不能按规定支付利息和偿还本金，甚至完全丧失清偿能力，投资者的收益和本金就必然会遭受损失。

投资者的收益和本金的购买力损失，主要来自通货膨胀。在物价大幅度上涨、出现通货膨胀时，尽管投资者的名义收益和本金不变，或者有所上升，但是只要收益的增长幅度小于物价的上升幅度，投资者的收益和本金的购买力就会下降，通货膨胀侵蚀了投资者的实际收益。

从风险产生的根源来看，证券投资风险可以区分为企业风险、货币市场风险、市场价格风险和购买力风险。

从风险与收益的关系来看，证券投资风险可分为市场风险（Market Risk，又称系统风险）和非市场风险（Non-market Risk，又称非系统风险）两种。

市场风险是指与整个市场波动相联系的风险，它是由影响所有同类证券价格的因素所导致的证券收益的变化。经济、政治、利率、通货膨胀等都是导致市场风险的原因。市场风险包括购买力风险、市场价格风险和货币市场风险等。

非市场风险是指与整个市场波动无关的风险，它是某一企业或某一个行业特有的那部分风险，如治理能力、劳工问题、消费者偏好变化等对于证券收益的影响。非市场风险包括企业风险等。

具有较高市场风险的行业，如基础行业、原材料行业等，其销售、利润和证券价格与经济活动和证券市场情况相联系。具有较高非市场风险的行业，是生产非耐用消费品的行业，如公用事业、通信行业和食品行业等。

由于市场风险与整个市场的波动相联系，因此，无论投资者如何分散投资资金都无法消除和避免这一部分风险；非市场风险与整个市场的波动无关，投资者可以通过投资分散化来消除这部分风险。不仅如此，市场风险与投资收益呈正相关关系。

四、股票的种类

股票种类很多，可谓五花八门、形形色色。这些股票名称不同，形式和权益各异。股票的分类方法因此也是多种多样的。常见的股票类型如下：

（一）普通股和优先股

1. 普通股

普通股是随着企业利润变动而变动的一种股份，是股份有限公司资本构成中最普通、最基本的股份，是股份公司资金的基础部分。

普通股的基本特点是其投资收益（股息和分红）不是在购买时约定，而是事后根据股票发行公司的经营业绩来确定。公司的经营业绩好，普通股的收益就高；反之，若经营业绩差，普通股的收益就低。普通股是股份有限公司资本构成中最重要、最基本的股份，也是风险最大的一种股份，但又是股票中最基本、最常见的一种。在我国上交所与深交所上市的股票都是普通股。

2. 优先股

优先股是普通股的对称，是股份有限公司发行的在分配红利和剩余财产时比普通股具有优先权的股份。优先股也是一种没有期限的有权凭证，优先股股东一般不能在中途向公司要求退股（少数可赎回的优先股例外）。优先股通常预先确定股息收益率。由于优先股股息率事先固定，所以优先股的股息一般不会根据公司经营业绩而增减，而且一般也不能参与公司的分红，但优先股可以先于普通股获得股息，对公司来说，由于股息固定，它不影响公司的利润分配。但是，优先股股东一般没有选举权和被选举权，对股份有限公司的重大经营无投票权。

如果公司股东大会需要讨论与优先股有关的索偿权，即优先股的索偿权先于普通股，而次于债权人。优先股的优先权主要表现在两个方面：(1)股息领取优先权。股份有限公司分派股息的顺序是优先股在前、普通股在后。股份有限公司不论其盈利多少，只要股东大会决定分派股息，优先股就可按照事先确定的股息率领取股息，即使普遍减少或没有股息，优先股也应照常分派股息。(2)剩余资产分配优先权。股份有限公司在解散、破产清算时，优先股具有公司剩余资产的分配优先权，不过，优先股的优先分配权在债权人之后、普通股之前。只有还清公司债权人债务之后，有剩余资产时，优先股才具有剩余资产的分配权。只有在优先股索偿之后，普通股才参与分配。

优先股的种类很多，为了适应一些专门想获取某些优先好处的投资者的需要，优先股有各种各样的分类方式。主要分类有以下几种：

(1)累积优先股和非累积优先股。累积优先股是指在某个营业年度内，如果公司所获的盈利不足以分派规定的股利，日后优先股的股东对以前未偿付的股息，有权要求如数补给。对于非累积的优先股，虽然对于公司当年所获得的利润有优先于普通股获得分派股息的权利，但如该年公司所获得的盈利不足以按规定的股利分配时，非累积优先股的股东不能要求公司在以后年度中予以补发。一般来说，对投资者来说，累积优先股比非累积优先股具有更大的优越性。

(2)参与优先股与非参与优先股。当企业利润增大，除享受既定比率的利息外，还可以跟普通股共同参与利润分配的优先股，称为“参与优先股”。除了既定股息外，不再参与利润分配的优先股，称为“非参与优先股”。一般来说，参与优先股较非参与优先股对投资者更为有利。

(3)可转换优先股与不可转换优先股。可转换的优先股是指允许优先股持有人在特定条件下把优先股转换成为一定数额的普通股；反之，就是不可转换优先股。可转换优先股是近年来日益流行的一种优先股。

(4)可收回优先股与不可收回优先股。可收回优先股是指允许发行该类股票的公司，按原来的价格再加上若干补偿金将已发行的优先股收回。当该公司认为能够以较低股利的股票来代替已发行的优先股时，就往往行使这种权利。反之，就是不可收回的优先股。

优先股的收回方式有三种：①溢价方式。公司在赎回优先股时，虽是按事先规定的价格进行，但由于这往往给投资者带来不便，因而发行公司常在优先股面值上再加一笔“溢价”。②公司在发行优先股时，从所获得的资金中提出一部分款项创立“偿债基金”，专用于定期地赎回已发出的一部分优先股。③转换方式。即优先股可按规定转换成普通股。虽然可转换的优先股本身构成优先股的一个种类，但在国外投资界，也常把它看成一种实际上的收回优先股方式，只是这种收回的主动权在投资者手里而不在公司手里，对投资者来说在普通股的市价上升时这样做是十分有利的。

小贴士

资料卡 6—3 可转换优先股

可转换优先股是指发行后，在一定条件下允许持有者将它转换成其他种类股票的优先股票。在大多数情况下，股份公司的转换股票是由优先股转换成普通股，或者由某种优先股转换成另一种优先股。

1. 可转换优先股的转换要求

股份公司发行可转换优先股，一般应在公司章程中明确规定如下的具体转换要求：

(1)转换权限，通常规定只有股东才有转换的请求权。

(2)转换条件，即股东在什么情况下方可行使转换请求权。

(3)转换期限，即行使转换请求权的起始和终止时间。

(4)转换内容，也就是该股票允许转换成哪种股票。

(5)转换手续，即行使转换时要履行哪些规定的程序。

2. 可转换优先股的发行意义

发行可转换优先股票，对于股份公司和投资者来说都有一定的意义。

(1)股份公司在其股票发行遇到困难时，可以给予优先股认购者以转换请求权，来吸引更多的人购买。同时，可转换优先股的股息率往往略低于其他种类的优先股，也有利于减轻公司负担。

(2)投资者投资于可转换优先股，实际上多了一个选择余地和改变资产种类的机会。例如，投资者认购该种股票后，在公司盈利较少时，可以不行使转换请求权，而继续持有优先股以保证获取固定股息；而当公司盈利较高时，可行使转换请求权，转换成普通股以分享丰厚的盈利。

(二)记名股和无记名股

股票按是否记载股东姓名，可以分为记名股票和不记名股票。

1. 记名股票

所谓记名股票，是指在股票票面和股份公司的股东名册上记载股东姓名的股票。很多国家的公司法都对记名股票的有关事项做出了具体规定。一般来说，如果股票是归某人单独所有，则应记载持有人的姓名；如果股票是以国家授权投资的机构或者法人所持有，则应记载国家授权投资的机构或者法人的名称；如果股票持有者因故改换姓名或者名称，就应到公司办理变更姓名或者名称的手续。

投资者认购记名股票，不仅要在股票票面上记载其姓名，还必须把姓名和住址记入发行该股票的股份有限公司的股东名册。

2. 无记名股票

无记名股票是指股票票面不记载股东姓名的股票。此类股票与记名股票相比较，在股东权益内容上没有差别，只是股票记载方式不同。

(三)有票面额股与无票面额股

有票面额股票与无票面额股票的分类，是以股票是否用票面金额加以表示为根据的。有票面额股票是指在股票票面上记载一定金额(即票面价值)的股票。此类股票的票面金额计算方法是资本总额除以股份数,一般来说,有票面额股票的股息是用其票面金额的百分比来表示的。

第二节　股票发行市场

股票发行市场也称一级市场,它是指股票发行人向投资者通过出售股票而筹集资金的市场,是新股票发行的场所。

一、股票发行的条件

股票的发行是指股份有限公司出售股票以筹集资本的过程。我国《公司法》明确规定只有股份有限公司才能发行股票,而有限责任公司是不能发行股票的。股份有限公司发行股票必须符合一定的条件,还要经过一定的程序。同时,在股票发行工作开始前,还要确定股票的发行价格,选择一定的发行方式。

股票发行人必须是具有股票发行资格的股份有限公司,股份有限公司发行股票,必须符合一定的条件。我国《股票发行与交易管理暂行条例》对新设立股份有限公司公开发行股票、原有企业改组设立股份有限公司公开发行股票、增资发行股票及定向募集公司公开发行股票的条件分别做出了具体的规定。

(一)设立发行股票的条件

设立发行或称首次发行,是指发起人通过发行公司股票来募集经营资本,成立股份有限公司的行为。

根据《股票发行与交易管理暂行条例》的规定,设立发行应符合下列条件:

(1)股份有限公司的生产经营符合国家的产业政策。这是为了保证国家对社会资金投向的基本流向做宏观调控而提出的要求,对涉及国家安全、国防尖端技术等行业不得设立股份有限公司发行股票,其他大部分生产经营行业设立股份有限公司,发行股票均应符合国家产业政策。

(2)发行的普通股限于一种,同股同权。设立股份有限公司申请发行普通股时,只能申请发行一种,每一股份数额相等,持有相同股份数额的股东,具有同等权利。

(3)发起人认购的股本数额不少于公司拟发行的股本总额的35%。其条件是为了维护股份公司设立和股票发行的严肃性,使发起人的利益和新设立公司的利益紧密地联系起来,强化发起人设立、经营新公司的责任感,规范发起人的发起行为,使发起人尽力履行职责,从而对发起人规定一定比例的股份认购。

(4)在公司拟发行的股本总额中,发起人认购的部分不少于人民币3 000万元,但国家另有规定的除外。该规定旨在通过对发行公司的最小规模的限制,达到在一定程度上提高发行公司规模效益的目的。

(5)向社会公众发行的部分不少于公司拟发行股本总额的25%,其中公司职工认购的股本数额不得超过拟向社会公众发行的股本总额的10%;公司拟发行的股本总额超过人民币4

亿元的，证监会按规定可酌情降低向社会公众发行的部分比例，但最低不得少于公司拟发行股本总额的10%(《公司法》变更为15%)。规定社会公众的持股比例，其作用在于保障公司股票的市场流通性，扩大公司的利益。通过公众参与投资，有效地利用社会闲散资金，同时加强对公司经营管理行为的严格监督。

(6)发起人在近3年内没有重大违法行为。

(7)证监会规定的其他条件。

股份有限公司成立后，基于增资目的而再次申请公开发行股票，在《公司法》中称为发行新股。新股发行除应当具备股票设立发行的条件外，还必须符合有关增资发行的特殊条件：①前一次发行的股份已经募足，并间隔1年以上；②公司在最近3年内连续盈利，并可向股东支付股利；③公司最近3年内财务会计文件无虚假记载，从前一次公开发行股票至本次申请期间没有重大违法行为；④公司预期利润率可达同期银行存款利率；⑤前一次公开发行股票所得资金的使用与其招股说明书相同，并且资金使用效益良好。

(二)原有企业改组设立股份有限公司公开发行股票的条件

国有企业改组设立股份有限公司申请公开发行股票，除了要符合新设立股份有限公司申请公开发行股票的条件外，还要符合下列条件：

(1)发行前一年末，净资产在总资产中所占比例不低于30%，无形资产在净资产中所占的比例不高于20%，但是国家证券监管机构另有规定的除外。

(2)近三年连续盈利。

(三)已上市公司增资发行股票的条件

股份有限公司增资申请公开发行股票，除了要满足前面所列的条件外，还要满足下列条件：

(1)前一次发行的股票已经募足，并间隔1年以上。

(2)公司在最近三年内连续盈利，并可向股东支付股利。

(3)公司在最近三年内财务会计文件无虚假记载，从前一次公开发行股票至本次申请期间没有重大违法行为。

(4)公司预期利润率可达同期银行存款利率。

(5)前一次公开发行股票所得资金的使用与其招股说明书相符，并且资金使用效益良好。公司以当年利润分派新股，不受第(2)项规定的限制。

(四)定向募集公司公开发行股票的条件

1. 定向募集股份有限公司申请公开发行股票除了要符合新设立和改组设立股份有限公司公开发行股票的条件外，还应符合下列条件：

(1)定向募集所得资金的使用同招股说明书所述内容相符，而且资金使用效益好。

(2)距最近一次定向募集股份的时间不少于12个月。

(3)从最后一次定向募集到本次公开发行期间没有重大违法行为。

(4)内部职工股权证按照规定发放，并且已交国家指定的证券机构集中托管。

(5)证券监管机构规定的其他条件。

2. 1994年7月1日开始施行的《公司法》对公司发行新股的条件又重新进行了规定：

(1)前一次的股份已经募足,并间隔一年以上。

(2)公司在最近三年内连续盈利,并可向股东支付股利。

(3)公司在最近三年内财务会计文件无虚假记载。

(4)公司预期利润率可达到同期银行存款利率。

资料卡 6-4 《上市公司证券发行管理办法》简介

中国证监会 2006 年 5 月 7 日宣布:为规范上市公司证券发行行为,保护投资者的合法权益和社会公共利益,根据《证券法》和《公司法》的规定,中国证监会在向广大投资者和社会各界广泛征求意见或建议后,决定正式发布《上市公司证券发行管理办法》(简称《管理办法》)。

股权分置改革以来,为保持市场的稳定和健康发展,上市公司再融资功能处于暂停状态。《管理办法》的出台,是监管层对广受关注的上市公司恢复再融资事宜做出的公开正面回应,表明我国证券发行管理制度按照市场化的改革方向做出了重大调整。《管理办法》共分 7 章 75 条,分别对公开发行证券的条件、一般规定、发行股票、发行可转换公司债券、发行附认股权公司债券、非公开发行股票的条件、发行程序、信息披露、监管和处罚等做了明确规定。

证监会负责人认为,《管理办法》具有以下三大突出特点:

一是强化发行环节的市场约束机制。顺应股权分置改革后市场运行机制的根本性变化,《管理办法》相应做出制度安排,强化市场约束机制。其中包括:实施预先披露制度,加强社会监督;取消了筹资额不得超过净资产两倍的数量限制,进一步体现发行人和投资者的自主决定;取消了辅导期一年的规定,同时对保荐人的审慎核查工作提出严格的监管要求;取消首发前 12 个月内不得增资扩股的规定,同时提高禁售期要求;取消了关联交易比例不得超过 30%的规定,同时对关联交易提出了更加严格的披露要求。

二是加大中介机构责任。《管理办法》根据《证券法》的立法精神,细化和加强中介机构的审慎核查责任,要求中介机构对出具文件的真实性、准确性、完整性负责;将中介机构出具的文件确定为招股说明书的备查文件,要求在指定网站上披露;对中介机构的违法违规行为根据不同情节和后果设定相应的监管措施。

三是推动优质企业发行上市。《管理办法》对首次公开发行股票并上市的公司从公司治理和财务指标两个方面提出了较为严格的条件,对《证券法》规定的发行条件进行了细化。新办法仍然立足于核准制,把公司质量作为监管的重要内容,优先选择优质公司利用资本市场做大做强;同时,利用股权分置改革后市场基础条件的变化,更加注重和引导发挥市场机制的作用。

二、股票发行的方式

在各国不同的政治、经济、社会条件下,特别是金融体制和金融市场管理的差异使股票的发行方式也多种多样。根据不同的分类方法,可以概括如下:

（一）公开发行与不公开发行

这是根据发行的对象不同来划分的。公开发行又称公募，是指事先没有特定的发行对象，向社会广大投资者公开推销股票的方式。采用这种方式，可以扩大股东的范围，分散持股，防止囤积股票或被少数人操纵，有利于提高公司的社会性和知名度，为以后筹集更多的资金打下基础；也可增加股票的适销性和流通性。公开发行可以采用股份公司自己直接发售的方法，也可以支付一定的发行费用通过金融中介机构代理。

不公开发行又称私募，是指发行者只对特定的发行对象推销股票的方式。通常在两种情况下采用：第一，股东配股，又称股东分摊，即股份公司按股票面值向原有股东分配该公司的新股认购权，动员股东认购。这种新股发行价格往往低于市场价格，事实上成为对股东的一种优待，一般股东都乐于认购。如果有的股东不愿认购，他可以自动放弃新股认购权，也可以把这种认购权转让他人，从而形成认购权的交易。第二，私人配股，又称第三者分摊，即股份公司将新股票分售给股东以外的本公司职工、往来客户等与公司有特殊关系的第三者。采用这种方式往往出于两种考虑：一是为了按优惠价格将新股分摊给特定者，以示照顾；二是当新股票发行遇到困难时，向第三者分摊以求支持，无论是股东还是私人配售，由于发行对象是既定的，因此，不必通过公募方式，这不仅可以节省委托中介机构的手续费，降低发行成本，还可以调动股东和内部的积极性，巩固和发展公司的公共关系。但缺点是这种不公开发行的股票流动性差，不能公开在市场上转让出售，而且也会降低股份公司的社会性和知名度，还存在被杀价和控股的风险。

（二）直接发行与间接发行

这是根据发行者推销出售股票的方式不同来划分的。直接发行又称直接招股，是指股份公司自己承担股票发行的一切事务和发行风险，直接向认购者推销出售股票的方式。采用直接发行方式时，要求发行者熟悉招股手续，精通招股技术并具备一定的条件。如果认购额达不到计划招股额，新建股份公司的发起人或现有股份公司的董事会必须自己认购未出售的股票。因此，只适用于有既定发行对象或发行风险少、手续简单的股票。在一般情况下，不公开发行的股票、因公开发行有困难（如信誉低所致的市场竞争力差、承担不了大额的发行费用等）的股票，或是实力雄厚、有把握实现巨额私募以节省发行费用的大股份公司股票，才采用直接发行的方式。

间接发行又称间接招股，是指发行者委托证券发行中介机构出售股票的方式。这些中介机构作为股票的推销者，办理一切发行事务，承担一定的发行风险并从中提取相应的收益。

股票的间接发行有三种方法：

一是代销，又称代理招股，推销者只负责按照发行者的条件推销股票，代理招股业务，而不承担任何发行风险，在约定期限内能销多少算多少，期满仍销不出去的股票退还给发行者。由于全部发行风险和责任都由发行者承担，证券发行中介机构只是受委托代为推销，因此，代销手续费较低。

二是承销，又称余股承购，股票发行者与证券发行中介机构签订推销合同。合同明确规定，在约定期限内，如果中介机构实际推销的结果未能达到合同规定的发行数额，其差额部分由中介机构自己承购下来。这种发行方法的特点是能够保证完成股票发行额度，一般较受发行者的欢迎，而中介机构因需承担一定的发行风险，故承销费高于代销的手续费。

三是包销，又称包买招股，当发行新股票时，证券发行中介机构先用自己的资金一次性地把将要公开发行的股票全部买下，然后再根据市场行情逐渐卖出，中介机构从中赚取买卖差价。若有滞销股票，中介机构减价出售或自己持有，由于发行者可以快速获得全部所筹资金，而推销者则要全部承担发行风险，因此，包销费高于代销费和承销费。

股票间接发行时究竟采用哪一种方法，发行者和推销者考虑的角度是不同的，需要双方协商确定。一般来说，发行者主要考虑自己在市场上的信誉、用款时间、发行成本和对推销者的信任程度；推销者则主要考虑所承担的风险和所能获得的收益。

（三）有偿增资、无偿增资和搭配增资

这是按照投资者认购股票时是否缴纳股金来划分的。有偿增资就是指认购者必须按股票的某种发行价格支付现款，方能获得股票的一种发行方式。一般公开发行的股票和私募中的股东配股、私人配股都采用有偿增资的方式，采用这种方式发行股票，可以直接从外界募集股本，增加股份公司的资本金。无偿增资，是指认购者不必向股份公司缴纳现金就可获得股票的发行方式，发行对象只限于原股东，采用这种方式发行的股票，不能直接从外部募集股本，而是依靠减少股份公司的公积金或盈余结存来增加资本金，一般只在股票派息分红、股票分割和法定公积金或盈余转作资本配股时采用无偿增资的发行方式，按比例将新股票无偿交付给原股东，其目的主要是为了让股东分享收益，以增强股东信心和公司信誉或为了调整资本结构。由于无偿发行要受资金来源的限制，因此，不能经常采用这种方式发行股票。搭配增资，是指股份公司向原股东分摊新股时，仅让股东支付发行价格的一部分就可获得一定数额股票的方式，例如股东认购面额为100元的股票，只需支付50元就可以了，其余部分无偿发行，由公司的公积金充抵。这种发行方式也是对原有股东的一种优惠，只能从他们那里再征集部分股金，便利实现公司的增资计划。

上述这些股票发行方式，各有利弊及条件约束，股份公司在发行股票时，可以采用其中的某一方式，也可以兼采几种方式，各公司都是从自身的实际情况出发，择优选用。当前，世界各国采用最多、最普遍的方式是公开发行和间接发行。

三、股票发行的程序

（一）设立股份有限公司

我国的法律法规规定发行股票的企业必须是股份有限公司，因此企业要想发行股票，必须首先设立股份有限公司。

（二）聘请中介机构

主要是聘请有证券从业资格的会计师事务所、律师事务所和有主承销商资格的证券公司。会计师事务所负责出具审计报告，律师事务所出具法律意见书，证券公司负责对拟上市企业发行股票的辅导和推荐工作，辅导期为一年。辅导内容主要包括以下九个方面：

(1)股份有限公司设立及其历次演变的合法性、有效性；

(2)股份有限公司人事、财务、资产及供、产、销系统的独立完整性；

(3)对公司董事、监事、高级管理人员及持有5%以上(含5%)股份的股东(或其法人代表)

进行《公司法》《证券法》等有关法律法规的培训；

(4)建立健全股东大会、董事会、监事会等组织机构，并实现规范运行；

(5)依照股份有限公司会计制度建立健全公司财务会计制度；

(6)建立健全公司决策制度和内部控制制度，实现有效运作；

(7)建立健全符合上市公司要求的信息披露制度；

(8)规范股份有限公司和控股股东及其他关联方的关系；

(9)公司董事、监事、高级管理人员及持有5%以上(含5%)股份的股东持股变动情况是否合规。

辅导期满6个月应在当地省级日报上公告，如公司所在地不在省会城市，除在省级日报公告外，还需在公司所在市县日报上公告。

在辅导期间，主承销商应对拟发行股票的企业的董事、监事和高级管理人员进行《公司法》《证券法》等法律法规的考试。

(三)向中国证监会派出机构报送材料

中国证监会派出机构负责辖区内拟上市企业辅导工作的监督管理。辅导工作开始前10个工作日内，辅导机构应当向派出机构提交下列材料：

(1)辅导机构及辅导人员的资格证明文件(复印件)；

(2)辅导协议；

(3)辅导计划；

(4)拟发行公司基本情况资料表；

(5)最近两年经审计的财务报告(资产负债表、损益表、现金流量表等)。

辅导期间，中国证监会派出机构可根据辅导报告所发现的问题对辅导情况进行抽查。

(四)改制辅导调查

辅导机构对拟上市公司进行辅导的期限满一年后，经辅导机构申请，中国证监会派出机构对拟上市公司的改制、运行情况及辅导内容、辅导效果进行评估和调查，并出具调查报告。辅导有效期为三年，即辅导期满后三年内，拟发行公司可以由主承销机构提出股票发行上市申请；超过三年，则须重新聘请辅导机构进行辅导。

(五)报送申请股票发行文件

拟上市公司和所聘请的证券中介机构，按照中国证监会制定的《公司公开发行股票申请文件标准格式》制作申请文件，由主承销商推荐向中国证监会申报。中国证监会收到申请文件后在5个工作日内做出是否受理的决定。

(六)初审

中国证监会受理申请文件后，中国证监会对发行人申请文件的合规性进行初审，并在30日内将初审意见函告知发行人及其主承销商。主承销商自收到初审意见之日起10日内将补充完善的申请文件报至中国证监会。

中国证监会在初审过程中，一方面征求省级人民政府或国务院有关部门的意见，另一方面将就发行人投资项目是否符合国家产业政策征求国家发展和改革委员会意见，国家发展和改革委员会自收到文件后在15个工作日内，将有关意见函告中国证监会。

(七)发行审核委员会审核

中国证监会对按初审意见补充完善的申请文件进一步审核,并在受理申请文件后60日内,将初审报告和申请文件提交发行审核委员会审核。

发行审核委员会按照国务院批准的工作程序开展审核工作。委员会进行充分讨论后,以投票方式对股票发行申请进行表决,提出审核意见。

(八)核准发行

依据发行审核委员会的审核意见,中国证监会对发行人的发行申请做出核准或不予核准的决定。予以核准的,出具核准公开发行的文件;不予核准的,出具书面意见,说明不予核准的理由。

(九)复议

发行申请未被核准的企业,接到中国证监会书面决定之日起60日内,可提出复议申请。中国证监会收到复议申请后60日内,对复议申请做出决定。

(十)发行股票

发行人在获得中国证监会核准其公开发行股票的文件以后,就可以按照核准的发行方案发行股票。

(十一)上市交易

股份有限公司发行股票后,申请其股票上市交易的,必须报经国务院证券监督管理机构核准。国务院证券监督管理机构可以授权证券交易所依照法定条件和法定程序核准股票上市申请。股票上市交易申请经国务院证券监督管理机构核准后,其发行人应向证券交易所提供核准文件及有关文件。证券交易所自接到该股票发行人提交的文件之日起,在6个月内,安排该股票上市交易。

四、股票发行的价格

当股票发行公司计划发行股票时,就需要根据不同情况,确定一个发行价格以推销股票。一般而言,股票发行价格有以下几种:面值发行、时价发行、中间价发行和折价发行等。

(一)面值发行

即按股票的票面金额为发行价格,也称平价发行。采用股东分摊的发行方式时一般按平价发行,不受股票市场行情的左右。由于市价往往高于面额,因此以面额为发行价格能够使认购者得到因价格差异而带来的收益,既使股东乐于认购,又保证了股票公司顺利地实现筹措股金的目的。

(二)时价发行

即不是以面额,而是以流通市场上的股票价格(即时价)为基础确定发行价格。一般都是时价高于票面额,二者的差价称为溢价,溢价带来的收益归该股份有限公司所有。时价发行能使发行者以相对少的股份筹集到相对多的资本,从而减轻负担,同时还可以稳定流通市场的股票时价,促进资金的合理配置。按时价发行,对投资者来说也未必吃亏,因为股票市场上行情变幻莫测,如果该公司将溢价收益用于改善经营,提高了公司和股东的收益,将使股票价格上涨;投资者若能掌握时机,适时按时价卖出股票,收回的现款会远高于购买金额。在具体决定价格时，还要考虑股票销售难易程度、对原有股票价格是否冲击、认购期间价格变动的可能性等因素，因此，一般将发行价格定在低于时价5%～10%的水平上是比较合理的。

（三）中间价发行

即股票的发行价格取票面额和市场价格的中间值。这种价格通常在时价高于面额，公司需要增资但又需要照顾原有股东的情况下采用。中间价格发行对象一般为原股东，在时价和面额之间采取一个折中的价格发行，实际上是将差价收益一部分归原股东所有，一部分归公司所有以用于扩大经营。因此，在进行股东分摊时要按比例配股，不改变原来的股东构成。

（四）折价发行

即发行价格不到票面额，是打了折扣的。折价发行有两种情况：一种是优惠性的，通过折价使认购者分享权益。例如，公司为了充分体现对现有股东优惠而采取搭配增资方式时，新股票的发行价格就为票面价格的某一折扣，折价不足票面额的部分由公司的公积金抵补。现有股东所享受的优先购买和价格优惠的权利就称作优先购股权。若股东自己不享用此权，他可以将优先购股权转让出售。这种情况有时又称优惠售价。另一种情况是该股票行情不佳，发行有一定困难，发行者与推销者共同议定一个折扣率，以吸引那些预测行情要上涨的投资者认购。由于各国一般规定发行价格不得低于票面额，因此，这种折扣发行需经过许可方能实行。

第三节　股票的交易

股票交易市场是已经发行的股票按时价进行转让、买卖和流通的市场，包括交易所市场和场外交易市场两部分。由于它是建立在发行市场基础上的，因此又称二级市场。目前发达国家的股票流通市场基本有两个层次，即场内交易市场和场外交易市场。场内交易市场是证券交易所组织的有固定的交易场所和交易时间的集中交易市场，在许多国家它还是唯一合法的证券交易场所。

一、证券交易所

证券交易所是有组织地进行证券交易的固定场所，同时具有经济学和法学上的双重性质。证券交易所是依据国家有关法律，经政府证券主管机关批准设立的集中进行证券交易的有形场所。我国有两个证券交易所：上海证券交易所和深圳证券交易所。

（一）证券交易所的组织形式

世界各国证券交易所的组织形式大致分为两类：

1. 公司制证券交易所

公司制证券交易所是由银行、证券公司、投资信托机构及各类民营公司等共同投资入股建立起来的公司法人。公司制的证券交易所对在本所内的证券交易员有担保责任，因此通常设有赔偿基金，或向国库缴纳营业保证金，以赔偿因该所成员违约而遭受损失的投资者。公司制的证券交易所通常规定，证券商及其股东或经理人不得担任证券交易所的董事、监事或经理，以保证交易所经营者与交易参与者的分离。目前，世界上实行公司制的证券交易所的国家和地区主要有加拿大、澳大利亚、日本、中国香港、马来西亚、新加坡、印度、阿根廷、智利、哥伦比亚。瑞士的日内瓦证券交易所、美国的纽约证券交易所也实行公司制。公司制证券交易所大多是营利性组织，但加拿大、日本的证券交易所，美国的纽约证券交易所以及印度的一些证券交易所则是非营利性的。

2. 会员制证券交易所

会员制证券交易所是以会员协会形式成立的不以营利为目的的组织，主要由证券商组成。只有会员及享有特许权的经纪人才有资格在交易所中进行证券交易，会员对证券交易所的责任仅以其缴纳的会费为限。会员制证券交易所通常也都是法人，属于社团法人，但也有一些会员制证券交易所不是法人组织，其原因主要是为避免司法部门对它的内部规定进行干预，法人证券交易所的会员可包括法人和自然人会员两种，而非法人证券交易所的会员仅限于自然人，目前美国、欧洲大多数国家以及巴西、泰国、印度尼西亚、南非等国的证券交易所均实行会员制，中国上海、深圳的证券交易所也属于会员制。1993年，国务院证券委员会发布的《证券交易所管理暂行办法》规定：证券交易所是不以营利为目的，为证券的集中和有组织的交易提供场所、设施，并履行相关职责，实行自律性管理的会员制事业法人。

（二）证券交易所的参与者

不论是公司制的交易所还是会员制的交易所，其参加者都是证券经纪人和自营商。

1. 会员

会员包括股票经纪人、证券自营商及专业会员。

股票经纪人主要是指佣金经纪人，即专门替客户买卖股票并收取佣金的经纪人。交易所规定，只有会员才能进入大厅进行股票交易。因此，非会员投资者若想在交易所买卖股票，就必须通过经纪人。

股票自营商是指不是为顾客买卖股票，而为自己买卖股票的证券公司，根据其业务范围可以分为直接经营人和零数交易商。直接经营人是指在交易所注册的、可直接在交易所买卖股票的会员，这种会员无须支付佣金，其利润来源于短期股票价格的变动。零数交易商是指专门从事零数交易的交易商(零数交易是指不够一单位所包含的股数的交易)，这种交易商不能收取佣金，其收入主要来源于以低于整份交易的价格从证券公司客户手中购入证券，然后以高于整份交易的价格卖给零数股票的购买者所赚取的差价。

专业会员是指在交易所大厅专门买卖一种或多种股票的交易所会员，其职责是就有关股票保持一个自由的、连续的市场。专业会员的交易对象是其他经纪人，按规定不能直接同公众买卖证券。在股票交易时间，专业会员既可以经纪人身份，也可以自营商身份参与股票的买卖业务，但他不能同时身兼两职参与股票买卖。

2. 交易人

交易人进入交易所后，就被分为特种经纪人和场内经纪人。

特种经纪人是交易所大厅的中心人物，每位特种经纪人都身兼数职。主要有：充当其他股票经纪人的代理人；直接参加交易，以轧平买卖双方的价格差距，促成交易；在大宗股票交易中扮演拍卖人的角色，负责对其他经纪人的出价和开价进行评估，确定一个公平的价格；负责本区域交易，促其成交；向其他经纪人提供各种信息。

场内经纪人主要有佣金经纪人和独立经纪人。佣金经纪人上文有述，此处不再介绍。独立经纪人主要是指一些独立的个体企业家。一个公司如果没有自己的经纪人，就可以成为独立经纪人的客户，每做一笔交易，公司须付一笔佣金。在实践中，独立经纪人都会竭力按公司要求进行股票买卖，以获取良好信誉和丰厚报酬。

3. 客户和经纪人之间的关系

在股票投资交易活动中，客户与经纪人是相互依赖的关系。主要表现在以下四个方面：

(1)授权人与代理人的关系。客户作为授权人，经纪人作为代理人，经纪人必须为客户着想，为其利益提供帮助。经纪人所得收益为佣金。

(2)债务人与债权人的关系。这是在保证金信用交易中客户与经纪人之间关系的表现。客户在保证金交易方式下购买股票时，仅支付保证金若干，不足的数额向经纪人借款。不管该项借款是由经纪人贷出还是由商业银行垫付，这时的经纪人均为债权人，客户均为债务人。

(3)抵押关系。客户在需要款项时，须持股票向经纪人做抵押借款，客户为抵押人，经纪人为被抵押人，待以后股票售出时，经纪人可从其款项中扣除借款数目。在经纪人本身无力贷款的情况下，可以客户的股票向商业银行再抵押。

(4)信托关系。客户将资金和证券交由经纪人保存，经纪人为客户的准信托人。经纪人在信托关系中不得使用客户的财产为自身谋利。客户若想从事股票买卖，须先在股票经纪人公司开立账户，以便获得各种必要资料，然后再行委托；而经纪人则不得违抗或变动客户的委托。

(三)证券交易所的管理

在我国，证券交易所由所在地的人民政府管理，中国证券监督管理委员会监督。证券交易所的管理主要包括下列内容：

1. 证券交易所的设立和解散

设立证券交易所，由中国证券监督管理委员会审核，报国务院批准。在实践中，申请设立证券交易所应当向中国证券监督管理委员会提交下列文件：申请书；章程和主要业务规则草案；拟加入委员会名单；理事会候选人名单及简历；场地、设备及资金情况说明；拟任用管理人员的情况说明等。其中，证券交易所章程的事项主要有：设立目的；名称；主要办公及交易场所和设施所在地，职能范围；会员资格和加入、退出程序；会员的权利和义务；对会员的纪律处分；组织机构及其职权；高级管理人员的产生、任免及其职责；资本和财务事项；解散的条件和程序等。

如果证券交易所出现章程规定的解散事由，由会员决议解散的，经中国证券监督管理委员会审核同意后，报国务院批准解散。如果证券交易所有严重违法行为，则由中国证券监督管理委员会做出解散决定，报国务院批准解散。

2. 证券交易所的职能

证券交易所应当创造公开、公平的市场环境，提供便利条件从而保证股票交易的正常运行。证券交易所的职责主要包括：提供股票交易的场所和设施；制定证券交易所的业务规则；审核批准股票的上市申请；组织、监督股票交易活动；提供和管理证券交易所的股票市场信息；组织、监督证券交易；对会员进行监管；对上市公司进行监管；设立证券登记结算机构；管理和公布市场信息；证监会许可的其他职能。

证券交易所不得直接或者间接从事：以营利为目的的业务；新闻出版业；发布对证券价格

进行预测的文字和资料；为他人提供担保；未经证监会批准的其他业务。证券交易所上市新的证券交易品种，应当报证监会批准。证券交易所以联网等方式为非本所上市的证券交易品种提供证券交易服务，应当报证监会批准。证券交易所应当在其职能范围内制定和修改业务规则。证券交易所制定和修改业务规则，由证券交易所理事会通过，报证监会批准。

3. 证券交易所的业务规则

证券交易所的业务规则包括上市规则、交易规则及其他与股票交易活动有关的规则。具体来说，应当包括下列事项：股票上市的条件、申请程序以及上市协议的内容及格式；上市公告书的内容及格式；交易股票的种类和期限；股票的交易方式和操作程序；交易纠纷的解决；交易保证金的交存；上市股票的暂停、恢复和取消交易；证券交易所的休市及关闭；上市费用、交易手续费的收取；该证券交易所股票市场信息的提供和管理；对违反证券交易所业务规则行为的处理等。

4. 证券交易所的组织

证券交易所设会员大会、理事会和专门委员会。

会员大会为证券交易所的最高权力机构，每年至少召开一次。会员大会的职权主要有：制定证券交易所章程；选举和罢免理事；审议、通过理事会、总经理的工作报告；审议、通过证券交易所财务预算、决算报告；决定证券交易所的其他重大事项。

理事会对会员大会负责，是证券交易所的决策机构，每届任期3年。理事会的职责主要包括：执行会员大会的决议；拟订、修改证券交易所的业务规则；聘任总经理和根据总经理的提名聘任副总经理；审定总经理提出的工作计划，财务预算及决算方案；审定对会员的接纳与处分；根据需要决定专门委员会的设置等。证券交易所设总经理1人、副总经理1～3人；总经理与副总经理的任期为3年。总经理在理事会的领导下负责证券交易所的日常管理工作，是证券交易所法定代表人。总经理因故不能履行职责时，由副总经理代其履行职责。

专门委员会主要有上市委员会和监察委员会。上市委员会由13名委员组成（律师、注册会计师、证券交易所所在地会员和外地会员代表各2人；中国证券监督管理委员会和证券交易所所在地人民政府授权的机构各委派1人；证券交易所理事长、总经理；证券交易所其他理事1人），其职责主要有审批股票的上市及拟订上市规定和提出修改上市规则的建议。监察委员会由9名委员组成（证券交易所所在地会员2人；外地会员4人；律师、注册会计师各1名；理事1名），每届任期3年。其主要职责有：监察理事、总经理等高级管理人员执行会员大会、理事会决议的情况；监察理事、总经理及其他工作人员遵守法律、法规和证券交易所章程、业务规则的情况；监察证券交易所的财务情况等。

（四）对股票交易的监管

证券交易所对股票交易活动的监管主要包括下列内容：

(1)证券交易所应当即时公布行情，并按日制作股票行情表，记载并以适当方式公布下列事项：上市股票的名称；开盘、最高、最低及收盘价格；与前一交易日收盘价比较后的涨跌情况；成交量、值的分计及合计；股票指数及其涨跌情况等。

(2)证券交易所应当就市场内的成交情况编制日报表、周报表、月报表和年报表，并及时向社会公布。

(3)证券交易所应当监督上市公司按照规定披露信息。

(4)证券交易所应当与上市公司订立上市协议，以确定相互间的权利、义务关系。

(5)证券交易所应建立上市推荐人制度，以保证上市公司符合上市要求。

(6)证券交易所应当依照股票法规和证券交易所的上市规则、上市协议的规定，或者根据中国证券监督管理委员会的要求，对上市股票做出暂停、恢复或者取消其交易的决定。

(7)证券交易所应当设立上市公司的档案资料，对上市公司的董事、监事及高级管理人员持有上市股票的情况进行统计，并监督其变动情况。

(8)证券交易所的会员应当遵守证券交易所的章程、业务规则，依照章程、业务规则的有关规定向证券交易所缴纳席位费、手续费等费用，并缴存交易保证金。

(9)证券交易所的会员应当向证券交易所和中国证券监督管理委员会提供季度、中期及年度报告，并主动报告有关情况；证券交易所有权要求会员提供有关报表、账册、交易记录及其他文件。

(五)对证券交易所的管理与监督

(1)证券交易所不得以任何方式转让其依照股票交易法规取得的设立及业务许可。

(2)证券交易所的非会员理事及其他工作人员不得以任何形式在证券交易所会员公司兼职。

(3)证券交易所的理事、总经理、副总经理及其他工作人员不得以任何方式泄露或者利用内幕信息，不得以任何方式从证券交易所的会员、上市公司获取利益。

(4)证券交易所的高级管理人员及其他工作人员在履行职责时，凡有与本人有亲属关系或者其他利害关系情形时，应当回避。

(5)证券交易所应当建立符合股票监督管理和实施监控要求的系统，并根据证券交易所所在地人民政府和中国证券监督管理委员会的要求，向其提供股票市场信息。

(6)证券交易所所在地人民政府授权机构和中国证券监督管理委员会有权要求证券交易所提供会员和上市公司的有关材料。

(7)证券交易所应当于每一年财政年度终了后3个月内，编制经具有股票从业独立核算资格的会计师事务所审计的财务报告，报证券交易所所在地人民政府授权机构和中国证券监督管理委员会备案。

(8)证券交易所遇不可预料的偶发事件导致停市，或者为维护证券交易所正常秩序而采取技术性停市措施，必须立即向证券交易所所在地人民政府和中国证券监督管理委员会报告。

(9)证券交易所所在地人民政府授权机构和中国证券监督管理委员会有权要求证券交易所提供有关业务、财务等方面的报告和材料，并有权派员检查证券交易所的业务、财务状况以及会计账簿和其他有关资料。

(10)证券交易所应当按照国家有关规定将其会员缴存的交易保证金存入银行专门账户，不得擅自使用。

(11)证券交易所、证券交易所会员涉及诉讼，以及这些单位的高级管理人员因履行职责涉及诉讼或者依照股票法规应当受到解除职务的处分时，证券交易所应当及时向证券交易所所在地人民政府授权机构和中国证券监督管理委员会报告。

小贴士

资料卡 6—5 上海证券交易所简介

上海证券交易所成立于1990年11月26日，同年12月19日开业，归属中国证监会直接管理。秉承“法制、监管、自律、规范”的八字方针，上海证券交易所致力于创造透明、开放、安全、高效的市场环境，切实保护投资者权益。其主要职能包括：提供证券交易的场所和设施；制定证券交易所的业务规则；接受上市申请，安排证券上市；组织、监督证券交易；对会员、上市公司进行监管；管理和公布市场信息。

上海证券交易所下设办公室、人事(组织)部、党办纪检办、交易管理部、发行上市部、公司管理部、会员部、债券基金部、国际发展部、产品开发部、市场监察部、法律部、投资者教育部、技术中心、信息中心、研究中心、财务部、稽核部、行政服务中心(保卫部)、北京中心20个部门，以及2个子公司上海证券通信有限责任公司、上证所信息网络有限公司，通过它们的合理分工和协调运作，有效地担当起证券市场组织者的角色。

经过多年的持续发展，上海证券市场已成为中国内地首屈一指的市场，上市公司数、上市股票数、市价总值、流通市值、证券成交总额、股票成交金额和国债成交金额等各项指标均居首位。截至2014年底，上海证券交易所拥有995家上市公司，股票市价总值24.4万亿元。

资料来源：上海证券交易所网站。

二、股票交易

股票交易根据交易场所的不同，可划分为交易所交易(场内交易)和场外交易两类。

交易所交易程序大致是：(1)选择证券经纪商；(2)开户，与经纪商签订买卖股票的契约；(3)着手股票交易，投资者可随时通知受托经纪商办理股票交易；(4)经纪商接到委托通知后，即与派驻在交易大厅的代表人联系，代为完成交易，并将“成交通知单”送达客户；(5)交易成交后，投资者应在规定时间完成交割；(6)过户，即办理变更股东名簿记载。

(一)股票交易的程序

1. 开设股票账户

客户欲进入股市，必须先开立股票账户，股票账户是投资者进入市场的通行证，只有拥有它，才能进场买卖证券。

(1)开设股票账户所需要提供的证件。股票账户可分为个人账户与法人账户两种。开设个人账户时，个人投资者必须持有本人有效身份证件(一般为本人身份证)。法人开户所需提供的资料有：有效的法人证明文件(营业执照)及其复印件；法人代表证明书及其本人身份证、法人委托书及受托人身份证。上海证券交易所的股票账户由其所属的证券登记公司集中统一管理，具体的开户手续委托有关机构办理。在深圳证券交易所，开立股票账户，除了提供本人身份证外，还需提供指定的银行存折。深圳的开户工作由深圳证券登记公司统一受理。自然人或法人可到所选择的证券经营机构所在地的证券登记机构办理开户手续。

(2)开设股票账户所需提供的资料。个人投资者在开设股票账户时，应详细提供本人和委托人的详细资料，包括本人和委托人的姓名、性别、身份证号码、家庭地址、职业、联系电话等。法人投资者应提供法人地址、电话、法定代表人和授权证券交易执行人的姓名、性别、书面授权书、开户银行账户和账号、邮编、机构性质等。

(3)开设股票账户的基本条件。根据国家的有关规定，下列人员不得办理股票开户：证券主管机关中管理证券事务的有关人员；证券交易所管理人员；证券经营机构中与股票发行或交易有直接关系的人员；与发行者有直接行政隶属或管理关系的机关工作人员；其他与股票发行或交易有关的知情人。在办理上海证券交易所的股票证券账户后，需办理指定交易，即可指定该账户在某一证券商处进行交易。此种指定交易随时可以办理，也可随时撤销。深圳证券交易所的股票账户开设后，只能在指定的证券机构处办理委托买卖。投资者如需在其他证券经营机构处委托，必须事先办理转托管手续。

随着证券市场的发展，股票账户的功能不限于股票，已扩大至基金、股权证、无纸化国债等。

2. 开设资金账户

办理了股票账户后还需办理资金账户。目前在上交所系统，资金账户在证券机构处开立且仅在该机构处有效。证券经营机构按银行活期存款利率对投资者资金账户上的存款支付利息。开立资金账户所需文件及资料基本与股票账户相同。目前股票账户与资金账户功能合二为一的磁卡账户也逐渐普及，以便整个资金账户联网后，就可集中办理清算工作。

3. 客户填写委托单

客户在办妥股票账户与资金账户后即可进入市场买卖，客户填写的买卖证券的委托单是客户与证券商之间确定代理关系的文件，具有法律效力。委托单一般为二联或三联，一联由证券商审核盖章确认后交由客户，一联由证券商据以执行。买卖成交后，客户凭委托单前往证券商处办理清算与交割。如果成交结果与委托单内容不符，客户可凭委托单向证券商提出交涉，维护自己的合法权益。

4. 证券商受理委托

证券商受理委托包括审查、申报与输入三个基本环节。目前除这种传统的三个环节方式外，还有两种方式：一是审查、申报、输入三环节一气呵成，客户采用自动委托方式输入电脑，电脑进行审查确认后，直接进入场所内计算机主机；二是证券商接受委托审查后，直接进行电脑输入。

5. 撮合成交

现代证券市场的运作是以交易的自动化和股份清算与过户的无纸化为特征。电脑撮合集中交易作业程序是：证券商的买卖申报由终端机输入，每一笔委托由委托序号（即客户委托时的合同序号）、买卖区分（输入时分别由 0、1 表示）、证券代码（输入时用指定的 4 位或 6 位数字，而回显时用汉字列出证券名称）、委托手续、委托限价、有效天数等几项信息组成。电脑根据输入的信息进行竞价处理（分集合竞价和连续竞价），按“价格优先，时间优先”的原则自动撮合成交。

6. 清算与交割

清算是指证券买卖双方在证券交易所进行的证券买卖成交之后，通过证券交易所将证券商之间证券买卖的数量和金额分别予以抵消，计算应收、应付证券和应付股金的差额的一种程序。目前深市是“集中清算与分散登记”模式，沪市是“集中清算与集中登记”模式。

交割是指投资者与受托证券商就成交的买卖办理资金与股份清算业务的手续，深沪两地交易均根据集中清算净额交收的原则办理。

7. 过户

所谓过户，是指办理清算交割后，将原卖出证券的户名变更为买入证券的户名。对于记名证券来讲，只有办妥过户，才表明拥有完整的证券所有权。目前在两个证券交易所上市的个人股票通常不需要股民亲自去办理过户手续。A股买卖交易流程见图6—1。

图6—1 股票交易程序

(二)股票交易的方式

以股票流转买卖的时间差异，即股票交易的双方当事人从订约到履约期限长短作为标准，股票交易方式可以划分为现货交易、期货交易、信用交易等多种。

1. 现货交易

它是指股票的买卖双方在谈妥一笔交易后，马上办理交割手续的交易方式，即卖出者交出股票，买入者付款，当场交割，钱货两清。它是证券交易中最古老的交易方式，最初证券交易都是采用这种方式进行。以后，由于交易数的增加等多方面的原因使得当场交割有一定困难。因此，在以后的实际交易过程中采取了一些变通的做法，即成交之后允许有一个较短的交割期限，以便大额交易者备款交割。各国(地区)对此规定不一，有的规定成交后第二个工作日交割；有的规定得长一些，允许成交后四五天内完成交割。究竟成交后几日交割，一般都是按照证券交易所的规定或惯例办理，各国不尽相同。

现货交易有以下几个显著的特点：第一，成交和交割基本上同时进行。第二，实物交易，即卖方必须实实在在地向买方转移证券，没有对冲。第三，在交割时，购买者必须支付现款。由于在早期的证券交易中大量使用现金，所以，现货交易又称现金现货交易。第四，交易技术简单，易于操作，便于管理，一般来说，现货交易是投资，它反映了购入者有进行较长期投资的意愿，希望能在未来的时间内，从证券上取得较稳定的利息或分红等收益，而不是为了获取证券买卖差价的利润而进行的投机。

2. 期货交易

期货交易是指买卖双方成交后，按契约中规定的价格延期交割，期限一般为15～90天。期货交易是相对于现货交易而言的，现货交易是成交后即时履行合约的交易，期货交易则将订约与履行的时间分离开来。在期货交易中买卖双方签订合约，并就买卖股票的数量、成交的价格及交割期达成协议，买卖双方在规定的交割时期履行交割。比如，买卖双方今日签订股票买卖合约而于30日后履约交易就是期货交易。在期货交易中，买卖双方签订合约后不用付款也不用交付证券，只有到了规定的交割日买方才交付货款，卖方才交出证券。结算时是按照买卖契约签订时的股票价格计算的，而不是按照交割时的价格计算。在实际生活中，由于种种原因，股票的价格在契约签订时和交割时常常是不一致的。当股票价格上涨时，买方会以较小的本钱带来比较大的利益；当股票价格下跌时，卖方将会取得较多的好处。所以，这种本小利大的可能性，对卖方和卖方都有强烈的吸引力。

期货交易根据合约清算方式的不同又可分为两种：第一种是，在合约到期时，买方须交付现款，卖方则须交出现货即合约规定的股票；第二种是，在合约到期时，双方都可以做相反方向的买卖，并准备冲抵清算，以收取差价而告终。上述第一种方法通常称为期货交割交易，第二种方法通常称作差价结算交易。这两种交易方法的总和又称清算交易。

投资者进行期货交易的目的又可以分为两种；第一，以投机为目的，在这种条件下，买方与卖方都是以预期价格的变动为基础或买或卖，买方期望到期价格上升，准备到期以高价卖出，谋取价差利润；卖方期望证券价格下跌，以便到期以较低的价格买进，冲销原先卖出的期货合约，并赚取价差利润。第二，以安全为目的，在这种情况下的期货交易就是买卖双方为避免股票价格变动的风险，而进行的期货股票买卖。

3. 信用交易

信用交易又称垫头交易，是指证券公司或金融机构供给信用，使投资人可以从事买空、卖空的一种交易制度。在这种方式下，股票的买卖者不使用自己的资金，而通过交付保证金得到证券公司或金融机构的信用，即由证券公司或金融机构垫付资金进行的买卖交易。各国因法律不同，保证金数量也不同，大多在30%左右。一些股票交易所，又把这种交付保证金，由证券公司或金融机关垫款进行股票买卖的方式，称为保证金交易。

4. 期权交易

股票期权交易是西方股票市场中相当流行的一种交易策略。期权又称选择权。期权实际上是一种与专门交易商签订的契约，规定持有者有权在一定期限内按交易双方所商定的“协定价格”，购买或出售一定数量的股票。对购买期权者来说，契约赋予他的是买进或卖出股票的权利，他可以在期限以内任何时候行使这个权利，也可以到期不执行，任其作废。但对出售期权的专门交易商来说，则有义务按契约规定出售或购进股票。股票的期权交易并不是以股票为标的物的交易，而是以期权为中介的投机技巧。

期权交易需要考虑的因素大体上有三方面：第一是期权的期限，即期权的有效期，它是期权交易的重要内容，一般为三个月左右，各交易所对此都定有上限；第二是交易股票的种类，数量和协定价格；第三是期权费，也称保险费，是指期权的价格。

期权交易最显著的特点是：(1)交易的对象是一种权利，一种关于买进或卖出证券权利的交易，而不是任何实物。这种权利，具有很强的时间性，它只能在契约规定的有效日期内行使，一旦超过契约规定的期限，就被视为自动弃权而失效。(2)交易双方享受的权利和承担的义务不一样。对期权的买入者，享有选择权，他有权在规定的时间内，根据市场情况，决定是否执行契约。(3)期权交易的风险较小。对于投资者来说，利用期权交易进行证券买卖其最大的风险不过是购买期权的费用。

第四节 股票的价格及其投资收益

一、股票的价值与价格

(一)股票的价值

从本质上讲,股票自身并没有价值,也不可能有价格。它仅仅是用以证明持有人具有的财产权利的法律凭证,并不具备普通商品所包含的使用价值,也没有形成价格的劳动价值。然而,股票在实际生活中却存在着价值,因为它代表着获取收益的权利,能够给持有人带来股息、红利收入。所以,股票的价值就是用货币来衡量的作为获利手段的价值。股票流通转让的实质就是这种获利凭证的让渡,作为一种虚拟资本。股票价值有四种形式:

1. 票面价值,通常指面值,是股份有限公司在其发行的股票上标明的票面金额。

2. 账面价值,又称净值,是股票所包含的实际资产价值。

3. 清算价值,是股份有限公司进行清算时,股票每股所代表的实际价值。

4. 市场价值,是股票在股票市场进行交易过程中具有的价值。

(二)股票的价格

狭义的股票价格通常指的就是股票交易价格。广义的股票价格则包括股票的发行价格和交易价格这两种形式。还有一种外延更为宽泛的股票价格,它包括股票的票面价值、账面价值、清算价格、理论价格和发行价格、交易价格。在股票投资活动中,经常运用的是狭义的股票价格概念。

股票的价格有几种,常见的有票面价、发行价、账面价、市场价和理论价。

1. 股票票面价

股票票面价简称股票面值,是指股票票面标明的价值,目前我国股票面值均为1元。

2. 股票发行价

股票发行价是在发行市场上出售股票时的价格,可能与股票面值不同。

3. 股票账面价

股票账面价又称每股净值,是指每股所代表的净资产数量。

股票账面价=(总资产-总负债)÷股本=净资产÷股本

4. 股票市场价

股票市场价简称市价,又称股票的交易价格,即股票在交易市场上流通转让时的价格。

股票价格一般是指股票的市场价格。市场价格在每个交易日过程中是时刻变化的,同一种股票的每一笔成交价都可能不同。在观看市场价格时需要注意如下几种市场价格:

(1)开盘价。开盘价是指每个交易日第一笔成交的价格,这是传统的开盘价的定义。由于存在人为地造出不合理的开盘价的弊端,目前我国证券市场采用集合竞价的方式产生开盘价,减少了传统开盘价的缺陷。

(2)最高价。最高价是在每个交易日中,成交价格曾经出现过的最高的价格。

(3)最低价。最低价是在每个交易日中,成交价格曾经出现过的最低的价格。

(4)收盘价。收盘价是指一只股票在每个交易日中最后一笔成交价,为避免人为操纵,增加参考性,我国采取的是最后一分钟成交的加权平均价。它是多方和空方经过一天的争斗最终达成的共识,是供需双方最后的暂时平衡点,具有指明当前价格位置的重要功能。

股票交易价格的最大特点,表现在其事先的不确定性,表现在它总处在不断变动之中,而且这种变动是连续性的、非间断性的。这与其票面价值、账面价值、清算价格和发行价格显然不同。股票的票面价值、账面价值、清算价格和发行价格一般都是事先确定的,即使在不同时期、不同条件下会有所变化,但这种变化也只是非连续性的、间断性的。股票交易价格的这一特点,正是股票最吸引人之处。因为,只有交易价格的不断变化,投资者才有可能通过不停地买卖股票而获得差价收益。

5. 股票的理论价格

股票代表的是持有者的股东权,这种股东权的直接经济利益,表现为股息、红利收入。而所谓的股票理论价格,就是为获得这种股息、红利收入的请求权而付出的代价(机会成本),是股息资本化的表现。

股息收入与利息收入具有同样的意义,对于投资者来说,是把资金投资于股票还是存入银行,这首先取决于哪方的投资收益率高。按照等量资本获得等量收入的理论,如果股息率高于利息率,人们对股票的需求就会增加,股票价格就会上涨,从而股息率就会下降,一直降到股息率与市场利息率大体一致为止。按照这种分析,即可以得出股票的理论价格公式:

股票理论价格=股息红利收益÷利息率

股票的理论价格不等于股票的市场价格(实际交易价格),甚至两者有相当大的差距。但是,它对于预测股票市场价格的变动趋势提供了重要依据,同时也是股票市场价格形成的一个基础性因素。

二、股票价格的形成基础

股票有两种基本价格:一是发行价格,二是流通价格。影响这两种价格变化的因素是不完全相同的。而一般所讲的股票价格是指股票在流通市场上的交易价格,因为最能反映股票特性,投资者最关心的也是股票交易价格。

股票价格是指股票在流通市场上买卖的价格。在股票发行市场上,其发行价格也可能高于或低于股票面值,但不会偏离面值过大。而在股票流通市场上,股票的价格与原来的面值或发行价格往往会发生较大的偏离。股票价格的最大特点是波动性较强,有时可能会出现暴涨或暴跌。

从股票的本质上讲,形成股票价格的基础,是股票的价值或其所代表的所有者权益(公司资产净值)。但对于股票认购者来说,其最初的动机是为了获取股息、红利收入,是否投资股票,将取决于认购者对股票预期股利收益与当前市场利率的比较。这样,股票价格的形成就主要取决于两个因素:一个是预期股利收益,二个是市场利率。股票价格与预期股利收益呈正比,而与市场利率呈反比。用一个非恒等、非规范的公式表示就是:

股票价格=预期股利收益÷市场利率

这个等式关系表明:在预期股利收益一定的情况下,市场利率较高,意味着以同样的本金存入银行可以取得较高利息收入，要获得同样收益水平，就得提高预期股利收益水平，在股利收益一定的情况下，只能降低股票价格，以较少的本金购买股票。反之，如果市场利率（包括存款利率）较低，要获得同银行一样的收益率，就得降低股利收益率，在股利收益率一定的情况下，就只有提高股票价格，以较高的本金取得与存款同样利息收入的股利收入。当预期股利率高于当前市场利率时，人们就会选择购买股票，从而增加对股票的需求，推动股票价格的上涨；反之，就会推动股价下跌。

三、股票价格变动的影响因素

证券市场上股票的价格受到各种因素的影响，有国际的、国内的，也有政治的、经济的因素，只要一些因素的变化能影响某些地区和某国的经济，则必然对该地区、该国家的股票市场产生直接影响。下面我们将从经济因素、市场因素、非经济因素三个方面，全面地考察影响我国股票市场价格波动的基本因素。

（一）宏观经济因素

宏观经济因素对各种股票价格具有普遍的、不可忽视的影响，它直接或间接地影响股票的供求关系，进而影响股票的价格变化。宏观经济因素主要包括：经济增长、经济周期、通货膨胀、国际收支、国际金融市场状况、财政收支、利率及汇率等。

1. 经济增长

经济增长主要是指一国在一定时期内国民生产总值的增长率。一般来说，股票价格是与经济增长同方向运动的。对经济增长的预期，是对经济景气的预期，在一定程度上也是对社会需求的预期。经济增长加速，社会需求将日益旺盛，从而会推动股票价格的上涨。

2. 经济周期

经济周期表现为扩张和收缩的交替出现，在经济的收缩、复苏、繁荣和衰退四个阶段内，股市也随之呈周期性波动，成为决定股价长期走势的最重要因素。通过对国内生产总值（GDP）、经济增长率、通货膨胀率、失业率、利率等指标的分析，判断出经济周期的发展阶段。有实证分析表明，我国股市波动比宏观经济周期的波动超前4～6个月。

3. 通货膨胀

通货膨胀对经济的影响是多方面的，总的来看会影响收入和财产的再分配，改变人们对物价上涨的预期，影响社会再生产的正常运行。因此，通货膨胀对股价的影响也是复杂的。而通货紧缩则会对经济产生负面影响。就我国股市而言，通货膨胀在适度范围内发生，股价波动与之呈现正相关关系，但通货膨胀严重时，股价波动与之呈反方向变动。

4. 国际收支

国际收支差额通过影响一国国内资金供应量，从而对股价产生间接影响。经常项目和资本项目保持顺差，出现了大量的外汇储备，国内资金供应量增加，使可用于购买股票的资金来源扩大，促使股价上升。

5. 国际金融市场状况

国际金融市场的剧烈动荡一方面直接使我国投资者产生心理恐慌，影响股票市场；另一方面从宏观面和政策面间接影响股票市场的发展。

6. 财政收支

财政收支因素主要是指财政增加或减少支出，增加或降低税收，对股价上涨或下降所产生的影响。一般来说，财政支出增加，社会总需求也会相应增加，会促进经济扩张，从而推动股价上涨；反之，如果财政支出紧缩，社会需求也将相应萎缩，经济景气会下降，由此会推动股价有所下跌。财政税收增加或下降，会起到与此相反的影响。

7. 利率

利率对股价变动影响最大，也最直接。利率上升时，一方面会增加借款成本，减少利润，降低投资需求，会导致资金从股票市场流入银行存款市场，减少对股票的需求；另一方面，其结果是，股票市场供求出现新的变化和新的失衡，股票价格开始跌落。另外，利率上升也使投资者评价股票价值所用的折现率上升，从而会促使股票价格下降。而当利率下降时，会出现与上述相反的变化，从而推动股票价格上涨。同时也要指出，利率也是一国货币政策变化的重要标志。

小贴士

资料卡 6—6　利率对股票价格的影响

利率对股票价格的影响是通过以下几方面实现的：首先，利率发生变化会使不同投资工具的收益结构发生相应的变化，因为各种投资工具对利率的反应是有差异的。例如，当利率上升后，债券所得到的收益相对于股票而言就会提高，所以那些持有股票的人将卖掉股票转而投资债券。其次，利率的变化会对公司的利润产生影响。当利率提高以后，公司贷款成本会相应提高，这会影响企业的生产经营，进而会对公司利润产生连锁作用从而影响股票价格。再次，对于投资者而言，利率的提高会对靠银行信贷进行股票抵押买卖或实行保证金买卖的短期股票交易带来较大影响，增大交易成本，引起股票需求下降，从而使股票价格下降。可见，当中央银行降低利率时，将会推动股票价格上涨，而股票价格的上涨必然会为企业的股票筹资活动提供更加有利的市场环境，随着企业股票发行和筹资量的增加，企业的投资会相应扩大，通过投资乘数的作用，进而会带动社会投资、消费和收入的增长。相反，中央银行提高利率，则会导致股票价格下降，限制企业的股票筹资和投资活动，在投资乘数的作用下，进而会引起社会收入、消费和投资规模的收缩。因此，作为货币政策的重要工具，利率并不是单向地通过商业银行和货币市场来传导其作用过程，它还会通过股票市场这一中介传导其对实体经济的调节作用。正因为如此，凡是影响利率变化的因素（如货币供应量的增减、法定准备率的调整等）都会通过间接影响股票市场活动而产生相应的经济调节效果。

在实际经济运行中，影响股票价格变化的因素非常复杂，除了利率以外，整个宏观经济形势、国际金融市场状况、政治因素、公司经营状况、股票市场是否处于均衡状态等，都对股票价格产生影响，因而股票价格与利率之间并不完全遵循严格的负相关关系。如美国在1981～1989年间，股票价格与利率（财政部短期票据利率）之间呈负相关关系，而1949～1966年间则呈现正相关关系。

(二)宏观经济政策因素

宏观经济政策因素对股票市场来说起着极为重要的作用。

1. 货币政策

货币政策按照调节货币供应量的程度分为紧缩性的货币政策和扩张性的货币政策。在实行紧缩性的货币政策时,货币供给减少,利率上升,对股价形成向下压力;而实行扩张的货币政策意味着货币供给增加和利率下调,使股价水平趋于上升。我国中央银行具体的货币政策工具主要有利率、存款准备金率、贷款规模控制、公开市场业务、汇率等。

(1)存款准备金率

中央银行调整存款准备金率,影响商业银行的资金来源,在货币乘数作用下,调整货币供应量,影响社会需求,进而影响股市的资金供给和股价。如 2015 年 4 月 20 日,中国人民银行将存款准备金率下调 1%,大型金融机构的存款准备金率由此前的 19.5%降到 18.5%,对股市产生了实质性影响。

(2)公开市场业务

公开市场业务是中央银行通过买进或卖出有价证券来控制和影响货币供应量的一种业务。它是中央银行强有力的货币政策工具。20 世纪 90 年代初,我国中央银行开始进行公开市场业务,在不同的时期曾使用过不同的操作工具。从交易品种看,目前中国人民银行公开市场业务债券交易主要包括回购交易、现券交易和发行中央银行票据。

2. 财政政策

财政政策根据其对经济运行的作用分为扩张性的财政政策和紧缩性的财政政策。财政收入政策和支出政策主要有国家预算、税收、国债等。

(1)国家预算

作为政府的基本财政收支计划,国家预算能够全面反映国家财力规模和平衡状态,并且是各种财政政策手段综合运用结果的反映。扩大财政支出是扩张性财政政策的主要手段,其结果往往促使股价上扬。

(2)税收

通过税收政策,能够调节企业利润水平和居民收入。减税将增加居民的收入,扩大了股市的潜在资金供应量,减轻上市公司的费用负担,增加企业的利润,股价趋于上升。对股市影响最直接的税种主要是印花税和证券交易所得税。我国开征股票交易印花税以来,根据股市的实际情况对印花税加以调整,对股市进行调控,以刺激或抑制股市。

(3)国债

国债作为国家以有偿信用原则筹集财政资金的一种形式,可以调节资金供求和货币流通量。在不带来通货膨胀的情况下,缓解了建设资金的需求,有利于总体经济向好,有利于股价上扬。

3. 产业政策

行业股价的波动受政府产业政策的影响较强。政府的产业政策会鼓励特定行业发展,该行业的经营状况和盈利将可能增加,从而使该特定行业股价上涨;否则将使之下跌。

4. 监管政策

管理层对股市的监管政策对我国股市的中短期走势具有极大的影响。监管政策的工具主要有管理层对证券市场的定位、规范市场主体行为的法律法规、信息披露制度以及舆论导向等。

(三)微观经济因素

在影响股价波动微观经济因素中,上市公司是决定自身股价的主要因素。

1. 公司的经营业绩

公司业绩反映当前企业的经营水平,体现为股票的现价,而公司成长性则反映企业未来发展前景,决定股价的长期走势。

(1)公司业绩

公司业绩集中表现在公司的各种财务指标上,影响股价的公司业绩方面的因素主要有:

①公司净资产。股票作为资产所有权和投资效益的凭证,每一股代表一定数量的净资产值。一般而言,公司资产净值增加,股价上扬;资产净值减少,股价下跌。

②盈利水平。每股税后利润表示公司的盈利水平,市盈率则是股票市价与每股税后利润的比值,两者集中反映了公司业绩的好坏。

③公司的派息。公司采取什么样的派息方式对股价有重要影响,体现了公司的经营能力和发展潜力。

④股票拆分和股本扩张。股票拆分和股本扩张一般会刺激股价上升。在我国股市,股本扩张对股价波动具有很大影响,一直是二级市场炒作的题材。

⑤增资和减资。公司因业务需要增加资本额和发行新股,将使每股净资产下降,促成股价下跌,但对高成长性公司而言,增资意味着增强公司实力,带来更多回报,股价可能还会上涨。

⑥营业额。营业额增加,表明公司销售能力增强,利润增加,促使股价上涨。

(2)公司的成长性

公司所处行业的成长性及行业的发展阶段是公司成长性的基础条件,行业的兴衰很大程度上决定了上市公司发展前途与成长空间。公司在行业竞争中所处的地位,直接关系到它的生存及盈利的稳定增长。企业竞争能力强弱及竞争地位高低是由技术水平、管理水平、市场开拓能力及占有率、资本与规模效益、新产品开发能力决定的。公司经营效率主要表现为生产能力、经营能力的利用程度是否充分。

2. 资产重组与收购

上市公司为了实现规模效益或扭亏为盈,采取兼并重组方式,对公司进行重大的组织变动。我国的许多亏损或微利的国有大中型上市公司通过资产重组,实现了产业结构的调整和转型。目前,资产重组的模式主要有资产置换、优质资产注入和不良资产的剥离。上市公司的收购是股市最具有活力的现象,举牌收购往往伴随着股价的飙升。

3. 行业

上市公司所属的行业对股价波动有较大的影响。从行业生命周期看,一般在初创期,盈利少,风险大,股价较低;成长期利润剧增,支持行业总体股价水平上升;成熟期盈利相对稳定,股价平稳;而衰退期盈利普遍减少,股价则呈跌势。我国产业生命周期处于初创期或成长期的朝阳产业主要有电子信息产业(电子计算机及软件、通信)、高科技(新材料、新能源、环保、海洋工程、新型建材、光电机一体化)以及生物医药工程等。

(四)市场因素

市场是反映股票供求的环境,且使供求相交,最终形成股票价格的条件。因此市场的供求、市场投资者的构成、市场总体价格波动、交易制度和工具、市场操纵、市场心理预期等都会影响到股价。

1. 市场供求

股票市场的供求关系决定了股价的中短期走势。我国股票市场上,股价主要由股市本身的供求决定,即由股票的总量和股市资金总量决定。公布新股发行上市规模和掌握上市节奏已成为管理层调控二级市场供求关系、影响股价总体水平的重要手段。在股票供给一定的情况下,股市的资金总量在价格形成中起主导作用,我国股市的资金总量对价格波动有决定性影响,且两者之间呈正相关关系。

2. 市场投资者的构成

我国股票市场的投资者包括个人投资者和机构投资者。个人投资者和机构投资者的资金结构、股票投资者的职业背景、文化程度、月收入构成等对股价波动会产生影响。

3. 市场总体价格波动

股票市场总体价格波动对特定股票的影响是指特定股票价格与股市行情的相关关系,我国股市价格波动的特点是齐涨齐跌,个股之间的风险差异小,市场的总体风险占主导地位,个股股价的市场影响占股价变动因素的50%以上。

4. 交易制度和工具

我国的股市由于起步晚,可以根据国外股市发展的历史经验选择交易制度,可直接采用最先进的交易和通信技术。连续竞价、电脑撮合的交易制度并未增加股价的波动幅度,无形席位制加快了交易速度,减少了股价扰动。

5. 市场操纵

市场操纵者主要是实力雄厚的大机构,它们通过控制个股涨跌方向和程度,甚至联手操纵板块的走势进而影响大盘走势,使股价过高或过低,从中获得额外收益。

6. 市场心理预期

投资者的心理因素是买卖股票的重要因素,众多投资者的心理预期交互影响形成市场心理预期,对股价的走势产生较强的影响。

(五)影响股价波动的非经济因素

就股市而言,一般意义上的非经济因素主要是指自然灾害、战争以及政治局势变动等。这些事件一旦发生,就会影响股价的波动。这种影响有两个特点:一是暂时性;二是通过对经济的影响间接实现。

1. 自然灾害

自然灾害对股价影响产生于灾害对实物资产的损害。灾害发生时,影响了生产,股价随之下跌;但是另一方面,灾后的重建,刺激生产的扩张,相关行业的股价会有一定程度的上升。

2. 战争

战争期间社会生产力严重破坏,所有经济活动都得围绕战争展开,造成对股市极大的影响。

3. 政治局势变动

政治局势变动因素包括国家主要领导人的更替、政府换届、国际重大政治活动等。

四、股票市盈率

市盈率又称股份收益比率或本益比，是股票市价与其每股收益的比值。市盈率是衡量股价高低和企业盈利能力的一个重要指标。由于市盈率把股价和企业盈利能力结合起来，其水平高低更真实地反映了股票价格的高低。其计算公式是：

市盈率＝当前每股市场价格/每股税后利润

例如，股价同为50元的两只股票，其每股收益分别为5元和1元，则其市盈率分别是10倍和50倍；也就是说，其当前的实际价格水平相差5倍。若企业盈利能力不变，则说明投资者以同样50元价格购买的两种股票，要分别在10年和50年以后才能从企业盈利中收回投资。但是，由于企业的盈利能力是会不断改变的，投资者购买股票更看重企业的未来。因此，一些发展前景很好的公司即使当前的市盈率较高，投资者也愿意去购买。预期利润增长率高的公司，其股票的市盈率也会比较高。例如，对两家上年每股盈利同为1元的公司来讲，如果A公司今后每年保持20%的利润增长率，B公司每年只能保持10%的增长率，那么到第10年时A公司的每股盈利将达到6.2元，B公司只有2.6元，因此A公司当前的市盈率必然应当高于B公司。投资者若以同样价格购买这家公司的股票，对A公司的投资能更早地收回。

影响一个市场整体市盈率水平的因素很多，最主要的有两个，即该市场所处地区的经济发展潜力和市场利率水平。一方面，一般而言，新兴证券市场中的上市公司普遍有较好的发展潜力，利润增长率比较高，因此，新兴证券市场的整体市盈率水平会比成熟证券市场的市盈率水平高。欧美等发达国家股市的市盈率一般保持在15倍左右，而亚洲一些发展中国家的股市正常情况下的市盈率在30倍左右。另一方面，市盈率的倒数相当于股市投资的预期利润率。因此，由于社会资金追求平均利润率的作用，一国证券市场的合理市盈率水平还与其市场利率水平有倒数关系。例如，同为发达国家的日本股市，由于其国内的市场利率水平长期偏低，其股市的市盈率也一直居高不下，长期处于60倍左右的水平。

市盈率除了作为衡量二级市场中股价水平高低的指标，在股票发行时，也经常被用作估算发行价格的重要指标。根据发行企业的每股盈利水平，参照市场的总体股价水平，确定一个合理的发行市盈率倍数，二者相乘即可得出股票的发行价格。从我国几年来的新股发行情况看，新股发行时的平均市盈率水平维持在15～20倍。

我国市盈率和平均市盈率通常遵循以下原则：

1. 营利性上市公司全部纳入计算范围，亏损公司除外；

2. 上市公司送股、配股和派发现金红利时，先对每股盈利予以相应调整，再计算市盈率；

3. 新股上市后，统一按前一年会计年度每股盈利（按新发行价后总股本予以摊薄）计算每股市盈率。

五、股票价格指数

股票价格指数就是用以反映整个市场上各种股票市场价格的总体水平及其变动情况的指

标。在股票市场上，成百上千种股票同时交易，股票价格的涨落各不相同，因此需要有一个总的尺度标准(即股票价格指数)来衡量整个市场的价格水平，观察股票市场的变化情况。股票价格指数一般是由一些有影响的机构编制，并定期及时公布。国际市场上比较著名的指数有道—琼斯工业股价平均指数、标准普尔 500 指数、伦敦《金融时报》指数等。

(一)股价指数的编制方法

股价指数是反映股市行情的综合指数。在编制股票价格综合指数前，先得计算股价平均价。因此，人们一般将股价平均价和股价指数都归纳在股价指数中。股价指数是反映不同时期股价变动的相对水平指标，计算方法是先确定某一时间的股价均价为基期固定不变，基期值可任意选定，但一般定为 100 点或 1 000 点，然后以现在的股价均价为报告期数据与之相比较，这是股价变动幅度的衡量。编制股价指数的三种方法有算术平均数法、修正平均数法和加权指数法。

1. 简单算术股价平均数

简单算术股价平均数是将样本股票每日收盘价之和除以样本数得出的，即：

简单算术股价平均数$=(P_1+P_2+P_3+\cdots+P_n)/n$

世界上第一个股票价格平均指数——道—琼斯工业股价平均指数——在 1928 年 10 月 1 日前就是使用简单算术平均法计算的。

现假设从某一股市采样的股票为 A、B、C、D 四种，在某一交易日的收盘价分别为 10 元、16 元、24 元和 30 元，计算该市场股价平均数。将上述数字置入公式中，即得：

股价平均数$=(P_1+P_2+P_3+P_4)/n=(10+16+24+30)/4=20$(元)

简单算术股价平均数虽然计算较简便，但它有两个缺点：一是它未考虑各种样本股票的权数，从而不能区分重要性不同的样本股票对股价平均数的不同影响；二是当样本股票发生股票分割、派发红股、增资等情况时，股价平均数会产生断层而失去连续性，使时间序列前后的比较发生困难。例如，上述 D 股票发生以 1 股分割为 3 股时，股价势必从 30 元下调为 10 元，这时平均数就不是按上面计算得出的 20 元，而是 15 元[(10+16+24+10)/4]。这就是说，由于 D 股分割技术上的变化，导致股价平均数从 20 元下跌为 15 元(这还未考虑其他影响股价变动的因素)，显然不符合平均数作为反映股价变动指标的要求。

2. 修正的股价平均数

修正的股价平均数有两种：

一是除数修正法，又称道式修正法。这是美国道—琼斯公司在 1928 年创造的一种计算股价平均数的方法。该方法的核心是求出一个常数除数，以修正因股票分割、增资、发放红股等因素造成股价平均数的变化，以保持股份平均数的连续性和可比性。具体做法是以新股价总额除以旧股价平均数，求出新的除数，再以计算期的股价总额除以新除数，这就得出修正的股价平均数。即：

新除数=变动后的新股价总额/旧的股价平均数

修正的股价平均数=报告期股价总额/新除数

在前面的例子除数是 4，经调整后的新的除数应是：新的除数$=(10+16+24+10)/20=3$，将新的除数代入下列式中，则：修正的股价平均数$=(10+16+24+10)/3=20$(元)。得出的平均数与未分割时计算的一样，股价水平也不会因股票分割而变动。

二是股价修正法。股价修正法就是将因股票分割、增资、发放红利等变动后的股价还原为变动前的股价，使股价平均数不会因此变动。美国《纽约时报》编制的500种股价平均数就采用股价修正法来计算股价平均数。

3. 加权股价平均数

加权股价平均数是根据各种样本股票的相对重要性进行加权平均计算的股价平均数，其权数(Q)可以是成交股数、股票总市值、股票发行量等。

(二)股票指数的计算

股票指数是反映不同时点上股价变动情况的相对指标。通常是将报告期的股票价格与给定的基期价格相比，并将两者的比值乘以基期的指数值，即为该报告期的股票指数。

股票指数的计算方法有三种：一是相对法，二是综合法，三是加权法。

1. 相对法

相对法又称平均法，就是先计算各样本股票指数，再加总求总的算术平均数。其计算公式为：

股票指数＝n 个样本股票指数之和/n

英国的《经济学家》普通股票指数就使用这种计算法。

2. 综合法

综合法是先将样本股票的基期和报告期价格分别加总，然后相比求出股票指数。即：

股票指数＝报告期股价之和/基期股价之和

从平均法和综合法计算股票指数来看，两者都未考虑到由各种采样股票的发行量和交易量的不同，而对整个股市股价的影响不一样等因素，因此，计算出来的指数也不够准确。为使股票指数计算精确，则需要加入权数，这个权数可以是交易量，也可以是发行量。

3. 加权法

加权股票指数是根据各期样本股票的相对重要性予以加权，其权数可以是成交股数、股票发行量等。按时间划分，权数可以是基期权数，也可以是报告期权数。以基期成交股数(或发行量)为权数的指数称为拉斯拜尔指数；以报告期成交股数(或发行量)为权数的指数称为派许指数。拉斯拜尔指数偏重基期成交股数(或发行量)，而派许指数则偏重报告期的成交股数(或发行量)。目前世界上大多数股票指数都是派许指数。

小贴士

资料卡6—7　国际上几种比较著名的股票价格指数

1. 道—琼斯股票价格指数。道—琼斯股票价格指数是国际上最有影响，使用最广泛的股票价格指数。它有100多年的历史，从编制到今天从未间断。道—琼斯股票价格指数由道—琼斯公司的创始人查尔斯·道于1884年6月3日开始编制并刊登在《每日通讯》上。现今的道—琼斯股票价格指数发表在《华尔街日报》上，共分四组，分别是工业股票价格指数、运输业股票价格指数、公用事业股票价格指数、综合股票价格指数。其中使用最多的是工业股票价格指数，股票价格指数的计算方法采用修正的简单股票价格算术平均数。

道—琼斯股票价格指数是以1928年10月1日为基期的，基期平均数为100，以后各期的股票价格同基期相比计算出的百分数，即为各期的股票价格指数。道—琼斯指数在纽约证券交易所营业时，每隔半小时公布一次。道—琼斯指数被《华尔街日报》及多种报纸登载。

2. 标准普尔股票价格指数。标准普尔公司是美国最大的一家证券研究机构。它于1923年开始编制股票价格指数，到1957年，选择出500种股票，采用高速计算机将这些普通股票加权平均编制成一种股票价格综合指数，每小时计算和公布一次。标准普尔指数的特点是信息资料全，能反映股市的长期变化。

3. 纽约证券交易所的股票综合指数。纽约证券交易所从1960年开始编制和发表自己的股票价格综合指数。这个综合指数包括四组指数，分别是工业股票价格指数、金融业股票价格指数、运输业股票价格指数、公用事业股票价格指数。该股票指数采用加权平均法计算，以1965年12月31日为基期，每半小时计算和公布一次。

4. 价值线指数。该指数是由价值线出版公司创立、维护及发布的包含美国及加拿大股票的综合指数。价值线指数是一个等权重加权指数，包含了在纽约证券交易所、纳斯达克、美国证券交易所以及多伦多证券交易所上市的1 600只股票。

5. 伦敦《金融时报》价格指数。该指数由英国金融界著名报纸《金融时报》编制。它包括三个股票指数，分别是30种股票的指数、100种股票的指数、500种股票的指数。以1935年为基期，每小时计算一次、下午17:00计算一次收盘指数。

6. 日本产经新闻股票指数。第二次世界大战后不久，日本东京证券交易所开始模仿美国道—琼斯股票指数编制自己的股票价格指数。1975年，日本产经新闻社正式发布了编制的股票价格指数，即日经225指数。该指数代表了225只在东京证券交易所交易的股票，涵盖了36个行业，后来还有日经300指数。

7. 中国香港恒生指数。恒生指数是香港恒生银行全资子公司恒生指数服务有限公司于1969年7月31日发布的。该指数以选定的33种有代表性的股票为计算对象，以1964年7月31日为基期。该指数每天计算三次。它是投资者观察中国香港股市变化的尺度。

资料来源：中国金融期货之家网站。

六、股票投资收益

一般情况下，股票投资的收益主要有两大类：一类是货币收益；另一类是非货币收益。货币收益是投资者购买股票后在一定的时期内获得的货币收入，它由两部分组成：一是投资者购买股票后成为公司的股东，他以股东的身份，按照持股的多少，从公司获得相应的股利，包括股息、现金红利和红股等，在我国的一些上市公司中，有时还可得到一些其他形式的收入，如配股权证的转让收入等；二是因持有的股票价格上升所形成的资本增值，也就是投资者利用低价进、高价出所赚取的差价利润，这正是目前我国绝大部分投资者投资股票的直接目的。非货币收益的形式多种多样。例如，投资者购买股票成为股东后，可以参加公司的股东大会，查阅公司的有关数据资料，获取更多的有关企业的信息，在一定程度上参与企业的经营决策，在企业重大决策中有一定的表决权，这在一定程度上可满足投资者的参与感；大额投资者购买到一定比例的公司股票后，可以进入公司的董事会，可影响甚至决定公司的经营活动。

衡量一项股票投资收益的多少，一般用投资收益率来说明，也就是投资收益与最初投资额的百分比率。由于股票与其他证券的收益不完全一样，因此，其收益率的计算也有较大的差别。计算股票的收益，通常有以下两种类型：股票收益率、持有期收益率。通过这些收益率的计算，能够充分把握股票投资收益的具体情况。

股票收益率又称本期股利收益率，也就是股份有限公司以现金派发股利与本期股票价格的比率。用下列公式表示：

本期股利收益率＝年现金股利÷本期股票价格×100％

其中，本期股票价格是指证券市场上该股票的当日收盘价，年现金股利是指上一年每一股股票获得的股利，本期股利收益率表明以现行价格购买股票的预期收益。

持有期收益率是指投资者买入股票持有一定时期后又卖出该股票，在投资者持有该股票期间的收益率。用公式表示如下：

持有期收益率＝(出售价格－购买价格＋现金股利)÷购买价格×100％

第五节　二板市场

二板市场(Second Board)是相对于主板市场(Main Board)而言，为创新型中小企业服务的股票市场。世界上最著名的二板市场是美国的纳斯达克(National Association of Securities Dealers Automated Quotation，NASDAQ)，其次是欧洲的伊斯达克(EASDAQ)。除此之外，不少国家(地区)都有自己的创新板块(即二板市场)，中国香港创业板市场于1999年第四季度开业。

一、美国的纳斯达克(NASDAQ)市场

美国场外交易市场——纳斯达克市场——成立于1971年，是世界上第一个电子化股票市场，也是美国成长最快的市场。1996年，纳斯达克市场股票交易量突破1 012亿美元，日均交易量达4.01亿美元，成为世界第二大股票交易市场。

纳斯达克市场可分为两个层次：全国市场和小型资本市场。一般来说，资本规模较大的公司的证券在全国市场上市交易；资本规模较小的新兴公司的证券则在小型资本市场上交易，因为该市场的上市规则不如全国市场那么严格，但美国证券交易委员会对这两个市场的监管范围并无区别。

纳斯达克市场是美国最主要的支持高新技术公司发展壮大和支持创业资本“撤出”的市场。这一市场由于规模巨大、做市商支持、上市标准较低和服务良好，成为美国硅谷高新技术公司上市的首选之地。

从产业结构来看，在纳斯达克市场中，计算机、生物科技、电子通信、医药等上市公司的股票市值占绝对比重。纳斯达克市场的投资者既有个人也有机构。

二、伦敦证券交易所的二板市场(AIM)

为满足小型、新兴和成长型企业进入公开资本市场的需要，1995年6月，伦敦证券交易所

设立了二板市场(Alternative Investment Market,AIM)。该二板市场最主要的特点是,上市标准较低。二板市场的公司资本规模通常在200万～2 000万英镑,同时也接受低于200万英镑资本的公司。此外,该市场交易的品种主要是普通股,但也接受优先股和企业债券等证券品种的交易。该二板市场附属于伦敦证券交易所,但它有其独立的运作规则和管理机构,交易所主要是提供各种"硬件"设施。

三、欧洲新市场

欧洲新市场(Euronm),是由德国、法国、比利时、荷兰四国证券交易所的新市场所组成的网络市场。创立欧洲新市场的宗旨是,为具有创新精神的高成长的中小企业提供上市融资机会,并为投资者提供买卖这些股票的交易场所。作为连接这些成员的网络,欧洲新市场为成员国的高成长中小企业提供了融资窗口,使它们能够接触到欧洲范围甚至更广范围的投资者。

(一)法国的新市场

新兴证券市场(Le Nouveau Marche)是法国证券交易所开设的新市场,成立于1996年2月14日,同年3月20日开始交易。

法国新兴证券市场主要面向下述各类公司:

(1)年轻、管理良好的中小公司,其已有的融资安排不能满足发展需要,但又不能出具业绩记录;

(2)公司拥有前沿技术或在某个创新推动的领域内工作,初创成本较高;

(3)拥有高增长潜力的公司;

(4)作为创办人的董事和合伙人或者创业投资公司控制着公司的资本,而他们希望寻找新的合伙人;

(5)准备进入发展新阶段的公司。

(二)德国的新市场

新兴市场(Neuer Markt)是位于法兰克福的德国证券交易所开设的新市场,设立于1997年3月10日。最早的两家上市公司分别为移动电话公司和动力引擎公司,它们的市值已超过6亿欧元。

德国新市场主要吸收高成长的、具有创新精神的中小公司。在产业分布上,这些公司主要属于电信、多媒体、遗传工程、生物科技和环境工程等新兴产业。对于传统产业公司,如果它们能够提供新产品或新服务,或者使用创新的生产流程,也可以向德国新兴市场申请上市。无论申请公司属于哪个产业,它们均须具有高成长潜力。

四、亚洲二板市场

(一)新加坡的二板市场

根据1986年修订的《证券业法》,新加坡开始发展市场交易的程序自动化,新加坡证券交易所的交易自动报价系统(SASDAQ)于1987年12月18日正式启动,从而形成了新加坡证券交易所的第二证券市场。该市场类似于美国的纳斯达克市场,是一种通过电子计算机屏幕进行交易的系统,由一些注册的做市商通过双向报价负责维持该市场。

SASDAQ 市场主要是为那些尚不能符合主板市场上市要求的公司而设立的市场，在该市场上市的公司可以在经交易所认为已符合主板的要求并同意之后移至主板上市。

（二）中国香港的创业板市场

中国香港的创业板（二板）股票市场是于 1999 年第四季度开业的为创新中小企业服务的新兴股票市场，中国香港创业板市场是主板市场以外的一个完全独立的新的股票市场，与主板市场具有同等的地位，不是一个低于主板或与之配套的市场，在上市条件、交易方式、监管方法和内容上都与主板市场有很大差别。其宗旨是，为新兴有增长潜力的企业提供一个筹集资金的渠道。它的创建对中国内地和香港经济将产生重大的影响。从长远来说，香港创业板目标是发展成为一个成功自主的市场——亚洲的纳斯达克。

1. 香港创业板的市场特色。

与现有主板市场相比，创业板市场具有以下特色：以高增长公司为目标，注重公司增长潜力及业务前景；市场参与者须自律及自发地履行其责任；买者风险自负；适合有风险容量的投资者；以信息披露为本的监管理念；要求保荐人具有高度专业水平及诚信度。

2. 香港创业板的市场潜力

该市场以有增长潜力公司为目标，行业及规模不限。创业板的主要目标是，为在中国香港及内地营运的大量有增长潜质的企业，提供方便而有效的渠道来筹集资金，以扩展业务，其中包括为在内地投资的中国香港和中国台湾的增长公司、大量的“三资”企业，以及内地的一些有发展前景的大中型国有科技企业和中小型民营科技企业，提供一个集资市场；另外综合企业可把个别增长项目分拆在创业板上市，投资经理及创业资本家可以将他们所投资的公司在创业板上市。

3. 创业板市场的交易与运作

创业板采用一套先进的交易系统及电子信息发布系统，以降低参与者的成本，增加投资者的信心。投资者可以通过电话、互联网及家庭电脑直接进入联交所的交易系统进行买卖，直接落盘。买卖实行竞投单一价，交易分段进行，每一时间段采用集合竞价的方式，决定成交价格和成交委托，为投资者提供一个公平有效的交易方式，但在新系统完成之前，创业板仍会采用目前与主板市场相同的自动对盘交易系统。另外，联交所还提供了一个独立的网页（http://www.hkgem.com），作为参与者的主要信息交流渠道，发行人可将招股说明书、公告及其他公司资料上网，供公众浏览，而无须于报刊登载（公司须发新闻稿），从而降低成本。创业板针对的是有熟练操作技术和投资经验的投资者，但不设最低投资额。

4. 实施严格的监管制度

创业板的市场监管的基本原则：保护投资者利益及确保市场持正操作；推行严谨的监管、监察和执法措施；依循严格的信息披露标准及“买者自负”原则。监管机构只负责确保上市公司所提供的有关文件及重要的资料完整性和真实性，但不会对投资的利弊做出评论，或就所发售的证券或所提供的投资机会做出判断，无论有关判断是好是坏，上市申请人或其业务在商业上的可行性，并非香港证监会或联交所的关注所在。

【本章小结】

1. 股票市场是股票发行和流通的场所，股票的发行与交易都是通过股票市场来实现的。

股票市场一般可以分为一级市场和二级市场。一级市场又称股票发行市场;二级市场又称股票交易市场,也可以说是对已发行的股票进行买卖和转让的场所。

2. 普通股是随着企业利润变动而变动的一种股份,是股份有限公司资本构成中最普通、最基本的股份,是股份企业资金的基础部分。

普通股的基本特点是其投资收益(股息和分红)不是在购买时约定,而是事后根据股票发行公司的经营业绩来确定。公司的经营业绩好,普通股的收益就高;反之,若经营业绩差,普通股的收益就低。普通股是股份有限公司资本构成中最重要、最基本的股份,也是风险最大的一种股份,但又是股票中最基本、最常见的一种。在我国上交所与深交所上市的股票都是普通股。

3. 优先股是"普通股"的对称,是股份有限公司发行的在分配红利和剩余财产时比普通股具有优先权的股份。优先股也是一种没有期限的有权凭证,优先股股东一般不能在中途向公司要求退股(少数可赎回的优先股例外)。优先股通常预先确定股息收益率。由于优先股股息率事先固定,所以优先股的股息一般不会根据公司经营情况而增减,而且一般也不能参与公司的分红,但优先股可以先于普通股获得股息,对公司来说,由于股息固定,它不影响公司的利润分配。但是,优先股股东一般没有选举权和被选举权,对股份有限公司的重大经营无投票权。

4. 股票交易市场是已经发行的股票按时价进行转让、买卖和流通的市场,包括交易所市场和场外交易市场两部分。由于它是建立在发行市场基础上的,因此又称二级市场。目前发达国家的股票流通市场基本有两个层次,即场内交易市场和场外交易市场。场内交易市场是证券交易所组织的有固定的交易场所和交易时间的集中交易市场,在许多国家它还是唯一合法的证券交易场所。

5. 股票发行价格有面值发行、时价发行、中间价发行和折价发行等几种方式。面值发行即以股票的票面金额为发行价格,也称平价发行。时价发行即不是以面额,而是以流通市场上的股票价格(即时价)为基础确定发行价格。中间价发行即股票的发行价格取票面额和市场价格的中间值。折价发行即发行价格不到票面额,是打了折扣的。

6. A股交易包括以下程序:开设股票账户;开设资金账户;客户填写委托单;证券商受理委托;撮合成交;清算与交割;过户。

7. 股票交易的方式包括现货交易、期货交易、信用交易、期权交易等。

8. 股票的市盈率又称股份收益比率或本益比,是股票市价与其每股收益的比值。市盈率是衡量股价高低和企业盈利能力的一个重要指标。由于市盈率把股价和企业盈利能力结合起来,其水平高低更真实地反映了股票价格的高低。

9. 股票价格指数就是用以反映整个市场上各种股票市场价格的总体水平及其变动情况的指标。在股票市场上,成百上千种股票同时交易,股票价格的涨落各不相同,因此需要有一个总的尺度标准(即股票价格指数)来衡量整个市场的价格水平,观察股票市场的变化情况。股票价格指数一般是由一些有影响的机构编制,并定期及时公布。国际市场上比较著名的指数有道—琼斯工业股价平均指数、标准普尔500指数、伦敦《金融时报》指数等。

10. 二板市场是相对于主板市场而言,为创新型中小企业服务的股票市场。主要的二板市场有美国的纳斯达克(NASDAQ)市场、伦敦证券交易所的二板市场(AIM)、欧洲新市场

(Euronm)、亚洲二板市场等。

【本章思考题】

1. 简述股票的性质和种类。
2. 股票发行的方式有哪些?
3. 股票发行的价格包括哪些?
4. A股交易程序包括哪些步骤?
5. 股票交易的方式有哪些?
6. 简述影响股票价格的因素。
7. 请说明股价指数中算术平均法与加权平均法的异同。

第七章　其他金融市场

证券投资基金市场、黄金外汇市场、保险市场、典当市场以及金融衍生品市场是金融市场的补充，在金融市场中也占据重要的地位。随着人们资产的增加，对金融市场中投资品种选择多样性的要求也越来越高，其他金融市场在金融市场中的比重会越来越大。

【学习目标】

学完本章，你应能够：

1. 掌握证券投资基金的概念、特点及类型；
2. 了解黄金和外汇市场；
3. 了解保险市场；
4. 了解典当市场；
5. 理解金融衍生品市场的主要品种。

第一节　证券投资基金市场

证券投资基金是一种面向社会大众，通过发行基金单位，将零散的、众多的社会资金集中到一起，再由专业人员进行管理和运用，从事股票、债券等方面的组合投资，并按投资者的出资比例进行收益分配的一种组合投资制度。它体现的是投资者(委托人)与基金管理人(受托人)之间的一种委托与受托的关系。

证券投资基金作为一种大众化的信托投资工具，其资金主要来源于社会大众手中的闲置资金。从出资人的情况来看，证券投资基金的出资人既可以是个人，又可以是机构。其中，机构投资者主要包括投资银行、保险公司、社会保险基金、各种基金会基金等。从资金的运用来看，证券投资基金的投资范围较为广泛，可以投资于股票、债券等有价证券，也可以投资于货币市场金融工具、外汇、衍生投资工具等领域，但它一般不涉足金融领域以外的实业投资。证券投资基金一般都具有相当大的资金规模，因此，它可以按照投资组合的方式进行分散投资，以减少投资的风险。

证券投资基金在国外已有100多年的历史，由于其在各国发展的模式不尽相同，各国对证券投资基金的称谓也不相同，例如，美国称为"共同基金"，我国香港和英国称为"单位信托基金"，我国台湾和日本则称为"证券信托投资基金"等。随着全球金融业的发展，各种各样名目繁多的基金不断涌现，基金资产的规模不断扩大，基金行业已经同银行业、证券业、保险业成为现代金融体系的四大支柱产业。

一、证券投资基金的特点

(一)集合投资、规模经营

投资基金将零散的资金汇集起来，交给专业机构投资于各种金融工具，以谋取资产的增值。基金对投资的最低限额要求不高，投资者可以根据自己的经济能力决定购买数量，对于中小投资者来说，通过购买证券投资基金可以使他们进入一些因其资金少而不能进入的投资领域；而对于基金来说，由于其资金规模大，因此在投资活动中可以实现规模效应，从而降低单位资金的运营成本。例如，基金在投资股票时，由于其买卖数量比单个投资者要大得多，券商在佣金方面一般都会给予一定的优惠，因而可以降低投资成本。

(二)分散风险、组合投资

以科学的组合投资方法来降低风险、提高收益是证券投资基金的另一大特点。投资学上有一句谚语，"不要把所有的鸡蛋放在同一个篮子里"。但是，要实现多样化投资需要一定的资金实力，对于中小投资者而言，由于他们的资金有限，很难做到这一点。而购买证券投资基金则可以帮助中小投资者克服其投资品种单一、风险集中的弊端。证券投资基金凭借其巨大的资金规模，可以同时在几十种乃至上百种不同的有价证券上进行科学的、分散的组合投资，从而将风险降低到最小的程度。中小投资者通过购买基金，可以用较少的资金获得较好的分散投资、降低风险的效果。

(三)专家管理、专家理财

证券投资基金的实际运营是由专门的基金管理公司负责的。基金管理公司是专门从事基金投资管理的机构，它聘用专门的证券分析和投资管理人员来从事基金的投资管理。这些专业人员都经过专门的训练，具有丰富的金融、证券投资的经验，能够运用先进的技术手段对市场上的各种信息进行分析、研究，并在此基础上做出正确的投资决策。对于那些缺乏专业投资技能、对市场不熟悉、信息不灵通的中小投资者来说，投资基金实际上是利用专家在市场信息、投资经验、操作技巧等方面的优势来提高自己的投资成功率，从而可以减少因盲目投资而带来的损失，增加收益。

二、基金的类型

(一)按基金的组织形式不同，基金可分为契约型基金和公司型基金

契约型基金又称单位信托基金，是指把投资者、管理人、托管人三者作为基金的当事人，通过签订基金契约的形式发行受益凭证而设立的一种基金。契约型基金起源于英国，后来在新加坡、印度尼西亚、中国香港等国家和地区十分流行。契约型基金是基于契约原理而组织起来的代理投资行为，没有基金章程，也没有公司董事会，而是通过基金契约来规范三方当事人的

行为。基金管理人负责基金的管理操作。基金托管人作为基金资产的名义持有人,负责基金资产的保管和处置,对基金管理人的运作实行监督。

公司型基金是按照公司法以公司形态组成的,该基金公司以发行股份的方式募集资金,一般投资者则为认购基金而购买该公司的股份,也就成为该公司的股东,凭其持有的股份依法享有投资收益。公司型基金在组织形式上与股份有限公司类似,基金公司资产为投资者(股东)所有,由股东选举董事会,由董事会选聘基金管理公司,基金管理公司负责管理基金业务。

(二)按基金价格决定方式分类,基金可分为封闭式基金和开放式基金

封闭式基金是指在发行前确定基金单位的发行总额,发行后在一定的时间内(存续期或封闭期)基金单位的总额固定不变的一类基金。这类基金在发行期满或认购结束后就会将基金总额封闭起来,除非经特殊批准,基金单位的总额将不再增加或减少。在发行结束后,封闭式基金一般都可以在主证券交易所买卖和转让。

封闭式基金是有期限的,该期限就是封闭式基金的存续期(封闭期),一般在10~15年。由于在封闭期内其基金总额不变,它通过发行基金单位筹集来的资金可以用来进行长期投资。封闭式基金的存续期满后需要清盘和解散,基金的管理人应组织清算小组对基金资产进行清点、核实,并将清产核资后的净资产按投资者的出资比例对其进行公正合理的分配。

开放式基金是指基金单位的发行总额不固定,基金单位的数量可以随投资者的购买或赎回经常发生增减变化的一类基金。其基金单位的发行没有规模的限制,投资者申购的数量多就多发行,投资者申购的数量少就少发行,但事先都会确定一个最低的发行额度。开放式基金一般不能上市交易,但持有开放式基金的投资者不想继续持有时,可以到指定的场所办理基金的赎回,即由基金的发行人收回投资者手中持有的基金单位,按赎回当天该基金的净值,扣除手续费后将资金支付给基金的原持有者。由于投资者经常会因各种原因办理基金的赎回,因此开放式基金的管理人一般不能将所筹资金的全部用于投资,特别是长期投资,而要留出一定比例的现金资产用于基金的赎回;这虽然会影响基金的盈利水平,但对于基金的管理者而言也是不得已的。

开放式基金没有固定的存续期限,投资者可以通过基金销售的代理机构购买或赎回基金单位。但如果在短时间内出现大量赎回的情况,有可能会导致基金的清盘。

(三)按投资目标划分,基金可分为成长型基金、收入型基金和平衡型基金

成长型基金是基金中最常见的一种,它追求的是基金资产的长期增值。为了达到这一目标,基金管理人通常将基金资产投资于信誉度较高、有长期成长前景或长期盈余的所谓成长公司的股票。成长型基金又可分为稳健成长型基金和积极成长型基金。

收入型基金主要投资于可带来现金收入的有价证券,以获取当期的最大收入为目的。收入型基金资产成长的潜力较小,损失本金的风险相对较低,一般可分为固定收入型基金和股票收入型基金。固定收入型基金的主要投资对象是债券和优先股,因而尽管收益率较高,但长期成长的潜力很小,而且当市场利率波动时,基金净值容易受到影响。股票收入型基金的成长潜力比较大,但易受股市波动的影响。

平衡型基金将资产分别投资于两种不同特性的证券上,并在以取得收入为目的的债券及优先股和以资本增值为目的的普通股之间进行平衡。这种基金一般将25%~50%的资产投

资于债券及优先股，其余的投资于普通股。平衡型基金的主要目的是从其投资组合的债券中得到适当的利息收益，与此同时又可以获得普通股的升值收益。投资者既可获得当期收入，又可得到资金的长期增值。平衡基金的特点是风险比较低，缺点是成长的潜力不大。

三、基金与股票、债券的比较

基金与股票、债券的比较见表7－1。

表7－1　　基金、股票、债券的区别

比较项目	基　金	股　票	债　券
基本概述	证券投资基金是一种利益共享、风险共担的集合证券投资方式，即通过发行基金单位，集中投资者的资金，由基金托管人托管，由基金管理人管理和运用资金，从事股票、债券等金融工具投资。	股票是股份公司签发的证明股东所持股份的凭证，是公司股份的形式。投资者通过购买股票成为发行公司的所有者，按持股份额获得经营收益和参与重大决策表决。	债券是指依法定程序发行的，约定在一定期限还本付息的有价证券。其特点是收益固定、风险较小。
风险程度	基金的基本原则是组合投资，分散风险，把资金按不同的比例分别投于不同期限、不同种类的有价证券，把风险降至最低程度。	一般情况下，股票的风险大于基金。	债券在一般情况下，本金得到保证，收益相对固定，风险比基金要小。
收益情况	基金收益是不确定的，一般情况下，基金收益比债券高。	股票收益是不确定的。	债券的收益是确定的。
投资方式	证券投资基金是一种间接的证券投资方式，基金的投资者不再直接参与有价证券的买卖活动，不再直接承担投资风险，而是由专家具体负责投资方向的确定、投资对象的选择。	投资者自行做出决策，直接参与有价证券的买卖活动，直接承担投资风险。	投资者自行做出决策，直接参与有价证券的买卖活动，直接承担投资风险。
投资回收方式	投资基金要视所持有的基金形态不同而有区别：封闭式基金有一定的期限，期满后，投资者可按持有的份额分得相应的剩余资产。在封闭期内还可以在交易市场上变现；开放式基金一般没有期限，但投资者可随时向基金管理人要求赎回。	股票投资是无限期的，除非公司破产、进入清算，投资者不得从公司收回投资，如要收回，只能在证券交易市场上按市场价格变现。	债券投资是有一定期限的，期满后收回本金。
投资者地位	基金单位的持有人是基金的受益人，体现的是信托关系。	股票持有人是公司的股东，有权对公司的重大决策发表自己的意见。	债券的持有人是债券发行人的债权人，享有到期收回本息的权利。

四、基金发起人资格

基金发起人是指发起设立基金的机构，它在基金的设立过程中起着重要作用。国外基金的发起人大多为有实力的金融机构，可以是一个，也可以是多个。

在我国，根据《证券投资基金管理暂行办法》的规定，基金的主要发起人为按照国家有关规定设立的证券公司、信托投资公司及基金管理公司，基金发起人的数目为两个以上。依据《证券投资基金管理暂行办法》及中国证监会的有关规定，基金发起人主要职责包括：

1. 制定有关法律文件并向主管机关提出设立基金的申请，筹建基金。(1)基金发起人必须对国家的经济、金融政策、市场状况、大众的投资心理等进行研究分析，在此基础上对拟设立的基金进行策划，如确定基金的主要投向、基金的类型、基金的存续期限以及基金的募集规模等。(2)基金发起人要代表基金持有人与基金管理人、基金托管人签订基金契约，约定基金各方当事人的权利、义务。同时，基金发起人还需要制作管理机关要求的其他相关文件(如招募说明书等)。(3)确定发行方案，选定销售机构。(4)向主管机关提出设立申请，并报送主管机关要求的有关文件。(5)设立申请获得批准后，进行公告。

2. 认购或持有一定数量的基金单位。基金发起人须在募集基金时认购一定数量的基金单位，并在基金存续期内保持一定的持有比例，从而使基金发起人与基金持有人的利益结成一体，保证基金发起人以维护投资人的合法权益作为其行为准则，不从事有损于投资者利益的活动，以切实保护投资者的利益。

3. 基金不能成立时，基金发起人须承担基金募集费用，将已募集的资金并加计银行活期存款利息在规定时间内退还基金认购人。

由于基金发起人对基金的设立有重大影响，因此，一些国家和地区对发起人应具备的条件都有较为严格的要求。

我国《证券投资基金管理暂行办法》规定，基金发起人必须具备以下条件：主要发起人是按照国家有关规定设立的证券公司、信托投资公司及基金管理公司；基金发起人必须拥有雄厚的资本实力，每个发起人的实收资本不少于3亿元人民币；基金的主要发起人有3年以上从事证券投资的经验及连续盈利的记录；基金发起人有健全的组织机构和管理制度，财务状况良好，经营行为规范等。

五、基金的交易

(一)开放式基金的交易流程

1. 阅读有关法律文件

投资人购买基金前，需要认真阅读有关基金的招募说明书、基金契约及开户程序、交易规则等文件，仔细了解有关基金的投资方向、投资策略、投资目标、基金管理人业绩及开户条件、具体交易规则等重要信息，对准备购买基金的风险、收益水平有一个总体评估，并据此做出投资决定。按照规定，各基金销售网点应备有上述文件，以备投资人随时查阅。

2. 开立基金账户

投资人买卖开放式基金首先要开立基金账户。按照规定，有关销售文件中对基金账户的开立条件、具体程序需予以明确。上述文件将放置于基金销售网点，供投资人开立基金账户时查阅。

3. 购买基金

投资人在开放式基金募集期间、基金尚未成立时购买基金单位的过程称为认购。通常认购价为基金单位面值(1元)加上一定的销售费用。投资人认购基金应在基金销售点填写认购申请书,交付认购款项,在注册登记机构办理有关手续并确认认购。

在基金成立之后,投资人通过销售机构申请向基金管理公司购买基金单位的过程称为申购。投资人申购基金时通常应填写申购申请书,交付申购款项。款额一经交付,申购申请即为有效。具体申购程序会在有关基金销售文件中详细说明。申购资金单位的数量是以申购日的基金单位资产净值为基础计算的。具体计算方法须符合监管部门有关规定的要求,并在基金销售文件中载明。

4. 卖出基金

与购买基金相反,投资人卖出基金是把手中持有的基金单位按一定价格卖给基金管理人并收回现金,这一过程称为赎回。其赎回金额是以当日的单位基金资产净值为基础计算的。

投资人赎回基金通常应在基金销售点填写赎回申请书。按照《开放式证券投资基金试点办法》的规定,基金管理人应当于收到基金投资人赎回申请之日起3个工作日内对该交易的有效性进行确认,并应当自接受基金投资人有效赎回申请之日起7个工作日内支付赎回款项。此外,对于开放式基金来说,投资人除了可以买卖基金单位外,还可以申请基金转换。

5. 申请基金转换

基金转换,是指当一家基金管理公司同时管理多只开放式基金时,基金投资人可以将其持有的一只基金转换为另一只基金。即投资人卖出一只基金的同时,买入该基金管理公司管理的另一只基金。通常,基金转换费用非常低,甚至不收。

6. 非交易过户

基金的非交易过户是指在继承、赠与、破产支付等非交易原因情况下发生的基金单位所有权转移的行为。非交易过户也需到基金的销售机构办理。

7. 红利再投资

红利再投资是指基金进行现金分红时,基金持有人将分红所得的现金直接用于购买该基金,将分红转为持有基金单位。对基金管理人来说,红利再投资没有发生现金流出,因此,红利再投资通常是不收申购费用的。

(二)封闭式基金的交易流程

封闭式基金有固定的存续期,期间基金规模固定,一般在证券交易场所上市交易,投资者通过二级市场买卖基金单位。封闭式基金的基金单位总数是确定的,一旦发行完成,就不能再接受新的投资申购,投资者也不得要求赎回投资。但是,投资者可以在证券交易所买卖封闭式基金,其价格完全由买卖双方决定,可能与基金净值(即每一单位基金的实际价值)相差很大。

投资者在证券交易所买卖封闭式基金,只需要向证券经纪商支付佣金,不需要向基金经理支付费用。例如,在深交所上市的基金开元(4688),1998年设立,发行额为20亿基金份额,存续期限(封闭期)15年。也就是说,基金开元从1998年开始运作期限为15年,运作的额度为20亿元,在此期限内,投资者不能要求退回资金,基金也不能增加新的份额。

六、基金资产净值和基金的估值

基金资产净值是指在某一基金估值时点上,按照公允价格计算的基金资产的总市值扣除负债后的余额,该余额是基金单位持有人的权益。按照公允价格计算基金资产的过程就是基金的估值。

单位基金资产净值,即每一基金单位代表的基金资产的净值。单位基金资产净值计算的公式为:

单位基金资产净值=(总资产—总负债)/基金单位总数

其中,总资产是指基金拥有的所有资产(包括股票、债券、银行存款和其他有价证券等)按照公允价格计算的资产总额。总负债是指基金运作及融资时所形成的负债,包括应付给他人的各项费用、应付资金利息等。基金单位总数是指当时发行在外的基金单位的总量。

基金估值是计算单位基金资产净值的关键。基金往往分散投资于证券市场的各种投资工具,如股票、债券等,由于这些资产的市场价格是不断变化的,因此,只有每日对单位基金资产净值重新计算,才能及时反映基金的投资价值。基金资产的估值原则如下:

任何上市流通的有价证券,以其估值日在证券交易所挂牌的平均价估值;估值日无交易的,以最近交易日的平均价估值。

未上市证券的估值:

1. 配股和增发新股,按估值日在证券交易所挂牌的同一股票的均价估值。

2. 首次公开发行的股票,按成本价估值。

3. 未上市流通的债券,按成本价估值。

4. 配股权证,从配股除权日起到配股确认日止,若均价高于配股价,则按均价和配股价的差额进行估值;若收盘价低于配股价,则不进行估值。

如有确凿证据表明,按上述方法进行估值不能客观反映其公允价值,基金管理人可根据具体情况与基金托管人商定后,按最能反映公允价值的价格估值。

小贴士

资料卡 7—1 我国证券投资基金的发展

1. 萌芽与起步阶段

中国基金业真正起步于20世纪90年代,在一系列宏观经济政策纷纷出台的前提下,中国基金业千呼万唤,终于走到了前台。

1991年8月,珠海国际信托投资公司发起成立珠信基金,规模达6 930万元人民币,这是我国设立最早的国内基金。同年10月,武汉证券投资基金和南山风险投资基金分别经中国人民银行武汉市分行和深圳市南山区人民政府批准设立,规模分别达1 000万元人民币和8 000万元人民币。但投资基金这一概念从观念和实践引入我国则应追溯至1987年,当年中国人民银行和中国国际信托投资公司首开中国基金投资业务之先河,与国外一些机构合作推出了面向海外投资人的国家基金,它标志着中国投资基金业务开始出现。

2. 迅猛发展阶段

1992年,中国投资基金业的发展异常迅猛,当年有各级人民银行批准的37家投资基金出台,规模共计22亿美元。同年6月,我国第一家公司型封闭式投资基金——淄博乡镇企业投资基金——由中国人民银行批准成立。同年10月8日,国内首家被正式批准成立的基金管理公司——深圳投资基金管理公司——成立。到1993年,各地大大小小的基金约有70家左右,面值达40亿元人民币。已经设立的基金纷纷进入二级市场开始流通。这一时期是我国基金发展的初期阶段。1993年6月,9家中方金融机构及美国波士顿太平洋技术投资基金在上海建立上海太平洋技术投资基金,这是第一个在我国境内设立的中外合资的中国基金,规模为2 000万美元。10月,建业、金龙和宝鼎三家面向教育界的基金批准设立。1993年8月,淄博基金在上海证券交易所公开上市,以此为标志,我国基金进入了公开上市交易的阶段。20世纪90年代初期,我国投资基金无论是在数量上还是在资金规模上都取得了骄人的成绩,从政策的出台到中外合资基金的出现,再到基金的上市交易,我国的投资基金走了一段迅速发展的道路,取得了长足的进步。

3. 调整与规范阶段

由于我国的基金从一开始发展势头迅猛,其设立和运作的随意性较强,存在发展与管理脱节的状况,调整与规范我国基金业成为金融管理部门的当务之急。

1993年5月19日,中国人民银行总行发出紧急通知,要求省级分行立即制止不规范发行投资基金和信托收益债券的做法。通知下达后,各级人民银行认真执行,未再批设任何基金,把精力放在已经设立的基金的规范化和已批基金的发行工作上。截至1996年,我国申请待批的各类基金已经达数百家,但由于法律的滞后,基金发展基本上处于停滞状态。

1998年3月23日,开元、金泰两只证券投资基金公开发行上市,这使封闭式证券投资基金的发展进入了一个新的历程。1998年我国共成立了第一批5只封闭式基金:基金开元、基金金泰、基金兴华、基金安信和基金裕阳。

4. 稳步发展阶段

2003年10月28日由全国人大常委会通过的《证券投资基金法》的颁布与实施,是中国基金业和资本市场发展历史上的又一个重要的里程碑,标志着我国基金业进入了一个崭新的发展阶段。根据中国基金业协会最新发布的统计数据显示,截至2015年4月底,我国境内共有基金管理公司96家,其中合资公司46家,内资公司50家;取得公募基金管理资格的证券公司7家,保险资管公司1家。以上机构管理的公募基金资产合计6.2万亿元。目前公募基金总数量已达2 108只,净值规模突破6万亿元。其中,767只股票型基金净值规模达1.7万亿元,混合型基金净值规模突破1万亿元。

第二节　外汇与黄金市场

一、外汇市场

外汇市场是指由外汇需求者和供给者及买卖的中介者组成的买卖外汇的行为、外汇交易的场所和网络。它是本国货币与外国货币相互兑换的地方,也包括两种或两种以上外国货币的相互兑换。外汇市场是一个无形的“网络式市场”,世界各地的外汇买卖者可以通过电话、电传等通信工具相互联系达成交易。由于全球各地存在时间差,当一国的外汇市场营业结束时,另一国的外汇市场还在营业或已经开市,这样就使外汇买卖可以连续24小时在全球不间断地进行。

(一)外汇市场的参与者

第一类由顾客和商业银行组成。顾客分为个人、贸易商、企事业单位等。顾客一般是由于出国旅游、商务贸易、外汇存款等需要与商业银行在柜台上从事外汇买卖。

第二类为银行同业市场。银行每日与顾客外汇交易中出现超买超卖,引起外汇的余缺、外汇库存结构的变化。银行间相互交易可调剂余缺,使双方各自得到满足。

第三类为中央银行与商业银行间的市场。当外汇交易时出现供求失衡,以及其他原因引起某种货币汇率剧烈波动时,中央银行就通过抛售或补进某种外汇进行干预。这就不可避免地要与商业银行发生各种交易。

(二)外汇市场功能

1. 调节外汇供求

由于顾客与银行间发生外汇买卖,常会出现买入、卖出某种货币在金额上的不一致及银行外汇头寸余缺的问题,因此需要进入外汇市场进行余缺调剂。中央银行利用这个市场抛售或补进外汇以调节市场供求,实现外汇政策目标。

2. 形成外汇价格

外汇交易的结果,会自发形成外汇市场价格。即使官方制定了汇率,也要以外汇市场供求及市场汇率为依据来进行调整。

3. 转移外汇资金

由于各国的货币不同,要实现国际货币支付,清偿国际债权债务,就必须借助外汇市场将本国货币兑换成对方可以接受的货币。因此,外汇市场是实现国际支付和外汇资金转移必不可少的条件。

4. 防范汇率风险

由于外汇市场各种货币汇率的波动会对从事国际贸易支付和资本借贷的一方带来风险损失,市场的交易者可以利用即期或远期外汇买卖及外汇期货、期权交易进行套期保值,规避汇率风险。

(三)我国内地的外汇交易市场

我国是一个对外汇严格管制的国家。1979年以前,外汇由国家统收统支,买卖按政府所定汇率,由外汇专业银行——中国银行——集中办理,因此不存在外汇市场。改革开放后,为了调动出口企业创汇的积极性,实行了外汇留成制度,1980年开始办理外汇调剂业务,逐步形成和发展了外汇调剂市场。

1. 外汇调剂市场

1988年,为配合外贸推行承包经营责任制改革,国家同意在全国主要城市设立外汇调剂中心,由国家外汇管理局领导,使外汇调剂范围进一步扩大。允许当时地方政府留成外汇,华侨、港澳台同胞捐赠外汇也可在调剂中心交易,部分地区还开始办理国内居民个人外汇调剂业务;同时,允许外商投资企业与国营、集体企事业单位进行外汇调剂,并取消调剂限价,按供求实行浮动,随行就市,使全国外汇调剂量从1988年的62.64亿美元增加到1992年的251亿美元,在全国设立的外汇调剂中心达90多家。

2. 外汇调剂公开市场

1988年9月,上海率先在国内成立外汇调剂公开市场。

外汇调剂公开市场的特点表现在以下几个方面:(1)有形市场。指有具体的交易场所。外汇调剂买卖在场内必须通过会员办理。(2)现汇与额度并存。这里的额度指留成外汇的额度,市场逐步由留成额度交易改为现汇留成交易。(3)币种限制。外汇调剂的币种只限于美元、马克、日元、港元兑人民币的交易。(4)即期交易。即市场只买卖即期外汇、即期留成额度。(5)交易对象不广。外汇调剂只在企事业单位间进行,外汇银行只能充当经纪商代客买卖。(6)仍受外汇管制。外汇调剂市场由国家外汇管理局监管,外汇调剂交易必须符合我国外汇管理条例。

3. 外汇交易统一市场

从1994年起,我国对汇率制度进行改革,取消了官方汇率和市场汇率并存的双重汇率制,实行了以市场供求为基础的、单一的、有管理的浮动汇率制;同时我国对外汇调剂市场进一步改革,取消了企业外汇留成制,实行结售汇制,建立了全国计算机联网的统一的银行间外汇市场,做到了汇价、交易规则、交易主体在全国范围内的统一。

小贴士

资料卡7—2 世界主要外汇市场

伦敦、纽约和东京外汇市场是国际上最重要的外汇市场。

伦敦是历史最悠久的国际金融中心,几乎所有的国际性大银行都在伦敦开设了分支机构。由于地理上的优势,伦敦在交易时间上与亚洲和北美市场连接并有部分重叠,方便不同地域的投资者进行交易。伦敦市场的外汇交易量居世界首位,交易品种十分丰富,其汇率走势对全球汇市有着重要的影响。

纽约的外汇市场是世界上最重要的外汇市场之一,纽约汇集了世界上主要的大型金融机构。美元是世界最主要的储备和清算货币,纽约作为美元的清算中心,虽然其交易量比不上伦敦市场,但在汇率的波动和影响方面比伦敦市场有过之而无不及。是因为:第一,美国的经济数据对全球金融市场有着举足轻重的影响,而这些数据往往是在纽约交易时间公布;第二,美国股票、债券市场规模庞大,其走势影响着国际资金的流向;第三,美国金融制度宽松有利于金融创新,以上因素大大地活跃了纽约外汇市场。

东京是亚洲最重要的外汇市场。东京外汇市场在规模上仅次于伦敦和纽约,位居世界第三。在东京市场上,围绕日元的外汇买卖活动所占比重较大。

除了上述三大外汇市场外,法兰克福、新加坡、中国香港也是重要的外汇市场。亚洲市场的外汇行情较欧美要平静。随着欧洲和北美的外汇市场陆续开市,行情渐趋活跃。

各主要外汇市场的营业时间见表7—2。

表 7—2 各主要外汇市场的营业时间

城　市	开市时间	收市时间
悉尼	7:00	15:00
东京	8:00	16:00
中国香港	09:00	17:00
新加坡	09:00	17:00
巴林	14:00	22:00
法兰克福	16:00	24:00
苏黎世	16:00	24:00
巴黎	17:00	次日凌晨 1:00
伦敦	18:00	次日凌晨 2:00
纽约	20:00	次日凌晨 4:00
洛杉矶	21:00	次日凌晨 5:00

注:以上时间已换算为北京时间。

二、黄金市场

黄金市场,是集中进行黄金买卖的交易场所。黄金交易与证券交易一样,都有一个固定的交易场所,世界各地的黄金市场就是由存在于各地的黄金交易所构成的。黄金交易所一般都设在各个国际金融中心,是国际金融市场的重要组成部分。

在黄金市场上买卖的黄金的形式多种多样,主要有各种成色和重量的金条、金币、金丝和金叶等,其中最重要的是金条。大金条量重价高,是专业金商和中央银行买卖的对象;小金条量轻价低,是私人和企业买卖、收藏的对象。金价按纯金的重量计算,即以金条的重量乘以金条的成色。

(一)黄金市场的主要参与者

(1)出售黄金的采金企业和进口黄金的各国(地区)工商企业。

(2)利用黄金作为对外结算、投资与保值手段的各国(地区)企业、个人、银行和其他金融机构。

(3)专门经营黄金买卖的各国金商和经纪人。

(4)通过买卖黄金调节储备资产与国际收支的各国中央银行。

(5)利用金价涨落牟取暴利的黄金投机商。

(6)某些国际性金融机构(如 IMF 等)。

(二)黄金市场的构成

(1)按市场交易有无固定地点划分,有无形市场和有形市场。

(2)按市场的作用大小划分,有主导性黄金市场和地区性黄金市场。

(3)按市场管制程度划分,有自由交易市场和有限制交易市场。

(4)按市场交易方式划分,有现货市场和期货市场。

(三)世界上七大黄金市场

1. 伦敦黄金市场

1804年,伦敦取代荷兰阿姆斯特丹成为世界黄金交易的中心。1982年4月,伦敦期货黄金市场开业。目前,伦敦仍是世界上最大的黄金市场。

2. 苏黎世黄金市场

苏黎世黄金市场在第二次世界大战后趁伦敦黄金市场两次停业之机而发展起来,苏黎世市场的金价和伦敦市场的金价同样受到国际市场的重视。苏黎世黄金市场没有正式的组织结构,而是由瑞士三大银行——瑞士银行、瑞士信贷银行和瑞士联合银行——负责清算结账。三大银行不仅为客户代行交易,而且黄金交易也是这三家银行本身的主要业务。苏黎世黄金总库(Zurich Gold Pool)建立在瑞士三大银行非正式协商的基础上,不受政府管辖,作为交易商的联合体与清算系统混合体在市场上起中介作用。

3. 美国黄金市场

纽约和芝加哥黄金市场是20世纪70年代中期发展起来的,主要原因是1977年后,美元贬值,美国人(主要以法人团体为主)为了套期保值和投资增值获利,使黄金期货迅速发展起来。美国是世界上最大的黄金期货交易市场,主要集中在纽约、芝加哥、底特律、布法罗、旧金山五大交易所,其中以纽约和芝加哥最有影响,但美国的实金交易量低于亚洲和欧洲。

4. 中国香港黄金市场

中国香港黄金市场已有90多年的历史,其形成以香港金银贸易市场的成立为标志。1974年,香港政府撤销了对黄金进出口的管制,此后香港金市发展极快。由于香港黄金市场在时差上刚好填补了纽约、芝加哥市场收市和伦敦开市前的空当,可以连贯亚、欧、美地区形成完整的世界黄金市场。其优越的地理条件引起了欧洲金商的注意,伦敦五大金商、瑞士三大银行等纷纷进港设立分公司。它们将在伦敦交收的黄金买卖活动带到中国香港,逐渐形成了一个无形的当地"伦敦黄金市场",促使中国香港成为世界主要的黄金市场之一。

5. 东京黄金市场

东京黄金市场于1982年成立,是日本政府正式批准的唯一的黄金期货市场。其会员绝大多数为日本的公司。黄金市场以每克日元叫价,交收标准金成色为99.99%,重量为1千克,每宗交易合约为1 000克。

6. 新加坡黄金所

新加坡黄金所成立于1978年11月,目前时常经营黄金现货和2、4、6、8、10个月的5种期货合约,标准金为100盎司的99.99%纯金,设有停板限制。

7. 上海黄金交易所

上海黄金交易所从2002年10月30日起开始正式运行。它是经国务院批准,由中国人民银行组建,履行《黄金交易所管理办法》规定职能,遵循公开、公平、公正和诚实信用的原则组织黄金交易,不以营利为目的,实行自律性管理的法人。

资料卡7—3 黄金的分类、计量、形状

黄金可分为生金和熟金两大类。生金是指未经提炼的天然金;熟金是指生金经熔化、提炼的黄金。黄金的分类见图7—1。

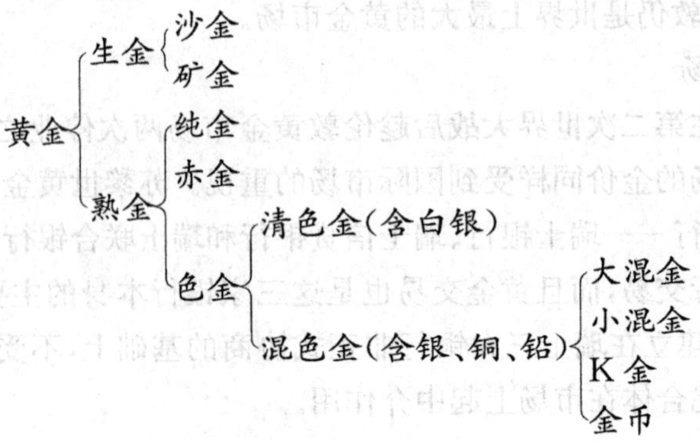

图7—1 黄金分类

黄金的计量分为成色和重量标准。黄金的成色是指它的纯度,一般用千分比表示,也可用百分比表示,还可用"K"或"开"表示。熟金分为纯金、赤金、色金,就是按提炼成色高低来划分的。黄金提炼后纯度在95%左右为赤黄色,80%左右为正黄色,70%左右为青黄色;"七青、八黄、九五赤"就是人们识别黄金纯度的口诀。黄金的成色分为24分,1分为1K(Kazat,开;法文Carat),纯金为24K,1K含金量为4.166%。计算黄金成色的公式为:成色=K数×4.166%,如24K黄金成色=24×4.166%=99.98%,18K黄金成色=18×4.166%=74.99%。"金无足赤",目前提炼黄金的技术纯度可达99.999%,称"五九纯金",实际交易中最高能达到99.99%。黄金饰品上标的24K、18K等纯度,只能作参考,不能作依据,应以实际成色为准。

黄金重量的基本单位在国际上通用的是金衡盎司,也称"特洛伊"盎司。盎司是英制中的容量单位,又是其重量、质量单位,故又称为英两。金衡盎司是重量、质量盎司中的一种,其折算方法为:

1金衡盎司=31.103 477克=0.622 07市两=1.097 14常衡盎司=0.831 010 6司马两

我国过去习惯用斤、两(1/16斤)、钱为单位计算黄金,现用公制单位吨、公斤、克计量。由于旧制1市两=31.25克≈1金衡盎司,所以涉及黄金、白银等金属计量时,也用"两"。

专业金商和中央银行交易的黄金,一般是重量400盎司、成色为99.5%的大金锭,进入国际金市的大金锭必须有国际公认的检验机构的印记。私人储藏黄金者交易的一般是成色、重量不等的小金条,最常见的是1千克重的金条。除此之外,黄金市场还交易黄金券。黄金券是一种黄金凭证,持有人可随时向发行银行兑换黄金或其等价的货币。黄金券面额有多种,上有编号和姓名,不准私自转让,但遗失可以挂失。

资料来源:刘金章、孙可娜主编:《现代金融理论与实务》,北京交通大学出版社2006年版,第267～268页。

第三节　保险市场

一、保险及保险市场的定义

《中华人民共和国保险法》第二条对保险下了定义:“本法所称保险,是指投保人根据合同约定,向保险人支付保险费,保险人对于合同约定的可能发生的事故因其发生所造成的财产损失承担赔偿保险金的责任,或者当被保险人死亡、伤残、疾病或者达到合同约定的年龄、期限时承担给付保险金责任的商业保险行为。”

保险市场是保险商品交换的总和,包括原保险市场业务的交易、再保险市场业务的交易,以及国内保险市场和国际保险市场的业务交易活动。它既可以指固定的交易场所(如保险交易所),也可以是所有实现保险商品让渡的交换关系的总和。在保险市场上,交易的对象是保险人为消费者所面临的风险提供的各种保险保障。保险市场同其他商品市场一样,受供求规律、价值规律和竞争规律作用的影响,供求关系通过市场调节渐渐达到平衡。

保险可以从多个角度来理解:

1. 从经济角度来看,保险是一种分摊意外事故损失的财务安排,体现一定的经济关系。

2. 从法律角度来看,保险是一方同意补偿另一方损失的合同安排,体现一定的民事法律关系。

3. 从社会角度来看,保险是社会经济保障制度的组成部分,是社会生产和社会生活“精巧的稳定器”。

4. 从风险管理的角度看,保险是风险管理的一种对策,发挥分散风险、补偿损失的作用。

二、保险市场的要素

(一)保险市场的主体

保险市场的主体是指保险市场交易活动的参与者,包括保险市场的供给方和需求方以及充当供需双方媒介的中介方。保险市场就是由这些参与者缔结的各种交换关系的总和。

1. 保险市场供给方

保险市场的供给方是指在保险市场上,提供各类保险商品,承担、分散和转移他人风险的各类保险人,如国有保险人、私营保险人、合营保险人、合作保险人、个人保险人。通常它们必须是经过国家有关部门审查认可并获准专门经营保险业务的法人组织。

2. 保险市场的需求方

保险市场的需求方是指保险市场上所有现实的和潜在的保险商品的购买者,即各类投保人。根据保险消费者不同的需求特征,可以把保险市场的需求方划分为个人投保人、团体投保人、农村投保人、城市投保人等。根据保险需求的层次,还可以把保险市场的需求方划分为当前的投保人与未来的投保人等。

3. 保险市场的中介方

保险市场的中介方既包括活动于保险人与投保人之间,充当保险供需双方的媒介,把保险人和投保人联系起来并建立保险合同关系的人，也包括独立于保险人与投保人，以第三者身份处理保险合同当事人委托办理的有关保险业务的公证、鉴定、理算、精算等事项的人。具体有保险代理人（或公司）、保险经纪人（或公司）、保险公估人（行）、保险律师、保险理算师、保险精算师、保险验船师等。

（二）保险市场的客体

保险市场的客体是指保险市场上供求双方具体交易的对象，这个交易对象就是各类保险商品。这是一种特殊形态的商品。

1. 保险商品是一种无形商品。

2. 保险商品是一种“非渴求商品”。

3. 保险商品的消费是一种隐性消费。

保险商品形式是保险合同。保险合同实际是保险商品的载体，其内容是保险事故发生时提供经济保障的承诺。保险费率是保险商品的价格，它是被保险人为取得保险保障而由投保人向保险人支付的价金。

三、保险市场的类型

（一）按保险业务承保的程序不同，可分为原保险市场和再保险市场

1. 原保险市场，又称直接业务市场，是保险人与投保人之间通过订立保险合同而直接建立保险关系的市场。

2. 再保险市场，又称分保市场，是原保险人将已经承保的直接业务通过再保险合同转分给再保险人的方式形成保险关系的市场。

（二）按照保险业务性质不同，可分为人身保险市场和财产保险市场

1. 人身保险市场，是专门为社会公民提供各种人身保险商品的市场。

2. 财产保险市场，是从事各种财产保险商品交易的市场。

（三）按保险业务活动的空间不同，可分为国内保险市场和国际保险市场

1. 国内保险市场，是专门为本国境内提供各种保险商品的市场，按经营区域范围又可分为全国性保险市场和区域性保险市场。

2. 国际保险市场，是国内保险人经营国外保险业务的保险市场。

（四）按保险市场的竞争程度不同，可分为自由竞争型保险市场、垄断型保险市场、垄断竞争型保险市场

1. 自由竞争型保险市场，是保险市场上存在数量众多的保险人、保险商品交易完全自由、价值规律和市场供求规律充分发挥作用的保险市场。

2. 垄断型保险市场，是由一家或几家保险人独占市场份额的保险市场，包括完全垄断和寡头垄断型保险市场。

3. 垄断竞争型保险市场，是大小保险公司在自由竞争中并存，少数大公司在保险市场中分别具有某种业务的局部垄断地位的保险市场。

四、保险市场的功能

1. 合理安排风险，维护社会稳定的功能。保险市场通过保险商品交易合理分散风险，提

供经济补偿，在维护社会稳定方面发挥着积极的作用。

2. 聚集、调节资金，优化资源配置的功能。保险资金收入和支出之间有一个时间差，保险市场通过保险交易对资金进行再分配，从而充分发挥资金的时间价值，为国民经济的发展提供动力。

3. 实现均衡消费，提高人民生活水平的功能。保险市场为减轻居民消费的后顾之忧提供了便利，使之能够妥善安排生命期间的消费，提升人民生活的整体水平。

4. 促进科技进步，推动社会发展的功能。保险市场运用科学的风险管理技术，为社会的高新技术风险提供保障，由此促进新技术的推广应用，加快科技现代化的发展进程。

五、我国的保险市场

（一）中国保险市场的形成

1. 外商保险公司垄断时期的中国保险市场

我国现代形式的保险是伴随着帝国主义的入侵而传入的。19世纪初，西方列强开始了对东方的经济侵略，外商保险公司作为保险资本输出与经济侵略的工具进入中国。

2. 民族保险业开创与发展时期的我国保险市场

外商保险公司对中国保险市场的抢占及西方保险思想的影响，引起一些华商的仿效。1824年一广东富商在广州城内开设张宝顺行，兼营保险业务，这是华人经营保险的最早记载。1865年中国第一家民族保险企业上海华商义和公司保险行创立，打破了外商保险公司独占中国保险市场的一统天下的局面，中国近代民族保险业正式诞生。1875年保险招商局成立，中国较大规模的民族保险企业诞生。1886年，“仁和”“济和”两保险公司合并为“仁济和”水火保险公司，资金达到100万两，雄厚的资金大大加强了其在保险市场上的实力和竞争能力，成为中国近代颇有影响的一家华商保险企业。以1875年保险招商局的创办为契机，中国民族保险业以后又相继成立了20多家水火险公司，并在民族资本主义工商业的大发展中迅速发展。

（二）新中国保险市场的初创

新中国成立后，首先是对旧中国保险市场进行管理与整顿，紧接着是创立与发展人民保险事业。1949年10月20日，中国人民保险公司正式挂牌开业，这标志着中国现代保险事业的创立，开创了中国保险的新纪元。保险市场上除传统的火险和运输险外，还积极开发新的险种，同时中国人民保险公司在全国各地建立了自己的分支机构，并逐步开展了各种财产保险和人身保险业务。但是，由于受“左”的错误思想影响，1958年10月，国内保险业务被迫停办，直到1979年恢复。中国共产党十一届三中全会以后，国内保险业务得到恢复。

（三）我国保险市场的现状及前景

1. 我国保险市场的现状

保险市场主体不断增加，多家竞争的市场格局已经初步形成；保险业务持续发展，市场潜力巨大；保险法规体系逐步完善，保险监管力度加强；保险市场逐步对外开放，国际交流与合作不断加强。

2. 我国保险市场的前景展望

我国保险业发展前景广阔，具有中国特色的保险市场体系正初步形成，这一体系将包含以下特征：经营主体多元化；运行机制市场化；经营方式集约化；政府监管法制化；从业人员专业化；行业发展国际化。

小贴士

资料卡 7－4　我国三大保险公司简介

1. 中国人寿保险有限公司

中国人寿保险(集团)公司及其子公司构成了我国最大的商业保险集团，是国内唯一一家资产过万亿元的保险集团，是中国资本市场最大的机构投资者之一。

2013 年，中国人寿保险(集团)公司及其子公司总保费收入达到 3 868 亿元，境内寿险业务市场份额为 31.6%；总资产达 2.4 万亿元。

中国人寿保险(集团)公司属国有大型金融保险企业，总部设在北京。公司前身是成立于 1949 年的中国人民保险公司，1996 年分设为中保人寿保险有限公司，1999 年更名为中国人寿保险公司。2003 年，经国务院同意、中国保险监督管理委员会批准，原中国人寿保险公司进行重组改制，变更为中国人寿保险(集团)公司。集团公司下设中国人寿保险股份有限公司、中国人寿资产管理有限公司、中国人寿财产保险股份有限公司、中国人寿养老保险股份有限公司、中国人寿保险(海外)股份有限公司、国寿投资控股有限公司以及保险职业学院等多家公司和机构，业务范围全面涵盖寿险、财产险、养老保险(企业年金)、资产管理、实业投资、海外业务等多个领域，并通过资本运作参股了多家银行、证券公司等其他金融和非金融机构。

中国人寿保险(集团)公司已连续 11 年入选《财富》全球 500 强企业，排名由 2003 年的 290 位跃升为 2013 年的 111 位；连续 7 年入选世界品牌 500 强，2013 年位列第 237 位，是我国保险业唯一一家全球企业、全球品牌“双 500 强”企业；所属寿险股份公司继 2003 年 12 月在纽约、中国香港两地同步上市之后，又于 2007 年 1 月回归境内 A 股市场，成为内地资本市场“保险第一股”和全球第一家在纽约、中国香港和上海三地上市的保险公司，目前已成为全球市值最大的上市寿险公司。

2. 中国平安保险(集团)股份有限公司

中国平安是中国第一家以保险为核心的，融证券、信托、银行、资产管理、企业年金等多元金融业务为一体的紧密、高效、多元的综合金融服务集团。公司成立于 1988 年，总部位于深圳。2004 年 6 月和 2007 年 3 月，公司先后在中国香港联合交易所主板及上海证券交易所上市，股票名称：中国平安，香港联合交易所股票代码：02318；上海证券交易所股票代码：601318。

公司控股设立中国平安人寿保险股份有限公司(平安人寿)、中国平安财产保险股份有限公司(平安产险)、平安养老保险股份有限公司、平安资产管理有限责任公司、平安健康保险股份有限公司，并控股中国平安保险海外(控股)有限公司(平安海外控股)、平安信托投资有限责任公司(平安信托)、平安银行股份有限公司。平安信托依法控股平安证券有限责任公司，平安海外控股依法控股中国平安保险(香港)有限公司及中国平安资产管理(香港)有限公司。

中国平安是国内金融牌照最齐全、业务范围最广泛、控股关系最紧密的个人金融生活服务集团。平安集团旗下子公司包括平安寿险、平安产险、平安养老险、平安健康险、平安银行、平安证券、平安信托、平安大华基金等,涵盖金融业各个领域,已发展成为中国少数能为客户同时提供保险、银行及投资等全方位金融产品和服务的金融企业之一。此外,在互联网金融业务方面,集团已布局了陆金所、万里通、车市、房市、支付、移动社交金融门户等业务,初步形成"一扇门、两个聚焦、四个市场"的互联网金融战略体系,互联网金融业务高速增长,截至2014年底,总用户规模达1.37亿。

中国平安拥有超过63.5万名寿险销售人员和约23.6万名正式雇员。截至2014年12月31日,集团总资产达4万亿元,归属母公司股东权益为2 895.64亿元。从保费收入来衡量,平安寿险为中国第二大寿险公司,平安产险为中国第二大产险公司。中国平安在2014年《福布斯》"全球上市公司2 000强"中名列第62位;美国《财富》杂志"全球领先企业500强"中名列第128位,并蝉联中国内地非国有企业第一;除此之外,在英国WPP集团旗下Millward Brown公布的"全球品牌100强"中名列第77位,在全球保险品牌中排名第一;"在全球最大的品牌咨询公司Interbrand发布的最佳中国品牌排行榜"中名列第六位,成为中国保险业第一品牌。

3. 中国太平洋保险(集团)股份有限公司

中国太平洋保险是在1991年5月13日成立的中国太平洋保险公司的基础上组建而成的保险集团公司,总部设在上海,注册资本77亿元,2007年12月25日在上海证券交易所挂牌上市,股票名称:中国太保,股票代码:601601。2009年12月23日,公司在中国香港联合交易所挂牌上市,股票名称:中国太保,股票代码:02601。

中国太平洋保险旗下拥有太平洋寿险、太平洋产险和太平洋资产管理公司等专业子公司,拥有雄厚的实力,保持持续领先的市场地位。截至2014年末,总资产为9 105.40亿元,较2013年增长21.6%。

中国太平洋保险建立了覆盖全国的营销网络和多元化服务平台,目前拥有5 400余个分支机构,6.4万余名员工与22多万名营销员,为全国超过3 600万名个人客户和220万机构客户提供包括人身险和财产险在内的全方位风险保障解决方案、投资理财和资产管理服务。

第四节 典当市场

一、典当市场的概念

典当市场是典当行为发生的市场。典当是以实物质押为基础的短期贷款,是指当户将其动产、财产权利作为当物质押,或者将其房地产作为当物抵押给典当行,交付一定比例费用,取得当金,并在约定期限内支付当金利息、偿还当金、赎回当物的行为。典当行又称当铺,是专门接受抵押品而放款的金融机构的通称。

二、典当市场的作用

典当市场的功能主要体现在提供便捷的短期贷款、促进中小企业发展和社会金融业繁荣等方面。

(一)典当市场的短期融资功能

典当市场为社会提供了便捷的短期贷款。与银行贷款相比,典当市场融资的优势主要体现在借款速度快、不审核借款人的信用度和不过问借款用途等。无论是企业还是个人,遇到短期资金周转困难,典当融资的方便和快捷是显而易见的,因而又有"应急小银行"之称。与旧社会的"当铺"截然不同,我国现时典当业适应社会的需要,不断拓展经营领域,对银行服务起到拾遗补阙的作用。

(二)典当市场的资产变现功能

典当市场上的很多当品在其他场合的变现功能都不高,资产的流动性较低。典当市场由于有专门的资产价值评估服务和质押贷款服务,因此很多在一般市场上因变现程度低而交易困难的资产可以在典当市场上快速变现,典当市场的存在提高了部分低流动性资产的变现能力。

(三)典当市场促进了中小企业的发展

典当市场是随着社会经济的发展而不断发展的,广大中小企业在生产过程中对货币的需求量逐步增大,典当市场是满足这些生产者货币需求的较好机构。它一方面避免了过去的纯高利贷者对小生产者的高额剥削,另一方面简化了银行信贷中的复杂手续。典当市场中的资金供给者典当行是融抵押、贷款、收息为一体的金融机构,它以间接信用行为取代直接信用行为,其利率是法定的而不是人为的。中小企业通过典当行获得生产中急需的资金,小商业经营业者也可以通过典当行获得开展商业活动所急需的资金。这样,广大中小生产者和小商贩可在典当行平等地举债,促进了社会商品生产和流通的发展。

(四)典当市场在一定程度上促进了社会金融业的繁荣

典当市场作为专门经营货币借贷的信用市场,在一定程度上促进了社会金融业的繁荣。特别是早期的典当行作为专门从事货币借贷的信用机构,典当业的经营活动比较有效地满足了不同社会成员,特别是广大小生产者日益增长的货币需要,并为近现代金融业的形成、完善和发展打下了较坚实的基础。

三、典当市场的构成主体

典当行为中的主要当事人是交当人和收当人,因此典当市场的市场主体也主要分为交当人和收当人两类,另外,监管部门也是典当市场的重要主体。

(一)交当人

交当人是指将一定物品交给典当行作抵押而换取相应贷款的人,又称出典人或当户。交当人实际上是借款人,任何团体和个人均可充当,目前我国典当市场上的交当人除了维持短期资金周转的个人和个体工商户外,许多中小企业也开始通过典当来获得企业发展中所需的短期流动资金。

(二)收当人

收当人是指以收受一定物品为条件并按相应估价发放贷款的人,又称承典人或当铺。收当人实际上是贷款人。典当中的抵押品又称当物,一般由动产即珠宝首饰、票据债券等充当。在典当中借款人在约定的当期内付足所借款项的本息之后,从典当行取回原先抵押品的行为,称为赎当。我国典当市场中的收当人一般被称作典当行。

典当中交当人与收当人之间通过抵押借贷行为,形成了法律上的借贷关系,即一种特殊的债权债务关系。收当人在典当活动中具有取得贷款本息的权利,但同时负有在当期内妥善保管抵押品的义务;而交当人则具有还钱取物的权利,但同时负有按一定比例支付借款利息的义务。

(三)监管机构

典当市场实质上是一个短期抵押贷款市场,同时由于典达业经营比较灵活,容易产生不规范行为和导致市场混乱,所以典当市场的监管受到了各国的普遍重视。2000 年之前,我国典当市场的监管机构是中国人民银行;2000 年以后,典当市场的监管职能被移交到了各省市的经贸委。

四、典当市场工具

(一)根据典当交当人的典当动机类型划分,典当可分为应急型典当、投资型典当和消费型典当三种

1. 应急型典当

应急型典当融资的目的是为了应付突发事件,如天灾人祸、生老病死等。这类当户以广大普通社会公众居多。

2. 投资型典当

投资型典当融资的目的是为了从事生产或经营,如做生意用钱、上项目调头寸等。这类当户通常是个体老板、一些中小企业。他们往往利用手中闲置的物资、设备等,从典当行押取一定量的资金,然后投入生产或经营中,将死物变成活钱,利用投融资的时间差,获得明显的经济效益。

3. 消费型典当

消费型典当融资的目的既不为应急也不为赚钱,而纯粹是为了满足某种生活消费,如出差典当些路费、旅游典当些零花钱。

(二)按照典当的对象即当物的类别不同,典当主要分为民品典当、不动产典当、机动车典当和股票典当等

1. 民品典当

民品典当的民品主要是有一定价值的金银首饰、家电产品、通信工具、家庭生活用品等。在典当时,典当行要重点审查当户的合法身份证件,当物的真假,手续是否齐全、合法,经评估确定当金及综合费用等。

2. 不动产典当

不动产典当的不动产主要是指房屋等不动财产。在不动产典当中,典当行要重点审查当

户提交的如下证件，以避免欺诈风险：房屋所有权证、土地证；房屋所有权者身份证以及委托书；户口本、结婚证（离婚需证明）；发票；购房协议书；契税完税证。

3. 机动车典当

机动车典当的当品就是各类机动车。与不动产典当一样，为了避免欺诈风险，典当行要重点审查当户提交的如下证件：发票；机动车行驶证（年检期内）；车辆购买附加费凭证；车辆有效期内保单；车辆交税证；车主身份证、私章。另外，如果是单位所有的车辆，需持单位介绍信、营业执照、法人委托书；如果是进口车辆，应提供车辆商检单、海关关税单、进口汽车准运证等相关证明。

4. 股票典当

股票由于价格的变动性，典当行需要实时监控股票和交易情况，一旦发现股票市值在约定的价格下，就提前终止合同，要求当户还款付息，然后办理解冻手续。同样，为了避免欺诈风险，典当行要重点审查当户提交的如下证件：经当户签字确认的资金账户及其对应的沪、深股东账户号；身份证复印件；必要的权属证明书。

第五节　金融衍生品市场

金融衍生品通常是指从基础资产（Underlying Assets）派生出来的金融工具。由于金融衍生品交易在资产负债表上没有相应科目，因而也称为“资产负债表外交易（简称表外交易）”。金融衍生品的共同特征是保证金交易，即只要支付一定比例的保证金就可以全额交易，不需实际上的本金转移，合约的了结一般也采用现金价差结算的方式进行，只有在满期日以实物交割的方式履约的合约才需要买方交足货款。因此，金融衍生品交易具有杠杆效应。保证金越低，效应越大，风险也就越大。国际上金融衍生品种类很多，各国在活跃的金融创新活动中接连不断地推出金融衍生品。

一、金融衍生品的类型及特点

金融衍生品又称衍生工具或衍生证券。衍生工具是和现货工具相对应的一个概念。在外汇市场、债券市场、股票市场中，交易的结果会出现本金的流动，这类交易工具称现货工具。在许多情况下，本金的流动不仅不必要，而且不受欢迎。这时就发明了衍生工具，衍生工具的交易不发生本金的流动。关于金融衍生品，至今还没有一个统一的定义。1994 年 8 月，国际互换和衍生协会（International Swaps and Derivatives Association，ISDA）在一份报告中对金融衍生品做了如下描述：“衍生品是有关互换现金流量和旨在为交易者转移风险的双边合约。合约到期时，交易者所欠对方的金额由基础商品、证券或指数的价格决定。”

随着金融创新的发展，金融衍生品经过衍生再衍生、组合再组合的螺旋式发展，现在种类已经十分繁多。按照金融工程学的观点，基本的金融衍生品包括四种：远期、期货、期权、互换。远期合约是在指定的未来时刻以确定的价格交割某物的协议。期货是一种标准化的远期合约，期货合约的交割日和交割物的数量都是由期货交易所事先固定的，期货交易只能在交易所进行，并实行保证金制度。期权是一份选择权的合约，在此合约中，立权人授给期权的买方在规定的时间内以事先确定的价格从卖方处购买或卖给卖方一定商品的权利而不是义务。互换是交易双方达成的定期交换支付的一项协议，交换支付以事先确定的本金为依据，这个本金称名义本金额。每一方支付给对方的数量等于名义本金额乘以事先约定的定期支付率，双方只交换约定的支付而不是名义本金额。

金融工程是20世纪80年代末出现的一门新兴学科。它将工程思维引入金融领域，综合地运用各种工程技术方法设计、开发、实施新型的金融产品，创造性地解决各种金融问题。金融工程师把远期、期货、期权、互换作为基本工具，通过组合、分解、剥离、指数化、证券化等技术，可以创造各种各样具有不同风险—收益特征的金融衍生品。从本质上看，金融衍生品都是一系列远期合约的组合。金融衍生品一旦出现，就呈现出不同于基础商品的特点。具体归纳为：

1. 金融衍生品交易是在现时对基础工具未来可能产生的结果进行交易。交易结果要在未来时刻才能确定盈亏。

2. 金融衍生品交易的对象并不是基础工具，而是对这些基础工具在未来某种条件下处置的权利和义务，这些权利和义务以契约形式存在，构成所谓的产品。

3. 金融衍生品是对未来的交易，按照权责发生制的财务会计规则，在交易结果发生之前，交易双方的资产负债表并不反映这类交易的情况，因此，潜在的盈亏无法在财务报表中体现。

4. 金融衍生品是一种现金运作的替代物，如果有足够的现金，任何衍生品的经济功能都可以通过运用现金交易来实现。

5. 从理论上讲，金融衍生品可以有无数种具体形式，它可以把不同现金流量特征的工具组合成新的工具，但不管组合多么复杂，基本构成元素还是远期、期货、期权和互换。

6. 由于金融衍生品交易不涉及本金，从套期保值者的角度看，减少了信用风险。

7. 金融衍生品交易可以用较少成本获取现货市场上需较多资金才能完成的结果，因此具有高杠杆性。

8. 金融衍生品独立于现实资本运动，却能给持有者带来收益，是一种收益获取权的凭证，本身没有价值，具有虚拟性。

二、金融衍生品市场的基本功能

金融衍生品市场的首要功能是规避风险，这是金融衍生品市场赖以存在和发展的基础。而防范风险的主要手段是套期保值。

金融衍生品市场的第二个功能是价格发现。金融衍生品市场集中了各方面的参加者，带来了成千上万种关于衍生品基础资产的供求信息和市场预期，通过交易所类似拍卖方式的公开竞价，形成了市场均衡价格。金融衍生品的价格形成有利于提高信息的透明度，金融衍生品市场与基础市场的高度相关性提高了整个市场的效率。

金融衍生品市场的第三个功能是套利。金融衍生品市场存在大量具有内在联系的金融产品，在通常情况下，一种产品可以通过其他产品分解组合得到。因此，相关产品的价格应该存在确定的数量关系，当某种产品的价格偏离这种数量关系时，就可以低价买进某种产品、高价卖出相关产品，从而获取利润。

金融衍生品市场的第四个功能是投机。市场上总存在一些人希望利用对特定走势的预期对未来的变化进行赌博，构造出一个原先并不存在的风险。投机者通过承担风险获取利润，只要是在透明公开的条件下进行，投机就是有利于促进市场效率的。

金融衍生品市场的第五个功能是构造组合。利用金融衍生品可以对一项特定的交易或风险暴露的特性进行重新构造，实现客户所预期的结果。

从宏观角度看，金融衍生品市场具有以下三个功能。

(一)资源配置功能

金融衍生品市场的价格发现机制有利于全社会资源的合理配置：一方面，衍生品市场近似于完全竞争市场，其价格接近于供求均衡价格，这一价格用于配置资源的效果，优于用即期信号安排下期生产和消费。所以，衍生品市场形成的价格常常成为一个国家，甚至全世界范围内的价格。另一方面，金融衍生品市场的价格是基础市场价格的预期，能反映基础市场未来预期的收益率。当基础市场预期收益率高于社会资金平均收益率时，社会资金就会向有高收益率的地方流动。

(二)降低国家风险功能

国家风险包括政治风险、经济风险、金融风险。这三种风险是密切相连的，具有极强的互动关系。1997年的东南亚金融危机，首先是出现金融风险，进而引发经济风险和政治风险。金融衍生品市场对降低国家风险具有重要作用，它首先体现在衍生品市场可以降低金融风险，提高金融体系的效率。金融衍生品市场的发展增加了金融产品的多样性，扩大了金融体系的流动性，为借款人提供了进入新市场的途径和规避风险的方法，从总体上降低了融资成本。其次，金融衍生品市场对降低国家经济风险、政治风险也有重要作用。例如，一个国家能否对其外汇储备进行套期保值，如何规避由于汇率变动造成的外债风险等，都将影响国家的经济风险。相对而言，对政治风险的影响是间接的。

(三)容纳社会游资功能

金融衍生品市场的出现为社会游资提供了一种新的投资渠道，不仅使一部分预防性货币需求转化为投资性货币需求，而且产生了新的投资性货币需求，使不断增加的社会游资在经济货币化、市场化、证券化、国际化日益提高的情况下有了容身之处，并通过参与金融衍生品市场而发挥作用。

三、金融衍生品的特征

1. 高杠杆性。金融衍生品交易可以用较少成本获取现货市场上需较多资金才能完成的结果，因此，具有高杠杆性。

2. 融资性。作为一种过渡，在市场准入后，金融衍生品市场可以作为融资渠道，因此其具有融资性。

3. 高风险性。衍生品交易由于其杠杆性而具有高风险性和信用风险的相对集中性，衍生品的虚拟性和定价复杂性使得其交易策略远复杂于现货交易，如果不恰当使用或风险管理不当则导致巨大的风险。

4. 虚拟性。金融衍生品独立于现实资本运动，却能给持有者带来收益，是一种收益获取权的凭证，本身没有价值，具有虚拟性。

四、金融期货市场

金融期货市场主要由外汇期货市场、利率期货市场和股票期货市场组成。金融期货市场的特征是：交易场所仅限于交易所；交易很少以实物交割；交易合约是标准化合约；交易每天进行结算。金融期货市场主要有两大功能：(1)转移价格风险的功能。在金融市场活动中，市场主体常面临利率、汇率和证券价格波动等风险。有了期货交易后，他们就可以利用期货多头或空头把价格风险转移出去，从而实现避险的目的。(2)价格发现功能。期货价格是所有参与期货交易的人对未来某一特定时间的现货价格的期望或预期。不论期货合约是多头还是空头，都会依据个人所持立场或所掌握的市场资讯，对过去的价格表现加以研究后，做出买卖委托。而交易所通过电脑撮合公开竞价出来的价格，就为市场对未来某一特定时间现货价格的平均看法。这就是期货市场的价格发现功能。

五、金融期权市场

金融期权是指赋予其购买者在规定期限内按双方约定的价格购买或出售一定数量某种金融资产权利的合约。对于期权的买者来说，期权合约所赋予他的只有权利，而没有任何义务。他可以在规定期限内的任何时间(美式期权)或期满日(欧式期权)行使其购买或出售标的资产的权利，也可以不行使这个权利。对期权的出售者来说，他只有履行合约的义务，而没有任何权利。按期权买者的权利划分，期权可分为看涨期权和看跌期权。凡是赋予期权买者购买标的资产权利的合约，就是看涨期权；而赋予期权买者出售标的资产权利的合约，就是看跌期权。按期权买者执行期权的时限划分，期权可分为欧式期权和美式期权。欧式期权的买者只能在期权到期日执行期权。而美式期权允许买者在期权到期前的任何时间执行期权。按照期权合约的标的资产，金融期权合约可分为利率期权、货币期权(或称外汇期权)、股价指数期权、股票期权以及金融期货期权等，而期货期权又可分为利率期货期权、外汇期货期权和股价指数期货期权三种。

六、金融互换市场

互换或称掉期，具有双重含义。在外汇市场上，它是指掉期，即双方同时进行两笔金额相等、期限不同、方向相反的外汇交易。在资金市场上，它是指互换，即双方按事先预定的条件进行一定时期的债务交换。互换交易涉及利息支付，这是它与掉期的基本区别。

从交换利息支付的角度分类，互换包括同种货币浮动利率对固定利率的互换、同种货币浮动利率对浮动利率的互换、不同货币固定利率对固定利率的互换、不同货币固定利率对浮动利率的互换、不同货币浮动利率对浮动利率的互换五种形式。从是否发生货币交换的角度分类，互换包括货币互换和利率互换两种形式。

【本章小结】

1. 证券投资基金是一种面向社会大众，通过发行基金单位，将零散的、众多的社会资金集中到一起，再由专业人员进行管理和运用，从事股票、债券等方面的组合投资，并按投资者的出资比例进行收益分配的一种组合投资制度。它体现的是投资者（委托人）与基金管理人（受托人）之间的一种委托与受托的关系。

2. 证券投资基金作为一种大众化的信托投资工具，其资金主要来源于社会大众手中的闲置资金。从出资人的情况来看，证券投资基金的出资人既可以是个人，又可以是机构。其中，机构投资者主要包括投资银行、保险公司、社会保险基金、各种基金会基金等。从资金的运用来看，证券投资基金的投资范围较为广泛，可以投资于股票、债券等有价证券，也可以投资于货币市场金融工具、外汇、衍生投资工具等领域，但它一般不涉足金融领域以外的实业投资。证券投资基金一般都具有相当大的资金规模，因此，它可以按照投资组合的方式进行分散投资，以减少投资的风险。

3. 外汇市场是指由外汇需求者和供给者及买卖的中介者组成的买卖外汇的行为、外汇交易的场所和网络。它是本国货币与外国货币相互兑换的地方，也包括两种或两种以上外国货币的相互兑换。外汇市场是一个无形的“网络式市场”，世界各地的外汇买卖者可以通过电话、电传等通信工具相互联系达成交易。由于全球各地存在时间差，当一国的外汇市场营业结束时，另一国的外汇市场还在营业或已经开市，这样就使外汇买卖可以连续24小时在全球不间断地进行。

4. 保险市场是保险商品交换的总和，包括原保险市场业务的交易、再保险市场业务的交易，以及国内保险市场和国际保险市场的业务交易活动。它既可以指固定的交易场所（如保险交易所），也可以是所有实现保险商品让渡的交换关系的总和。在保险市场上，交易的对象是保险人为消费者所面临的风险提供的各种保险保障。保险市场同其他商品市场一样，受供求规律、价值规律和竞争规律作用的影响，供求关系通过市场调节渐渐达到平衡。

5. 黄金市场是集中进行黄金买卖的交易场所。黄金交易与证券交易一样，都有一个固定的交易场所，世界各地的黄金市场就是由存在于各地的黄金交易所构成的。黄金交易所一般都设在各个国际金融中心，是国际金融市场的重要组成部分。

6. 在黄金市场上买卖的黄金的形式多种多样，主要有各种成色和重量的金条、金币、金丝和金叶等，其中最重要的是金条。大金条量重价高，是专业金商和中央银行买卖的对象；小金条量轻价低，是私人和企业买卖、收藏的对象。金价按纯金的重量计算，即以金条的重量乘以金条的成色。

7. 典当市场是典当行为发生的市场。典当是以实物质押为基础的短期贷款，是指当户将其动产、财产权利作为当物质押，或者将其房地产作为当物抵押给典当行，交付一定比例费用，取得当金，并在约定期限内支付当金利息、偿还当金、赎回当物的行为。典当行又称当铺，是专门接受抵押品而放款的金融机构的通称。

8. 金融衍生品通常是指从基础资产派生出来的金融工具。由于金融衍生品交易在资产负债表上没有相应科目，因而也称为“资产负债表外交易（简称表外交易）”。金融衍生品的共同特征是保证金交易，即只要支付一定比例的保证金就可以全额交易，不需实际上的本金转移，合约的了结一般也采用现金价差结算的方式进行，只有在到期日以实物交割的方式履约的合约才需要买方交足货款。因此，金融衍生品交易具有杠杆效应。保证金越低，效应越大，风险也就越大。

【本章思考题】

1. 简述证券投资基金的概念和作用。
2. 简述外汇市场的构成。
3. 简述保险市场的概念和作用。
4. 简述黄金市场的定义及类型。
5. 简述典当市场的概念和作用。
6. 简述金融衍生品的概念和种类。

第三篇　金融业务篇

第八章　商业银行及其主要业务

商业银行在现代金融体系中处于核心地位，是现代金融服务的中坚，与其他金融机构相比，商业银行具有特殊的重要性。它具有充当信用中介、充当支付中介、变积蓄和收入为资本、创造信用流通工具、提供多种金融服务等重要作用。

【学习目标】

学完本章，你应能够：

1. 掌握商业银行的定义及组织形式；
2. 掌握商业银行的资产业务及种类；
3. 理解掌握商业银行的负债业务及内容；
4. 了解商业银行的中间和表外业务。

第一节　商业银行概述

商业银行是以经营金融资产和负债为主要业务，以利润最大化为经营目标的多功能、综合性金融企业。在现代金融体系中，商业银行处于主导地位，金融市场中的大多数金融交易活动都直接或间接地经由商业银行进行，商业银行同时也是信用货币的创造者之一。商业银行的资产业务和负债业务关系到整个经济社会的发展，商业银行的发展水平既反映了一个国家金融业的发展水平，又促进了一个经济体整个金融业的发展。

一、商业银行地位的重要性

对影响货币运行的金融中介机构作介绍时，先从商业银行开始，这因为：第一，从历史上看，商业银行产生和成长的时间最长，是整个金融业演化的主流，其组织管理和业务经营都比较全面和成熟。因此，理解了商业银行，就不难理解和掌握其他影响货币运行的组织和机构。第二，在当今世界各国金融体系中，商业银行规模最庞大，其活动对整个金融业和社会经济的影响是其他任何金融机构难以比拟的。第三，商业银行经营业务范围广泛，综合性强，与广大的工商企业发生联系，素有“金融百货公司”之称，有别于其他多数金融组织的专业经营。第四，商业银行是唯一能够办理用支票提取活期存款业务，并提供交换和支付媒介、创造货币和信用的机构，这就把商业银行活动和中央银行货币运行以及整个社会活动紧密地联系起来。

二、商业银行的经营模式

在历史上，商业银行的演化和发展主要遵循两种形式。

第一是英国式的融通短期商业资金的形式。其特点为：放款的偿还期短、流动性高，对银行来说比较安全可靠。最典型的例证是国际贸易中的进出口押汇和国际贸易中的票据贴现与产销放款，厂商为购买储备原料及支付工资向银行借款周转，一旦产销完成，贷款就可从销售收入中得到偿还。遵循这一形式的大多是英语世界的银行家。

第二是德国式综合银行的形式。其特点为：银行不仅提供短期商业或周转资金，而且融通长期固定资本。此外，还直接投资于新兴企业，并在技术革新、地区选择、合并增资方面为企业提供咨询；换言之，并不将商业银行与投资银行严格区分，是经营一切银行业务的综合银行。

关于以上两种形式孰优孰劣，历史上存在过争议，但从近40年，特别是20世纪70年代以后的情况看，所谓英国式商业银行和德国式综合银行的区别已逐渐消失，以至于整个欧洲金融界大多采用了所谓“混业经营”的模式，即银行与保险机构、投资银行等机构业务可以相互交叉，以展开充分竞争。1997年以后，世界范围的金融改革浪潮已使美国、日本这类历来采取“分业管理”模式的国家也改弦更张，提出了采取混业经营的金融改革一揽子计划。

三、商业银行组织体制的形式

（一）分支行制度

目前世界上大多数国家的商业银行都采用这种制度，其特点为，在首都或位于经济中心的大城市设立总行，在国内或国外根据业务需要设立不同级别的分支机构，组成银行体系。

（二）单元制

目前仅存在于美国，其特点是银行业务完全由总行经营，不设任何分支机构，每家银行都必须注册。赞同分支行制的人认为，分支行制有利于吸收更多资金，实现大规模经营的效益，资金调度（包括准备金）比较方便，可以让更多的资金投入使用获得收益，有利于提高管理水平，有利于放款分散达到风险分散，较能适应大企业的资金需要，便于中央银行对信用实行调节与管理。反对分支制而赞同单元制的人则认为：分支行制容易形成垄断，易受外地经济不景气的影响，在决定业务方针等重大问题时需向总行请示，不够灵活及时。

（三）集团银行制

这一制度在美国最为流行，其特点是，由一个集团成立一家股权公司，再由该公司控制或收购两家或两家以上的银行，这种方式无疑是逃避对开设分支行种种限制的一种策略。

（四）连锁银行制

与集团银行制相似，其区别在于：连锁银行与股权公司无关，而是指两家（或两家以上）独立的以公司形式组织起来的银行，通过相互持有股份而由同一人或同一集团所控制。

除上述四种国内银行业务的基本组织体制外，近年来在国际业务中又出现了另一种流行的组织形式——财团银行，这是指不同国家的大商业银行合资成立的银行，其目的在于专门经营境外美元市场及国际资金存放业务。

第二节 商业银行的资产业务

在分业管理模式下，商业银行的基本业务就是传统的资产、负债和中间业务。

商业银行的资产业务主要是放款和证券投资。银行的收益主要来自存贷款之间的利息差额，为了偿付存款利息、各项开支以及增加盈利，银行就要通过贷款、投资等资金运用渠道，充分有效地使用资金。

一、贷款

（一）贷款的种类

根据不同的划分标准，商业银行的贷款也多种多样，具体见图 8－1。

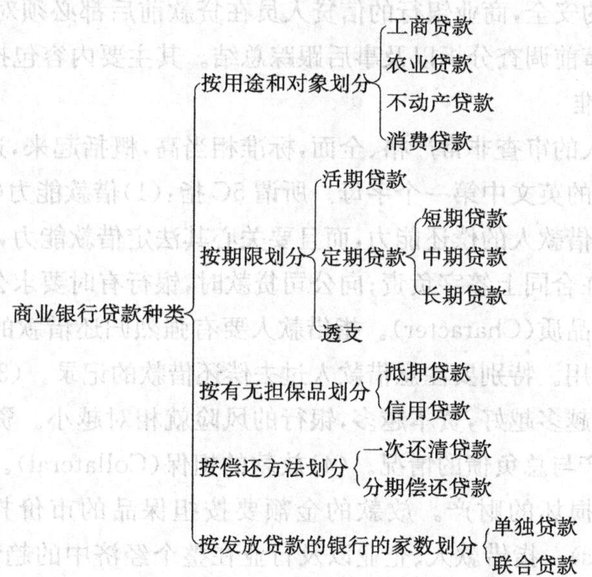

图 8－1 商业银行贷款种类

下面对图 8－1 中的部分概念做解释。

（1）活期贷款。这是一种偿还期限不固定，但银行可以随时通知借款人在一定期限内归还的贷款，故又称通知放款。此种贷款适宜于借款人短期周转使用，对银行来说，是相当灵活便利的。

（2）定期贷款。即规定偿还期限的贷款。根据偿还期限的长短，它又可以分为：短期贷款，在美国一般为 1 年期以下；中期贷款，一般为 5～7 年；长期贷款，一般高于 6 年或在 10 年以上。

(3)透支。活期存款客户账户上的资金用完时，银行同意在规定的额度内，客户可以继续签发支票，向银行暂时借用资金；而当客户的存款账户上收入资金时，可随时用来归还以前的借款。此种业务又称活存透支，或简称透支。根据有无抵押品，透支可分为信用透支(又称往来透支)和抵押透支，透支实际上是一种临时融通资金的贷款，但它又不同于一般的贷款，这表现在办理贷款的程序、手续、归还贷款以及贷款利息的计算等方面。

(4)抵押贷款。银行为了贷款的安全而要求借款人提供抵押品的贷款称作抵押贷款。在发放抵押贷款前，要注意抵押品的质量和易售性，并需要办理抵押贷款的设定手续。

(5)信用贷款。银行只凭借款人或第三者的信用而无须借款人提供抵押品所发放的贷款。信用贷款按有无保证人担保，分为有保证人的信用贷款和无保证人的信用贷款。目前银行贷款大部分属于有保证人的信用贷款。无保证人的信用贷款，银行必须对借款单位的经营财务状况有相当的了解。

(6)联合贷款。指因贷款项目巨大，一家银行无力承办或为了分散风险等目的，两家或两家以上银行共同提供的贷款。

(二)贷款原则及对借款者信用的分析和审查

商业银行的贷款原则是安全性、营利性和流动性。为了保证实现这三项原则的最佳组合，特别是为了保证贷款的安全，商业银行的信贷人员在贷款前后都必须对借款人的经营情况和信用程度进行详尽的事前调查分析以及事后跟踪总结。其主要内容包括：

1. 审查放款的标准

商业银行对借款人的审查非常严格、全面，标准相当高，概括起来，这些标准有5C、5P等，其中，C、P是有关标准的英文中第一个字母。所谓5C指：(1)借款能力(Capacity to Borrow)。银行贷款时，不仅关心借款人的偿还能力，而且要关心其法定借款能力，如对合伙企业放款，有时要求所有合伙人都在合同上签字负责；向公司贷款时，银行有时要求公司董事会通过决议授权借款。(2)借款人的品质(Character)。指借款人要有强烈归还借款的愿望，借款人要诚实、可靠、辛勤工作和讲信用。特别要注意借款人过去偿还借款的记录。(3)资本(Capital)。对银行来说，借款人的资本越多越好，资本越多，银行的风险就相对越小。资本的状况可以看借款人财务报表上的总资产与总负债的情况。(4)放款的担保(Collateral)。担保品应是易于确定价值、易于变现、不易损坏的财产。放款的金额要按担保品的市价打折扣。(5)经营情况(Condition of Business)。指借款人、企业以及行业在整个经济中的趋势，企业的管理经营水平等。

除5C标准外，还有人提出信用调查分析的5P和3F因素。所谓5P因素：(1)借款人因素(Personal Factor)，即个人的信誉、人格、能力等；(2)目的因素(Purpose Factor)，即放款有无增加生产的积极意义；(3)偿债因素(Payment Factor)，即偿还资金是否具有自偿性和如何安排最好的偿还时间；(4)债权保证因素(Protect Factor)，即放款的抵押品和收回贷款的保障措施；(5)展望因素(Prospective Factor)，即对授信的评价和对银行盈利及风险的评价。除此以外，还考虑其他经济因素，包括政局变动、景气循环、经济状况、同业竞争、劳资关系等。

2. 对企业财务报表的审查分析

主要包括：(1)应收账款分析，因为这一科目最接近于现金科目，如应收账款集中在少数大客户上，则其风险比应收账款分散在中小账户要大；在很多情况下，对应收票据、企业存款也应具体分析。如果贷款是中期或长期的，则应考虑企业的固定资产情况。(2)对负债及净值科目的分析。如果企业的应付款项大于其业务规模，该企业就得增资或向外借款。企业的长期负债——包括抵押借款、债券、票据，中期借款和一年以上的负债——以及这些负债的性质、期限、合同规定等情况都应详细审查。(3)对企业收支明细表的分析，其目的是看企业的业务经营是否稳定以及管理水平等。

二、贴现

票据持有人请求银行对其未到期的票据提前付给现金而给银行一定利息报酬的业务，称为贴现。贴现实质上是银行一种放款性的资产业务，但它又不同于普通的放款。其优越性表现在：

第一，普通放款是银行同借款人之间的借款契约关系，而贴现则为银行向客户购买未到期票据的行为。

第二，票据到期的期限一般比较短，故银行办理贴现比发放贷款收回资金时间要快，而且票据在到期前可以在市场上流通转让，随时收回资金。

第三，普通贷款的责任人仅有借款人和保证人，而票据贴现的责任人有发票人、承兑人和背书人等，故用于贴现的资金比较安全。

第四，普通贷款的利息，须到期才能收取，而贴现的利息则由银行预先扣取。如果贷款利率和贴现率相同，贴现金额和贷款金额也相等，银行办理贴现比发放贷款可以获得更多的利息收入。

贴现利息是根据贴现票据上的金额、贴现率和贴现天数三者计算出来的。贴现率可分为市场贴现率和再贴现率，市场贴现率即普通贴现率，它主要由短期的资金供求情况和利率高低等因素所决定。再贴现率又称银行率或官定率，根据各国经济和信用制度发展程度的不同，再贴率高于或者低于市场贴现率。客户向银行申请贴现的票据主要有商业承兑汇票、银行承兑汇票、商业期票以及政府债券本息票等。商业承兑汇票在贴现市场上采用比较普遍，银行承兑汇票的信用程度高，故收取的贴现率较低。银行在办理商业期票的贴现时，要注意防止融通票据混杂其中。

三、投资与证券包销

“投资”一词有多种含义。商业银行投资是指商业银行购买有价证券作为资金运用的一种途径。投资与贷款都是银行的主要资产业务，但它们之间仍有不少区别：

第一，贷款一般由借款人主动申请才由银行发放，在确定贷款条件时(利率、期限和担保品等)，决定权操纵在银行手中，而投资则是由银行买卖证券，在买卖中将会遇到来自证券交易商的竞争，故银行在投资时所处的地位不如发放贷款时有利。

第二，银行用于贷款的资金，通常要等贷款到期后才能收回，而银行投资于有价证券的资金，可以随时在公开市场出售而收回，但证券的价格要受市场供求关系的影响。

第三，银行贷款可以增加借款人在银行的派生存款，因而可以增加银行的准备金，而银行投资所支付的资金往往被提取，因而可能减少银行的准备金。

第四，为了安全起见，银行投资多半购买比较稳定的政府债券，但政府债券的利息通常比贷款利息低，因此，银行贷款的盈利通常比投资政府债券所获的盈利要多。

商业银行投资所购买的有价证券，主要指各级政府的债券、公司债券以及股票。商业银行投资的主要对象是短期国库券。银行买卖股票容易助长投机活动，故各国政府往往对银行购买股票的活动在法令上加以限制。

四、消费信贷与房地产贷款

(一)消费信贷

消费信贷是贷放给个人用来购买消费品或支付劳务费用的。在美国，现在主要发放消费信贷的，除金融机构外，还有一些商店，后者属于商业信用的范畴。金融机构中，原来以信用联合和财务公司为主要发放消费者贷款的机构，近年来由于激烈的竞争，商业银行也开始经营这项业务。

20 世纪 30 年代的商业银行是不能经营消费者贷款的。因为那时银行家们认为放款用于消费而不是用于生产，因而放款本身不会产生偿还贷款所需要的资金。以后随着经济形势的发展，一方面工业生产过剩，为了推销产品，需要办理赊销；另一方面由于广大消费者改变传统消费习惯，开始利用消费信贷，用明天的收入来购买今天的商品(也是为了逃避通货膨胀)，这样，银行就加入办理消费信贷的行列，或直接贷款给消费者或间接地以资金融通给工商业，向他们购买赊销合同。

对申请消费者贷款的人，也要进行信用分析，但对企业的信用分析有所不同。首先是考虑借款人的偿还能力，有的银行对申请贷款者的个人信用调查采取评分的办法，把调查的项目分为 10 类：(1)自有或租用住房情况；(2)在现址居住年数；(3)在现在的雇主处工作年数；(4)申请人年龄：(5)银行往来情况；(6)信用卡使用情况；(7)与财务公司往来情况；(8)工资收入；(9)每月应付的分期付款数字；(10)信用级别。

根据上述 10 项，按不同情况评分，要达到一定标准才能贷款。

(二)房地产贷款

这是一种以房地产作抵押的借款。通常购买房屋的人，自己只要有一部分款项用于购买房屋，不足的部分，可以用房屋作为抵押品借款支付。

房地产贷款也不是商业银行的传统业务。银行法最初禁止银行从事这种业务，是因为这种贷款期限长、流动性差，后来法律限制逐渐放宽，银行存款结构也变为储蓄和定期存款占较大比重，资金来源变了，银行也开始经营这项业务。

这种放款的金额大、期限长，因此对借款人的信用调查是很重要的。此外还要对房地产进行评估，这是一项技术性、业务性很强的工作，一般都由有专业经验的人来办理。房地产抵押贷款几乎都是按分期付款方式偿还的，在美国，期限最长的可达 35 年，一般以 15～25 年较多，如一次还款则期限一般不超过 5 年。

小贴士

资料卡 8-1　中国工商银行一手个人住房贷款条件

一手个人住房贷款是指贷款人向借款人发放的，用于购买房地产开发企业依法建造、销(预)售住房的贷款。

一、适用对象

一手个人住房贷款的借款人应是具有完全民事行为能力的自然人，年龄在 18(含)～65(含)周岁之间，并且具有良好的信用记录和还款意愿。

二、申请条件

申请工行一手个人住房贷款需具备以下基本条件：

1. 具有合法有效的身份证明(居民身份证、户口本或其他有效身份证明)及婚姻状况证明。

2. 具有良好的信用记录和还款意愿。

3. 具有稳定的收入来源和按时足额偿还贷款本息的能力。

4. 具有所购住房的商品房销(预)售合同或意向书。

5. 具有支付所购房屋首期购房款能力。

6. 在工行开立个人结算账户。

7. 能够提供工行认可的有效担保。

8. 工行规定的其他条件。

三、贷款额度

贷款额度最高可达到所购住房市场价值的 70%。

四、贷款期限

贷款期限最长 30 年，且借款人年龄与贷款期限之和不超过 70 年。两个(含)以上共同借款人借款的，可按照满足贷款条件中年龄较小的确定贷款期限。

五、贷款利率

贷款利率按照中国人民银行有关规定执行，可在中国人民银行公布的同期同档次基准利率的基础上，在规定的范围内浮动。

六、还款方式

个人一手住房贷款可采用以下还款方式：

1. 等额本息还款法。贷款期每月以相等的额度平均偿还贷款本息。

2. 等额本金还款法。每月等额偿还贷款本金，贷款利息随本金逐月递减。

3. 按周(双周、三周)还本付息还款法。以等额本息或等额本金还款法为基础，以 7 天或者 7 天的整倍数作为还本付息的周期，周期最短为 7 天，最长不超过 21 天(含)。

4. "随心还"还款法。在合同约定的还款期内，以等额本息法计算的还款金额作为每期最低还款额，在此基础上可随意增加还款额，实现提前还款。

5. "入住还"还款法。在购买产权房或购买与工行签订了按揭合作协议且开发商为贷款提供阶段性保证担保的期房时，可在所购房产入住之前，暂缓归还贷款本金，仅归还贷款利息。

每期还款日一般为贷款发放日次月起的每期对应日;无对应日的,还款日为该期最后一日;最后一期还款日为贷款到期日。

第三节 商业银行的负债业务

商业银行负债业务是形成商业银行主要资金来源的业务,是其最基本、最主要的业务。在商业银行的全部资金来源中90%以上来自负债。商业银行负债业务的类型主要包括资本、存款和借入负债业务。银行负债的规模和结构,决定了整个银行的经营规模和经营方向,而负债结构和成本的变化,则极大地影响着银行盈利水平和风险状况。

一、存款负债业务

根据不同的标准,存款可以划分为不同的种类,具体见图8—2。

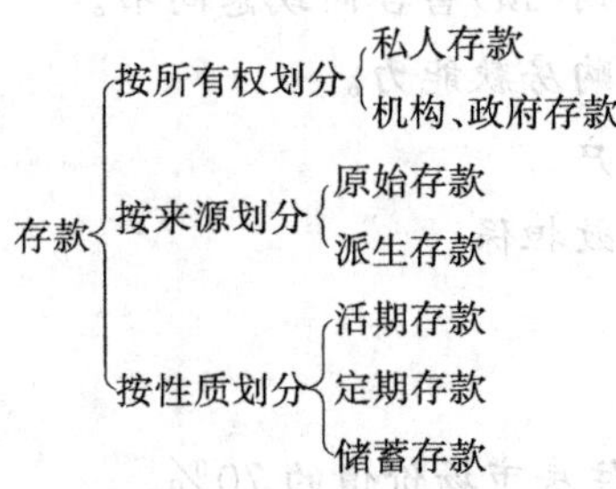

图8—2 存款的分类

上述三种分类中,最常用的是按性质分类。其内容如下:

1. 活期存款。存户可以随时到银行取款,由于存户凭支票提取存款,故又称支票活期存款。存户提取资金的支票有记名支票、不记名支票(来人支票)、普通划线支票以及保付支票等。

2. 储蓄存款。银行为了鼓励人们储蓄而吸收的一种有息的定期存款;储蓄存款的存户多半是职工、居民。其特点是:存款金额小、存期较长,一般凭存折办理存取手续。

3. 定期存款。指规定了一定期限的存款,到期前一般不能支取。但习惯上银行也往往给存户以通融,允许存户提前取款,定期存款的利率高低与期限长短呈正比。过去,定期存单是不能转让流通的,从20世纪60年代起,美国纽约的大商业银行开始发行可转让的大面额定期存单,借此来吸收国内外的闲散资本。

除上述三种存款外,还有两种存款的概念。

1. 通知存款。该种存款的存期不固定,但取款前必须通知银行,通知的期限越长,存款利率越高。

2. 同业存款。指其他银行存入本行的资金,供同业之间资金结算使用。同业存款的处理手续与活期存款基本相同。

二、商业银行的资本

资本对于商业银行非常重要。充足的资本金,既是商业银行维持业务运行、满足金融监管当局要求的资金基础,也是社会公众判断银行是否可信的依据,可以使债权人及社会公众加强对银行的信任感。

商业银行资本金的内涵不同于一般公司的资本金内涵。一般公司的资本金是根据会计学定义理解,即资本金等于资产总值减去负债总额后的净值,这个净值称所有者权益或产权资本或自由资金。按照《巴塞尔协议》的规范,商业银行资本由核心资本和附属资本所构成。"核心资本"也称一级资本,由股本金和盈余留存组成;"附属资本"也称二级资本,由未公开储备、重估准备、普通呆账准备金、带有债务性质的资本债券、长期次级债券所组成。

核心资本是银行的所有权资本,代表了银行真实的资本实力。为此,《巴塞尔协议》规定:核心资本至少应该占全部资本的50%,其余部分则判为附属资本。

(一)股本金

股本金是银行资本中最基本、最稳定的,包括普通股和优先股。普通股构成银行资本的核心部分,它不仅代表对银行的所有权,而且具有永久性质。优先股兼有普通股与债券的特点。一般而言,银行优先股持有人按固定利率取得利息,对银行清算的剩余资产的分配权优于普通股股东,但不拥有对银行经营的管理权。

(二)盈余留存

盈余也是银行资本的重要组成部分,包括资本盈余和留存盈余。资本盈余主要由投资者超缴资本和资本增值所形成。留存盈余是银行尚未动用的税后利润部分,是银行所有者权益的一个项目。留存盈余的大小主要取决于银行营利性大小、股息政策及税率等因素。

(三)债务资本

债务资本是20世纪70年代起被西方发达国家的银行广泛使用的一种外源资本。按《巴塞尔协议》的要求,这类资本被列为附属资本。债务资本所有者的求偿权排在各类银行存款所有者之后,并且其原始加权平均到期期限较长。债务资本主要有资本票据和资本债券两类。

(四)储备金

储备金是为了防止意外损失而从收益中提留的资金,包括资本准备金和放款储备金与证券投资损失准备金。储备金在应付因优先股赎回等造成的股权资本减少或因贷款坏账损失等资产损失方面起到重要作用。但储备金在银行资本中的比重不会太大,银行收益规模、股利政策及金融管理部门的管制均对这类资本进行约束,因此银行不能大量筹集该类资本。

资本项目一般在商业银行的资金来源中所占比重很少,但它是银行实力强弱的标志之一,也是银行发展经营和业务扩展的基础、前提,特别是在保护存款人利益和保持银行业务持续发展方面具有重要作用。

三、借入负债业务

虽然存款构成银行的主要资金来源,但当吸收的存款无法满足贷款和投资增长需求时,银行便需要寻求存款以外的其他资金来源。

(一)同业拆借

同业拆借指的是金融机构之间的短期资金融通,主要用于支付日常性的资金周转,它是商业银行为解决短期资金余缺、调剂法定准备金头寸而融通资金的重要渠道。同业拆借一般是短期的,如日拆或隔夜拆借,如果借贷双方同意续借,利息按日计算,利率根据市场资金供求状况而决定。同业拆借一般不需要抵押品,全凭银行信誉。

(二)中央银行借款

商业银行为满足资金需要,还可以从中央银行借款,主要有再贴现和再贷款两种方式。再贴现是指商业银行将自己办理贴现业务时所买进的未到期票据再卖给中央银行,即再次申请贴现,也称间接借款。再贷款是中央银行向商业银行提供的信用放款,也称直接借款。在市场经济发达的国家,由于商业票据和贴现业务广泛流行,再贴现就成了商业银行向中央银行借款的主要渠道;而在商业票据信用不普及的国家,则主要采取再贷款的形式。

(三)回购协议

回购协议是指商业银行在出售证券等金融资产时签订协议,约定在一定期限后按约定价格购回所卖证券,以获得即时可用资金的交易方式。回购协议最常见的交易方式有两种:一是证券卖出和购回采用相同的价格,协议到期时以约定的收益率在本金外再支付费用;二是购回证券的价格高于卖出证券时的价格,其差额就是即时资金提供者的收益。

(四)欧洲货币市场借款

除了在本国货币市场上取得借款外,商业银行还可以从国际金融市场筹资以补充银行资金的不足,最典型的就是欧洲货币市场借款。欧洲货币市场是一个不受任何国家管制与纳税限制、完全自由开放的市场,借款银行凭借其在国际金融市场中的资信取得借款,短期借款一般不签协议,无须提供担保,借款利率有固定的,也有浮动的。欧洲货币市场借款对各国的商业银行有很强的吸引力,成为银行在国际市场融资的重要渠道。

(五)发行中长期债券

发行中长期债券是指商业银行以发行人身份,通过承担债券利息的方式,直接向货币所有者举借债务的融资方式。商业银行发行的中长期债券通常称为金融债券,可分为资本性金融债券、一般性金融债券和国际金融债券。通过发行金融债券融资可以拓宽商业银行负债渠道,促进负债来源多样化,增强负债的稳定性,但是发行金融债券融资筹资成本较高,债券的流动性受市场发达程度的制约,管理当局的限制也较严格。

第四节 商业银行的中间业务和表外业务

一、商业银行的中间业务

商业银行中间业务是指商业银行不需要运用自己的资金,不列入资产负债表内,利用自身技术、信息、机构网点、资金和信誉等方面的优势,以中间人的身份为客户提供各类金融服务并收取手续费的业务。随着商业银行之间竞争的加剧,商业银行的存贷利差不断缩小,中间业务显得十分重要,成为商业银行利润的重要来源。在国外,商业银行中间业务发展得相当成熟。

美国、日本、英国等国家商业银行中间业务收入占全部收益的比重均在40%左右，美国花旗银行收入的80%来自中间业务。

(一)中间业务的特点

1. 代理性强

商业银行一般是以接受客户委托的形式开展中间业务的。在办理担保、代理等业务时，其代理性的特点更加明显。如代交交通违法罚款，商业银行只是接受交通管理局的委托代其收取的费用，商业银行不需承担风险。

2. 资产性弱

商业银行在办理中间业务时，一般不需要运用或直接运用自己的资金，同时也不构成银行自身的资产。如商业银行在开展结算业务时的重要原则就是"银行不垫付"原则。

3. 风险性低

由于商业银行中间业务是为客户提供各类金融服务并收取手续费的业务，所以中间业务的发展会为商业银行带来大量的手续费收入和佣金收入。西方发达国家商业银行中间业务收入占总收入的比重一般在40%左右。

(二)商业银行中间业务种类

商业银行中间业务主要包括结算业务、代理业务、信托业务、租赁业务、银行卡业务、信息咨询业务等。

1. 结算业务

结算业务是银行接受客户的委托，根据各种收付凭证，为客户办理各种货币收付。它是在商业银行的存款负债业务基础上产生的一种业务，客户到银行存款(尤其是活期存款)除了安全保值的目的外，很大程度上是为了利用银行在转账结算方面的便利。结算业务主要有以下几种：

(1)汇兑业务。汇兑业务是银行接受客户委托，把款项支付给异地收款人的业务。根据通知承兑行付款的方式不同，汇兑业务分为票汇、信汇和电汇三种。承汇行开出汇票，由客户寄给异地收款人，再由持票人向承兑行取款，称为票汇。承汇行以邮信方式寄送支付委托书通知承兑行付款，称为信汇。承汇行以电报或电传方式通知承兑行付款，称为电汇。

(2)信用证业务。信用证是银行应客户的要求和指示，向受益人开立的具有一定金额、在一定期限内凭规定的单据在指定地点付款的书面保证文件。信用证结算方式就是付款人根据贸易合同，请当地银行开立以收款人为受益人的信用证，银行经审核同意并收取一定保证金后即开具信用证，收款人接到信用证后履行合同，开证银行接到有关单据后付款，付款人再向开证银行付款的结算方式。银行经办信用证业务，除可从中收取手续费外，还可占用一部分客户资金。

(3)托收结算。托收结算是由债权人或销货人向银行提出委托收款申请，由银行通知债务人或购货人所在地的本行分支机构或有代理行关系的他行代收款项，委托银行收到被委托行收妥款项的通知后，即将托收款项付给委托人。根据委托人是否提交托收款的依据，托收业务有光票托收和跟单托收之分。光票托收是指委托人开立的汇票不附带货运单据。跟单托收是指委托人将附有货运单据的汇票送交托收代收款项的托收方式。目前在国内的托收结算中，有托收承付和委托收款两种方式。

(4)支票结算。支票结算是由付款人根据其在银行的存款和透支限额开出支票,交给收款人,再由收款人持票向银行提取现金或办理转账的结算方式,属同城结算方式之一。支票结算可分为现金支票和转账支票两种方式。现金支票可以提取现金,也可以办理转账。转账支票只能通过银行办理款项划拨,不能提取现金。

2. 代理业务

代理业务是指商业银行接受政府、企业单位、其他银行或金融机构,以及居民个人的委托,以代理人的身份代表委托人办理一些经双方议定的经济事务的业务。主要包括以下几种业务:

(1)代理收付款业务。这是商业银行利用自己的结算便利,接受客户的委托代为办理指定款项的收付事宜。如代理发放工资、代理收付款项、代理医疗保险业务、代理个人分期付款业务等。

(2)代理融通业务。代理融通业务又称代收账款,是指由商业银行或专业代理融通公司接受他人的委托,以代理人的身份代为收取应收账款,并为委托人提供资金融通的一种代理业务。

(3)代理买卖业务。这是指商业银行接受客户的委托,代替客户买卖有价证券、贵金属和外汇的业务。这项业务的风险较小,银行除可取得手续费收入外,还可吸收保证金存款。

(4)其他代理业务。商业银行的代理业务种类繁多,除了上述业务外,还有代理承销与兑付债券、代理清欠、代理监督、代理会计事务、代理保管、代购代销、代客理财、代办集资等。

3. 信托业务

信托业务是指商业银行作为受托人接受客户委托,代为经营、管理或处理有关受托的资财或其他事项,为信托人谋取利益的业务。银行信托按其服务对象分为个人信托和公司信托两种;按信托财产的形态,可分为实物财物财产信托、货币资金信托和无形财产信托。

4. 租赁业务

租赁业务是指商业银行作为出租人,向承租人提供某种设备(或其他物件)的使用权并收取租金的一种业务。其特点是设备的所有权与使用权分离,承租人定期缴纳租金,而在整个租赁期内拥有设备的使用权,设备的所有权仍归出租人所有。租赁期满,由出租人收回,也可作价由承租人留购。以供出租的可以是昂贵的设备,如机床、汽车、飞机、轮船、电子计算机等,也可以是耐用消费品,甚至是大型成套设备。

5. 银行卡业务

银行卡是由银行发行、供客户办理存取款业务的新型服务工具的总称,包括信用卡、支票卡、记账卡、自动出纳机卡、智能卡等。因为各种银行卡是塑料制成的,又用于存取款的转账支付,所以又称"塑料货币"。银行卡的出现是银行业务与飞速发展着的科学技术相结合的产物,它使银行业务有了崭新的面貌。

(1)信用卡。信用卡是银行或公司签发的证明持有人信誉良好,可以在指定的商店或场所进行记账消费,如购买商品、支付劳务,或在指定地点支取现金的一种信用凭证。信用卡是所有银行卡中数量最多的一种,具有"先消费,后付款"的特点。

(2)支票卡。支票卡又称支票保证卡，是供客户签发支票时证明其身份的卡片。支票卡在欧洲比较通行。支票卡同一般信用卡的区别是，支票卡只起证明作用，而无授信功能。卡片上载明客户的账号、签名和有效期。使用时客户要出示卡片，并当着收款人的面签署支票，经检验卡片在有效期内，支票的账号和签名与卡片相符，银行即可付现，也可给商店支付货款。

(3)记账卡。记账卡是一种可以在与银行电子计算机总机相连的各种终端机上使用的塑料卡。它与信用卡的不同之处在于，使用时立即借记往来或储蓄账户，而不能获得银行授信。

(4)智能卡。智能卡又称智慧卡，是一种携带方便、具有某些智能的卡片。其中一种叫灵光卡，又称记忆卡。在卡上装有一个微型集成电路，可以存储大量数据，并有计算功能，可以单独使用，不必与终端机相连。每张卡上储存一定金额，每用一次就减去所用金额，用完以后再到银行去补充金额。还有一种叫激光卡，又称光卡。这是一种运用激光技术的全息摄像卡。它把全息像与磁性记录结合起来，在其磁性记录中存入安全照片，从而还可作其他多种用途。智能卡的最大优点是保密性强、使用安全、可脱机交易，但造价较高。

6. 信息咨询业务

信息咨询业务是指商业银行运用自身积累的大量信息资源，以专业的知识、技能和经验为客户提供所需信息和多项智力服务的一种中间业务。商业银行利用其联系面广、网点多、信息灵通和先进的通信设施开展信息咨询业务，能充分利用和挖掘银行固有的资源优势，拓宽银行业务领域，增加银行收益，因而成为银行新的利润增长点。

二、商业银行的表外业务

自20世纪80年代以来，商业银行业务创新的一个重要标志就是表外业务的迅猛发展。根据巴塞尔委员会提出的判定标准，表外业务可分为广义和狭义两种。

(一)广义表外业务

广义表外业务包括所有不在资产负债表中反映的业务，它由中间业务和狭义表外业务构成。中间业务又称金融服务类业务，与狭义表外业务比较，它的特点是，只为银行带来服务性收入，而不影响表外业务的质量。

(二)狭义表外业务

狭义表外业务是指商业银行所从事的按国际会计准则不计入资产负债表，因而不影响资产负债总额，但能改变银行损益和营运资金状况的业务。狭义表外业务就是通常所说的表外业务的代表形式。

巴塞尔委员会将狭义表外业务分为以下四类：

1. 贷款承诺

贷款承诺(Loan Commitment)是银行在未来特定时期内，向客户按事先约定的条件发放一定数额贷款的诺言。承诺分为可撤销承诺(Revocable Commitment)和不可撤销承诺(Irrevocable Commitment)。可撤销承诺附有客户在取得贷款前必须履行的特定条款，一旦在银行承诺期间及实际贷款期间发生客户信用等级降低的情况，或客户没有履行特定条款，则银行可撤销该项承诺。有些可撤销承诺的协议对双方不具有法律上的约束力。不可撤销承诺则是指银行不经客户同意不得私自撤销的承诺，是有法律约束力的。

可撤销承诺包括透支、信用额度。不可撤销承诺包括商业票据用信用额度、备用信用额度、循环信用额度、相互存款协议、回购协议、票据发行便利。

2. 担保

担保是商业银行以证人和保人的身份接受客户的委托，对国内外的企业提供信用担保服务的业务。即商业银行为交易活动的双方中的某一方（委托人）对另一方出具书面担保，以保证委托人的债务或应履行的合同义务，并承担损失的赔偿责任。

担保包括银行承兑汇票、备用信用证、跟单或商业信用证、货物偿还担保、有追索权的债权转让、背书、对分支机构的财务支持。

3. 金融衍生工具

金融衍生工具是目前在西方商业银行中最为流行的表外业务。它是指以股票、债券或货币等资产的交易为基础派生出来的金融工具。它们依附于股票、债券、货币等资产的交易而存在，是从原始的证券或资产衍生而来的，其本身不能独立存在。金融衍生工具包括远期外汇合约、货币互换、货币期货、货币期权、利率互换、利率期权、利率上限和下限及利率上下限、股票指数期货和期权等。

4. 投资银行业务

投资银行业务即以前由投资银行和证券公司经营的各种业务。西方金融监管当局从20世纪70年代末陆续放松和取消对金融机构业务范围和活动领域的限制。随着金融业务的自由化，商业银行和投资银行以及其他金融机构之间的业务分工和界限变得越来越模糊不清。商业银行目前承担了许多投资银行业务。

投资银行业务包括证券包销、证券代理和分销、证券做市等。

【本章小结】

1. 商业银行是以经营金融资产和负债为主要业务，以利润最大化为经营目标的多功能、综合性金融企业。在现代金融体系中，商业银行处于主导地位，金融市场中的大多数金融交易活动都直接或间接地经由商业银行进行，商业银行同时也是信用货币的创造者之一。商业银行的资产业务和负债业务关系到整个经济社会的发展，商业银行的发展水平既反映了一个国家金融业的发展水平，又促进了一个经济体整个金融业的发展。

2. 商业银行的资产业务主要是放款和证券投资。银行的收益主要来自存贷款之间的利息差额，为了偿付存款利息、各项开支以及增加盈利，银行就要通过贷款、投资等资金运用渠道，充分有效地使用资金。

3. 商业银行负债业务是形成商业银行主要资金来源的业务，是其最基本、最主要的业务。在商业银行的全部资金来源中90%以上来自负债。商业银行的负债业务的类型主要包括资本、存款和借入负债业务。银行负债的规模和结构决定了整个银行的经营规模和经营方向，而负债结构和成本的变化则极大地影响着银行盈利水平和风险状况。

4. 商业银行中间业务是指商业银行不需要运用自己的资金，不列入资产负债表内，利用自身技术、信息、机构网点、资金和信誉等方面的优势，以中间人的身份为客户提供各类金融服务并收取手续费的业务。随着商业银行之间竞争的加剧，商业银行的存贷利差不断缩小，中间业务显得十分重要，成为商业银行利润的重要来源。在国外，商业银行的中间业务发展得相当成熟。美国、日本、英国等国家的商业银行中间业务收入占全部收益的比重均在40%左右，美国花旗银行收入的80%来自中间业务。

5. 商业银行的表外业务根据巴塞尔委员会提出的判定标准，可分为广义和狭义两种。广义表外业务包括所有不在资产负债表中反映的业务，它由中间业务和狭义表外业务构成。中间业务又称金融服务类业务，与狭义表外业务比较，它的特点是，只为银行带来服务性收入，而不影响表外业务的质量。狭义的表外业务是指商业银行所从事的按国际会计准则不计入资产负债表内因而不影响资产负债总额但能改变银行损益和营运资金状况的业务。狭义表外业务就是通常所说的表外业务的代表形式。

【本章思考题】

1. 简述商业银行的概念和组织形式。
2. 简述商业银行的资产业务及其种类。
3. 简述商业银行的负债业务及其内容。
4. 简述商业银行的中间业务和表外业务的内容。

第九章 中央银行及其主要业务

目前世界上大多数国家的金融体系中，均设有中央银行。中央银行身处一国金融体系的核心地位，作为领导与管理全国货币和金融业务的首领机构，它代表国家发行通货、制定和执行货币金融政策、处理国际性金融事务、对金融体系实施监管。1694 年成立的英格兰银行被人们称为近代中央银行的鼻祖。

【学习目标】

学完本章，你应能够：

1. 掌握中央银行的定义及职能；
2. 掌握中央银行的业务原则；
3. 理解中央银行的资产业务；
4. 理解中央银行的负债业务；
5. 了解中央银行的中间业务。

第一节 中央银行的职能及业务原则

中央银行是一国金融体系的核心，通过实施货币政策和金融监管，在稳定一国金融体系和调控国民经济活动等方面发挥着重要的作用。因此，目前世界主要国家除极少数特殊情况外，都设有中央银行或类似于中央银行的金融管理机构。

一、中央银行的职能

（一）中央银行是"发行的银行"

中央银行是"发行的银行"，是指国家赋予中央银行集中与垄断货币发行的特权，中央银行是国家唯一的货币发行机构（在有些国家，硬辅币的铸造与发行由财政部门负责）。这是中央银行最基本、最重要的标志，也是中央银行发挥其全部职能的基础。几乎在所有国家，垄断货币发行权都是与中央银行的产生和发展直接相连的。在商业银行逐步演变为中央银行的进程中，货币发行权的独占或垄断是其性质发生质变的根本标志。而从国家直接设立的中央银行看，垄断货币发行权是国家赋予的最重要的特权之一，是所有授权中首要也是最基本的特权。一部中央银行史，首先是一部货币发行权逐渐集中、垄断和独占的历史。

（二）中央银行是“银行的银行”

中央银行是“银行的银行”，是指中央银行一般不与工商企业和个人发生直接的信用关系，而主要是与商业银行和其他金融机构发生业务往来，并且其业务活动仍然具有银行固有的办理存款、贷款业务的特征，为商业银行和其他金融机构提供支持、服务。这一职能也是由中央银行的性质所决定的。一方面，中央银行是特殊的金融机构，并且垄断了货币发行权，因而成为商业银行资金的最后来源；另一方面，中央银行是特殊的行政机构，受国家委托，对商业银行和其他金融机构的业务活动进行监督和管理，以维护整个金融业的安全。

（三）中央银行是“政府的银行”

中央银行是“政府的银行”，是指中央银行根据国家法律授权制定实施货币政策，负有保持货币币值稳定和保障金融业稳健运行的责任，并且为政府代理国库，办理政府所需的银行业务，提供各种金融服务。此外，许多国家中央银行的主要负责人由政府任命，绝大多数国家中央银行的资本金为国家所有或由国家控制股份，有些国家的中央银行本身就是政府的组成部门。

二、中央银行的业务原则

（一）中央银行不经营一般的银行业务

中央银行作为银行的银行，不与一般企业发生业务往来，只与商业银行发生业务关系。具体表现为：(1)中央银行是商业银行的现金准备中心；(2)中央银行是商业银行票据的结算中心；(3)中央银行对商业银行提供信贷。

（二）不以营利为目的

中央银行在金融体系中居于领导地位，它虽然与商业银行或非银行金融机构发生业务，但其业务经营的目标不是为了营利，而是为了实现特定的社会经济目标，如防止通货膨胀、促进经济增长、保障充分就业、平衡国际收支等。

（三）不支付存款利息

中央银行的存款主要是财政存款、准备金存款和往来户存款。财政存款是中央银行代理国家金库，属于保管性质；准备金存款和往来户存款是中央银行集中存款准备，属于调节和服务性质，不以营利为目的，所以不支付利息。我国中央银行为了加强资金管理，对准备金存款和往来户存款支付较低的利息。

（四）业务活动公开化

中央银行为了达到宏观调控的目的，使社会各界了解其所制定的金融政策和经营方针等，必须定期向社会公布其资产负债情况和业务状况，并提供有关统计资料。

（五）资产具有较大流动性

中央银行为了使资金能够灵活调度、及时运用，必须保持自身资产具有较大的流动性，其业务活动基本是贴现、再贷款等短期性资产业务，而不易于投放长期性资产。另外，中央银行的业务活动也有严格的限制，如不得从事不动产抵押放款、不得从事不动产买卖业务等。

资料卡 9−1 一些国家(地区)中央银行情况

1. 美国联邦储备系统

美国联邦储备系统(Federal Reserve System, FED)简称美联储,成立于1913年,负责履行美国的中央银行职责。这个系统主要由联邦储备委员会、联邦储备银行及联邦公开市场委员会等组成。每月,美联储货币政策委员会都会召开货币政策会议,对当前和未来的经济形势做出评估,随即决定采用什么方式来配合经济增长或延缓经济的下滑,包括利率水平的决定。由于美国经济在世界上的领导地位,美联储对国内和国际经济的看法及政策都显得非常重要,对外汇市场通常有较大的影响,尤其是对利率水平的决定,2005年美联储连续加息,美元大幅上涨就是一个很好的例子。

2. 欧洲央行

欧洲央行(European Central Bank, ECB)成立于1998年7月1日,是欧洲经济一体化的产物。欧洲央行的职能是"维护货币的稳定",管理主导利率、货币的储备和发行以及制定欧洲货币政策,每两周召开一次会议(不过隔一次才讨论利率),而且欧洲央行在每次利率会后都会由主席立即召开新闻发布会,解释会上决策的缘由,依据经验,通常主席讲话对市场的影响要比利率决定本身大。应该说,欧洲央行是独立于欧盟机构和各国政府的,具有相当大的独立性,不过欧共体国家众多,利益分歧大,欧洲央行的一些决定多少还是会受到一些影响,相对于美联储,其政策对外汇市场的影响力要小一些。

3. 英国央行

英国根据《1998年英格兰银行法》,成立英格兰银行货币政策委员会,负责制定货币政策。货币政策委员会是相对独立的机构。英格兰银行货币政策委员会每月举行一次会议。每季度发布通货膨胀报告及相关预测,主要内容是回顾该季度做出的货币政策决策,公布货币政策委员会对通货膨胀的最新预测,该报告通常会给市场带来一定的影响。

4. 日本央行

日本银行政策委员会成立于1949年,负责日本银行货币政策的决策,其成员为9人。

政策委员会每月召开一次会议,并且只有在2/3的成员出席的情况下才能开会投票。而在外汇市场上日本央行对汇市的干预是全球闻名的,而且干预手段高明、效果明显。对于喜欢操作日元的投资者来说,日本央行的动态需重点关注。

第二节 中央银行的资产业务

一、再贴现和再贷款业务

(一)再贴现业务

中央银行的再贴现业务是指中央银行按照一定的再贴现率,买进商业银行已贴现未到期的商业票据的行为。全国商业银行缴存在中央银行的存款准备金,构成中央银行吸收存款的主要部分。当商业银行资金短缺时,可从中央银行取得借款。其方式是把工商企业贴现的票据向中央银行办理再贴现,或以票据或有价证券作为抵押向中央银行借款。意大利银行再贴现的额度相当于商业银行负债额的3%~5%。德意志联邦银行对金融机构发放的抵押放款期限最长为3个月。

小贴士

资料卡9-2 我国再贴现政策的主要功能

我国的贴现、再贴现业务从1981年开始试办,经历了从试点、推广到规范发展等几个阶段,业务规模不断扩大,调控机制逐步完善,已成为中央银行的一项重要货币政策工具。

再贴现政策宏观调控作用的发挥具有间接性、导向性等特点。从我国再贴现业务运行过程来看,再贴现政策具有以下五个功能:

一是融资功能。这是再贴现最直接、最原始的功能。金融机构通过向中央银行办理再贴现,可以实现其融通资金的目的。这一功能与中央银行的再贷款具有形式上的相通性,但在本质上是有根本区别的,在实现依据上也是不同的。再贷款只是中央银行的一种金融直接调控手段,而再贴现则是一种重要的货币政策工具。再贷款主要是解决金融机构的临时头寸不足。自1994年中央银行对国有商业银行的再贷款进行划转以后,这一形式已呈逐步减少趋势。而再贴现的主要依据是已贴现的商业票据。随着我国票据市场的不断发展和完善,再贴现的作用范围和所取得的效果正呈逐步加强的态势。

二是货币政策告示功能。再贴现政策具有明显的"告示效应",能够在很大程度上影响社会公众的心理,产生心理预期。因为再贴现政策的核心是调整再贴现率。中央银行一旦调整再贴现率,实际上就是向商业银行和社会公众公布其货币政策的取向,从而改变商业银行的信用量,使货币供应量发生变化,进而影响市场利率的升降。提高再贴现率,表明中央银行将采取紧缩的货币政策,其结果将使商业银行限制放款,企业单位减少借款和开支;而降低再贴现率,则表明中央银行将采取松动的货币政策,这就会使商业银行放松贷款,扩大社会信用规模。这些都会影响市场利率的变化,并导致经济行为的变化。

三是宏观间接调控功能。再贴现货币政策是直接适应金融宏观调控由直接调控向间接调控转变而在金融体制改革中形成和发展的。与国家信贷计划、法定存款准备金率、中央银行贷款利率政策等货币政策工具调控手段的作用和效果单一性相比,再贴现政策的作用具有基础性和综合性的特点,能实现货币供应量控制和利率水平调节的统一。一方面,中央银行可以控制再贴现总量,同时又可适时调节再贴现率,产生控制货币供应总量和调节利率水平的双重效应。另一方面,中央银行通过调整再贴现率,促使金融机构紧缩或扩张信贷,最终影响市场利率水平,使其发生变化。

四是商业信用票据化的激励功能。从一定意义上可以说,这一功能是我国再贴现政策的特殊功能。发达的票据市场是再贴现政策的基础,但科学的再贴现政策对票据市场的发育又具有逆向激励作用。中央银行通过开办再贴现业务,提供最终信用,使金融机构能够通过再贴现随时取得资金而提高办理票据贴现的积极性;票据贴现市场的发展,又会激励企业经营活动的票据化。

五是加速资金周转,提高银行信贷资产质量功能。当前,解决我国银行信贷资产普遍较低、不良资产比重较大的一个重要措施,就是按照市场经济的要求,建立银企之间真正的借贷关系,扩大贴现与再贴现的比重。因为一方面,贴现与再贴现是建立在真实的商品交易的合法票据基础上的,这样就把银行信贷资金的发放、收回与商业销售、贷款的回收紧密结合起来,从而为保证信贷资金的正常周转、提高信贷资金质量打下了基础;另一方面,按我国规定,贴现一般为4个月,同银行其他贷款相比,再贴现期限明显较短,这样就可减少信贷资金占用,提高信贷资产使用效率。中央银行对商业银行的再贷款也会因实行再贴现而大大减少。由此可见,再贴现政策具有明显的加速资金周转、提高信贷资产质量的功能。

(二)再贷款业务

中央银行贷款业务主要有以下几类:(1)对商业银行和非银行金融机构的贷款,主要是为了解决金融机构短期资金周转的困难;(2)对财政的贷款,是为了解决财政收支困难;(3)其他放款,包括对外国银行和国际金融机构的贷款以及对国内工商企业少量的直接贷款等。

二、证券业务

证券业务是指中央银行在金融市场上买卖有价证券的业务,是中央银行执行货币政策的重要手段,又称公开市场业务。中央银行在公开市场上买卖的有价证券一般是政府债券、国库券及流通性非常高的有价证券。中央银行在公开市场上买卖有价证券不是为了进行证券投资,而是为了维护金融市场的稳定,调节货币流通。在需要紧缩银根时,卖出中央银行持有的有价证券,回笼货币;在需要扩张信用规模时,则在公开市场上买入所需要的有价证券,发放货币。

三、黄金与外汇储备业务

中央银行担负着为国家管理外汇和黄金储备的责任,而黄金与外汇储备是中央银行重要的资产,对外可发展对外经济关系,对内可保持国内货币流通。截至2014年底,我国的外汇储备余额为3.84万亿美元。

第三节 中央银行的负债业务

中央银行的负债业务主要包括货币发行、代理国库及集中存款准备金等。

一、货币发行

当今世界各国中央银行均享有垄断货币发行的特权,货币发行业务是中央银行独有的负债业务。

中央银行的货币通过再贴现、贷款、购买证券、收购金银与外汇等方式投入市场,形成流通中的货币,以满足国民经济发展对流通手段和支付手段的需要,促进商品生产的发展和商品流通的扩大。但是投入市场的每张货币都是中央银行对社会公众的负债,而现代中央银行对所发行的货币并不承担兑现义务。因此，这种负债在一般情况下，事实上成为长期的无需清偿的债务。

中央银行所发行的货币主要是银行券，即信用货币，此外还有一小部分为现钞纸币和用作辅币的金属铸币。这些货币之所以能流通，主要原因有两点：一是这些货币信用能力高，中央银行的支付能力、清偿能力是商业银行不可比拟的；二是国家行政力量的维护，国家强制人们接受这些支付与流通工具。

我国人民币的具体发行是由中国人民银行设置的发行基金保管库（简称发行库）来办理的。所谓发行基金，是指中国人民银行保管的已印好而尚未进入流通的人民币票券。发行库在中国人民银行总行设总库，下设分库、支库。各商业银行对外营业的基层行、处设立业务库。业务库保存的是银行办理日常收付业务的备用金。为避免业务库过多存放现金，通常由上级中国人民银行为业务库核定库存限额。

人民币发行的具体操作程序是：当商业银行基层行、处现金不足以支付时，可以开出支票，到当地中国人民银行在其存款账户余额内提取现金。于是，人民币从发行库转移到商业银行基层行、处的业务库，意味着这部分人民币进入流通领域。当商业银行基层行、处收入的现金超过其业务时，超过的部分应主动送交中国人民银行，该部分人民币进入发行库，意味着退出流通领域。中国人民银行人民币（钞票）发行程序如图 9—1 所示。

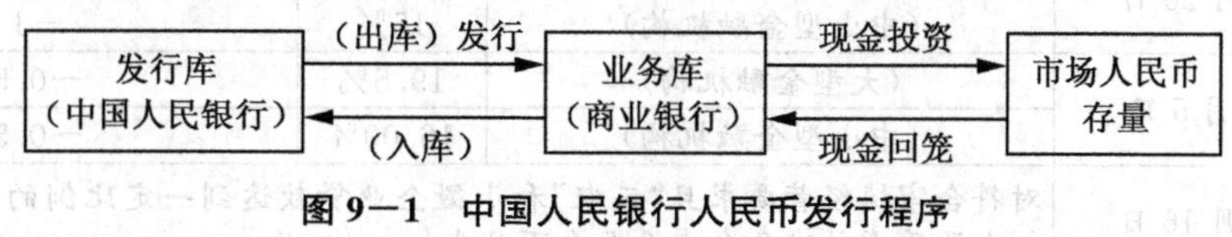

图 9—1 中国人民银行人民币发行程序

二、代理国库

中央银行作为政府的银行，一般都由政府赋予代理国库的职责，国家财政的收入与支出都由中央银行代理。由于财政支出一般总要集中到一定的数量再拨付使用，且一般使用单位也是逐渐使用的，因此，收支之间总存在一定的时间差，收大于支的数量形成了一个可观的余额。同时那些依靠国家拨给行政经费的行政事业单位的存款，也都由中央银行办理。这样，金库存款、行政事业单位存款就构成了中央银行的重要资金来源。

三、集中存款准备金

集中存款准备金是中央银行制度形成的重要原因之一。存款准备金本来是各商业银行和其他金融机构为了应付客户随时提现，在其所吸收的存款中按照一定的比例提取的现款。这部分现款一开始是由各商业银行和其他金融机构分散保存的。在正常情况下，每家金融机构所保存的这些现款，数量显得较多，出现了资金的闲置，这与其追求最大盈利的初衷是相悖的。但在非正常的情况下，例如客户集中提现，保存再多的现款也显得不足。这样一来，由中央银行把各商业银行和其他金融机构分散保存的准备金集中起来就显得很有必要，这既可以在一定程度上节省准备金的数量，又可以在特殊的情况下满足客户挤提存款的需要，从而保证了银行业的清偿能力和金融业的稳定。

小贴士

资料卡 9—3 我国存款准备金的调整

中国人民银行决定,自 2015 年 4 月 20 日起下调各类存款类金融机构人民币存款准备金率 1 个百分点。在此基础上,为进一步增强金融机构支持结构调整的能力,加大对小微企业、"三农"以及重大水利工程建设等的支持力度,自 4 月 20 日起对农信社、村镇银行等农村金融机构额外降低人民币存款准备金率 1 个百分点,并统一下调农村合作银行存款准备金率至农信社水平;对中国农业发展银行额外降低人民币存款准备金率 2 个百分点;对符合审慎经营要求且"三农"或小微企业贷款达到一定比例的国有银行和股份制商业银行,可执行较同类机构法定水平低 0.5 个百分点的存款准备金率。

这也是自 2008 年以后,央行再次将存款准备金率下调 1 个百分点。

2012 年以来我国存款准备金率的调整见表 9—1。

表 9—1 存款准备金率历次调整一览

时间	调整前	调整后	调整幅度(单位:百分点)
2015 年 4 月 20 日	(大型金融机构)	18.5%	−1
	(中小型金融机构)	15%	−1
2015 年 2 月 5 日	(大型金融机构)	19.5%	−0.5
	(中小型金融机构)	16.00%	−0.5
2014 年 6 月 16 日	对符合审慎经营要求且"三农"和小微企业贷款达到一定比例的商业银行,下调人民币存款准备金率 0.5 个百分点。		
2014 年 4 月 25 日	下调县域农村商业银行存款准备金率 2 个百分点,下调县域农村合作银行人民币存款准备金率 0.5 个百分点。		
2012 年 7 月 18 日	(大型金融机构)20.50%	17.00%	−0.5
	(中小型金融机构)16.50%	16.00%	−0.5
2012 年 2 月 24 日	(大型金融机构)21.00%	20.50%	−0.5
	(中小型金融机构)17.50%	17.00%	−0.5

第四节 中央银行的中间业务

中央银行的中间业务主要是对各商业银行在中央银行的资金进行划拨和清算。由于各商业银行都有法定存款准备金存在中央银行,并在中央银行设有活期存款账户。这样就可以通过存款账户,在全国范围内划拨、清算银行之间的债权债务关系。中央银行的清算业务大体可分为两项。

一、集中票据交换和资金清算

这项业务是通过票据交换所进行的。票据交换所是同一城市内银行间清算各自应收应付票据款项的场所。票据交换所一般每天交换两次或三次,根据实际需要而定。所有银行间的应收应付款项，都可相互轧抵，之后收付其差额。各行交换应收应付差额后，即可通过在中央银行开设的往来存款账户，进行转账收付，不必收付现金。

二、办理异地资金转移

各城市、各地区间的资金往来，通过银行汇票传递，汇进汇出，最后形成异地间的资金划拨问题。这种异地间的资金划拨，必须通过中央银行统一办理。办理异地资金转移，各国的清算办法有很大不同，一般有两种类型：一是先由各金融机构内部自成联行系统，最后各金融机构的总管理处通过中央银行总行办理转账结算；二是将异地票据统一集中送到中央银行总行办理轧差转账。

目前各国做法不一，英国以伦敦为全国清算中心；美国各联邦储备银行代收外埠支票，并以华盛顿为全国最后结算中心；德国、法国则利用遍布全国的中央银行机构，建立转账账户，为银行界服务。

【本章小结】

1. 中央银行是一国金融体系的核心，通过实施货币政策和金融监管，在稳定一国金融体系和调控国民经济活动等方面发挥着重要的作用。中央银行作为政府的银行，一般都由政府赋予代理国库的职责，国家财政的收入与支出都由中央银行代理。

2. 中央银行的资产业务主要是再贴现和再贷款业务。再贴现业务是指中央银行按照一定的再贴现率，买进商业银行已贴现未到期的商业票据的行为。全国商业银行缴存在中央银行的存款准备金，构成中央银行吸收存款的主要部分。证券业务是指中央银行在金融市场上买卖有价证券的业务，是中央银行执行货币政策的重要手段，又称公开市场业务。中央银行担负着为国家管理外汇和黄金储备的责任，而黄金与外汇储备是中央银行重要的资产，对外可发展对外经济关系，对内可保持国内货币流通。

3. 中央银行的中间业务主要是对各商业银行在中央银行的资金进行划拨和清算。中央银行的负债业务主要包括货币发行、代理国库及集中存款准备金等。中央银行的货币是通过再贴现、贷款、购买证券、收购金银与外汇等方式投入市场，形成流通中的货币，以满足国民经济发展对流通手段和支付手段的需要，促进商品生产的发展和商品流通的扩大。但是，投入市场的每张货币都是中央银行对社会公众的负债，而现代中央银行对所发行的货币并不承担兑现义务。因此，这种负债在一般情况下，事实上成为长期的无需清偿的债务。

【本章思考题】

1. 简述中央银行的定义及其经营原则。
2. 简述中央银行资产业务的主要内容。
3. 简述中央银行负债业务的主要内容。

第十章　政策性银行及其主要业务

作为国家重要金融工具的政策性银行，在我国已经有10多年运营的历史。各大政策性银行为中国的经济发展和金融改革做出了不可否认和无可替代的贡献。政策性银行在我国社会经济生活中发挥着独特而重要的作用，构成我国金融体系两翼中的一部分。

【学习目标】

学完本章，你应能够：

1. 掌握政策性银行的负债业务；
2. 掌握政策性银行的资产业务。

第一节　政策性银行的负债业务

政策性银行作为政府的金融机构，有着既区别于中央银行，又区别于商业银行的特殊的资产、负债业务。

一、政策性银行经营的原则

政策性银行作为直接办理金融业务的政府金融机构，它的经营原则不同于商业银行，具有能够呈现自身特征的经营原则。它要贯彻政府的政策意图，这就决定了它必须坚持政策性原则，而它以银行的形式存在，是特殊的金融企业，这又决定了它必须贯彻安全性和效益性原则，即“让小利取大利”。所谓“小利”，是指政策性银行自身的财务效应；所谓“大利”，是指国家长远利益和全局利益。政策性银行只有坚持这种经营方针，才能履行自己的职责，完成自己所担负的任务。

（一）政策性原则

政策性原则是指政策性银行在一切经营活动中，以国家政策为导向，服务和服从于国家的各项方针政策，坚持为经济发展服务的原则。政策性原则是政策性银行经营管理的前提，但不意味着政策性银行只是被动地为政策项目提供资金，而是要积极参与项目决策，使国家的信贷政策与产业政策相互衔接。

（二）安全性原则

安全性原则是指政策性银行在经营活动中要规避各种风险，避免资产损失，保证资金的安全，顺利收回本金和利息的原则。虽然政策性银行与商业银行在经营目标上不相同，但二者在注重资产经营安全上是一致的。政策性银行作为特殊金融企业，一方面承担的是商业银行不愿支持的低盈利业务或弱质产业；另一方面还要受政府管理，有时还会受地方政府的行政干预。因此，政策性银行在经营中更需遵循安全性原则，要正确地识别风险、度量风险和规避风险，保证资产的安全。

（三）效益性原则

效益性原则是指政策性银行在业务经营活动中，既要追求社会效益，又要取得经济效益，实现保本经营的原则。由于政策性银行的业务主要是给有关国家产业政策和区域经济政策的项目进行贷款或投资，不以盈利为主要目的，但不等于不讲经济核算，不求经济效益。政策性银行既然是银行，就应该按照银行效益性原则来运行，否则政策性银行就失去了生存的基础和发展的条件。

二、政策性银行的负债业务

政策性银行的负债业务受其性质影响，具有低费用甚至无须偿还的特征，而且是期限较长、规模较大的资金。这种特征要求基本决定了政策性银行资金来源的主要渠道及方式。一般来说，政策性银行通常有以下几种负债业务，即取得政府供给资金、与社会保障体系及邮政储蓄银行合作、金融市场融资和国际融资等。

（一）政府供给资金

政策性银行是由政府创立和倡导的，因此政府供给的资金是政策性银行的启动资金和重要资金来源，形成政策性银行的资本金或最初创始资金。有的政策性银行的资本金是由政府全额拨付的，有的虽然是部分拨付，但也占相当比重。这充分表明了政府对政策性银行所具有的金融出资人的地位。政府供给资金的方式主要有无偿拨付和有偿借入两种。此外，还包括一些专项资金划拨和对政策性经营亏损的补贴或贴息。

（二）与社会保障体系及邮政储蓄银行合作

与社会保障体系合作主要是指向社会保险系统、养老基金或退休基金、医疗基金、就业基金、住房公积金借款。社会保险系统、养老基金、退休基金、医疗基金、就业基金、住房公积金等，大多是在政府的倡导和推进下形成的，甚至带有政府或立法强制建立的成分，有的还具有政府资金的性质，这些机构资金吸收费用较低，而且量大集中，所以在保证本身正常运用的前提下，其沉淀的余额部分最适合作为政策性银行的负债。

2007年3月6日，中国邮政储蓄银行有限责任公司成立。2006年以来银监会不断督促指导政策性银行、邮政储蓄机构认真贯彻国家宏观调控政策，积极引导政策性银行和邮政储蓄机构在对农村地区业务拓展上的合作。邮政储蓄银行和政策性银行均改由财政部主管，邮政储蓄的财政化定位可以校正全社会资金异动，使政策性银行取得稳定的信贷资金来源。邮政储蓄吸收的存款可以采取内部定价方式转给政策性银行。协议存款业务方面，邮政储蓄银行突出加强与全国性商业银行和区域性金融机构的合作，积极扩大开展与政策性银行的业务往来，为政策性银行的资金来源提供保障。同时，邮政储蓄银行也是政策性银行债券承销团的主要成员，成为政策性银行债券融资的重要合作伙伴。

（三）金融市场融资

政策性银行在金融市场筹集资金，即向国内金融市场发行债券和向商业银行等金融机构借款。

在国内金融市场发行债券，是政策性银行在金融市场筹资的主要方式。其方式除一般地向社会公众募集以外，还可以采取定向筹集的方式，即向商业银行和其他融资机构发行金融债券。我国目前即采取这种做法。这也是政策性银行向商业银行等融资机构借款的主要方式。

金融市场融资与向社会保障体系及邮政储蓄银行借款相比，筹资成本较高，与政府供给资金则更无法相比，因此，这种融资原则上应在政策性银行负债中居于次要地位。但由于各国经济、金融体制的差异，市场发达程度不同，因而无法绝对地确定各项负债在总资产中的主次轻重。

（四）国际融资

国际融资也是政策性银行的负债之一。政策性银行从国际上融资包括在国际金融市场发行金融债券和从国际金融机构取得借款。国际金融机构借贷中既包括从全球性国际金融机构（世界银行）借款，又包括从区域性国际金融机构（如亚洲开发银行等机构）借款，还可以向外国政府借款。

小贴士

资料卡 10－1　我国主要的政策性银行

为适应经济发展需要以及贯彻把政策性金融与商业性金融相分离的原则，1994 年，我国组建了三家政策性银行，即国家开发银行、中国进出口银行和中国农业发展银行，均直属国务院领导。政策性金融的建立是为了协调政府与市场在金融资源配置中的关系，提高整体金融运行效率。

2008 年国家开发银行率先进行了市场化改革，转为国家开发银行股份有限公司，成为第一家由政策性银行转型而来的商业银行，标志着我国政策性银行改革取得重大进展。

2015 年 4 月 12 日，国务院正式批复国家开发银行、中国进出口银行、中国农业发展银行三家政策性银行的改革方案，要求三家机构认真组织实施。

国家开发银行坚持开发性金融机构定位。适应市场化、国际化新形势，充分利用服务国家战略、依托信用支持、市场运作、保本微利的优势，进一步完善开发性金融运作模式，积极发挥在稳增长、调结构等方面的重要作用，加大对重点领域和薄弱环节的支持力度。通过深化改革，合理界定业务范围，不断完善组织架构和治理结构，明确资金来源支持政策，合理补充资本金，强化资本约束机制，加强内部管控和外部监管，将国家开发银行建设成为资本充足、治理规范、内控严密、运营安全、服务优质、资产优良的开发性金融机构。

中国进出口银行改革要强化政策性职能定位。坚持以政策性业务为主体，合理界定业务范围，明确风险补偿机制，提升资本实力，建立资本充足率约束机制，强化内部管控和外部监管，建立规范的治理结构和决策机制，充分发挥在稳增长、调结构、支持外贸发展、实施“走出去”战略中的功能和作用。

中国农业发展银行要坚持以政策性业务为主体，通过对政策性业务和自营性业务实施分账管理、分类核算，明确责任和风险补偿机制，确立以资本充足率为核心的约束机制，建立规范的治理结构和决策机制，把中国农业发展银行建设成为具备可持续发展能力的农业政策性银行。

公开信息显示，截至2014年年底，国家开发银行资产总额突破10万亿元，全年实现净利润884亿元，年末不良贷款率0.63%，连续39个季度保持在1%以内。

2014年，中国进出口银行全年签约贷款9 946亿元，发放贷款9 210亿元，共支持了4 324亿美元的产品进出口和“走出去”项目。2014年末，表内外资产总额2.47万亿元。

截至2014年末，中国农业发展银行人民币各项贷款余额28 303亿元，比年初增长13.2%，确保了粮棉油收储的顺利进行，重点支持了农业农村基础设施建设项目；全年发行金融债券6 600亿元，各项存款较年初增加1 150亿元，资金自给率90.2%，较年初提高1个百分点。

第二节 政策性银行的资产业务

政策性银行的资产业务是指政策性银行用于资金的业务，包括贷款业务、投资业务和担保业务。政策性银行代表的是政府利益，自身利益摆在了次要的位置，所以政策性银行资金运用的目的是实现社会经济效益，资金运用的目标是通过合理引导资金的流向和流动，促进生产力的合理布局和资源的优化配置，调整产业结构，促进区域经济发展，保证社会经济的协调、平稳、持续和健康发展。

一、贷款业务

贷款业务是政策性银行的主要业务活动，以中长期贷款为主，且多为资本性用途，其贷款对象的选择以社会效益为标准，贷款条件较为优越。具体包括普通贷款和特别贷款。

（一）普通贷款

普通贷款是指政策性银行承担的，一般性金融机构也能发放的贷款。这种普通贷款具有以下特点：(1)不具有政策性，是在一定条件下、一定限额内发放；(2)要求提供担保或不动产抵押。

（二）特别贷款

即政策性贷款，是指政策性银行发放的，一般性金融机构不能或不愿从事，政府给予补贴或担保的贷款，如产业开发贷款、基础设施贷款、扶贫开发贷款等。特别贷款具有利息低、期限长、贯彻国家经济与社会发展政策的特点。

二、投资业务

投资业务是指政策性银行从事投资活动的业务，其投资目的不是为了持股或盈利，而是一种诱导性和过渡性的手段。投资业务主要包括股权投资和证券投资。股权投资是指为贯彻政府社会经济发展战略意图而对必须进行控制的行业或企业进行的直接投资；证券投资是指政策性银行购买符合政府产业和地区政策的企业所发行的中长期债券的投资行为。投资业务虽然是一项重要的资产业务，但与贷款业务相比，处于政策性银行资产业务的次要地位，并且从事投资业务的主要是开发性金融机构。

三、担保业务

担保业务是指政策性银行为其所支持的领域融通资金提供信用保证。一方面对其他银行所发放的符合政府意图的贷款给予偿还性保证；另一方面对业务对象的债务进行保证，当借款人到期无力偿还贷款时，由政策性银行负责偿还全部或部分贷款。政策性银行担保的种类主要有出口信贷担保、补偿贸易担保、透支担保、延期付款担保、租赁担保、投标担保和承包工程担保等。

【本章小结】

1. 政策性银行作为直接办理金融业务的政府金融机构，它的经营原则不同于商业银行，具有能够呈现自身特征的经营原则。它要贯彻政府的政策意图，这就决定了它必须坚持政策性原则，而它以银行的形式存在，是特殊的金融企业，这又决定了它必须贯彻安全性和效益性原则，即“让小利取大利”。所谓“小利”，是指政策性银行自身的财务效应；所谓“大利”，是指国家长远利益和全局利益。政策性银行只有坚持这种经营方针，才能履行自己的职责，完成自己所担负的任务。

2. 政策性银行的负债业务受其性质影响，具有低费用甚至无需偿还的特征，而且是期限较长、规模较大的资金。这种特征要求基本决定了政策性银行资金来源的主要渠道及方式。一般来说，政策性银行通常有以下几种负债业务，即取得政府供给资金、与社会保障体系及邮政储蓄银行合作、金融市场融资和国际融资等。

3. 政策性银行的资产业务是指政策性银行用于资金的业务，包括贷款业务、投资业务和担保业务。政策性银行代表的是政府利益，自身利益摆在了次要的位置，所以政策性银行资金运用的目的是实现社会经济效益，资金运用的目标是通过合理引导资金的流向和流动，促进生产力的合理布局和资源的优化配置，调整产业结构，促进区域经济发展，保证社会经济的协调、平稳、持续和健康发展。

【本章思考题】

1. 什么是政策性银行，其经营原则有哪些？
2. 简述政策性银行的负债业务。
3. 简述政策性银行的资产业务。

第十一章　非银行金融机构的主要业务

银行性金融机构和非银行性金融机构都是一国金融机构体系的重要组成部分，它们共同为社会提供全面完善的金融服务。银行性金融机构在整个金融机构体系中居主导地位，而非银行性金融机构的存在则丰富了金融业务，充分满足了现代经济对金融的多样化需要，因此，非银行金融机构的发展程度是一国金融机构体系是否成熟的重要标志。

【学习目标】

学完本章，你应能够：

1. 掌握信托公司的主要业务；
2. 掌握租赁公司的主要业务；
3. 掌握保险公司的主要业务。

第一节　信托公司的主要业务

信托投资公司又称信托公司。它是以资金及其他财产为信托标的，根据委托者的意愿，以受托人的身份管理及运用信托资财的金融机构。

现代信托业务源于英国，但历史上最早办理信托业务的经营机构却产生于美国。在西方国家，美国、英国、日本、加拿大等国信托业比较发达，这些国家除专营信托公司外，各商业银行的信托部也经营着大量的信托业务。当今，信托公司的业务活动范围相当广泛，几乎涉足所有金融领域的业务。就其信托业务而言，主要包括两大类：第一类是货币信托，包括信托存款、信托贷款、委托存款、委托贷款、养老金信托、投资信托、养老金投资基金信托等；第二类是非货币信托，包括有价证券信托、债权信托、动产与不动产信托、事业信托、私人事务信托等。除信托业务外，一些国家的信托公司还兼营银行业务，大多数国家的信托公司兼营信托之外的服务性业务即其他业务，如财产保管（遗嘱的财产保护、父母双亡的未成年子女的财产保护、罪犯的财产保护等），不动产买卖及货币借贷之媒介，公债、公司债及股票的募集，债款、息款及税款的代收代付，股票过户及债务清算等。

1979 年 10 月，经国务院批准成立了新中国成立后第一家信托投资机构——中国国际信托投资公司。从此，金融信托业在全国范围迅猛发展起来。首先是各家银行纷纷设立信托机构开办信托业务，接着以省为代表的各级政府、各类经济主管部门以及一部分国有大中型企业为推动改革开放，扩大招商引资，拓展融资渠道，以筹集资金支持地方建设，相继设立了信托投资公司。信托投资公司主要办理委托、租赁、鉴证、担保、咨询等金融业务。

目前，我国各类信托机构开展的业务种类很多，既有传统的委托业务，又有适合我国国情的代理业务、租赁业务和咨询业务。

一、委托业务

信托机构作为受托人，按照约定的条件和目的，为委托人或受益人管理财产，处理与财产管理有关的一切经济事务，主要类型有资金信托、财产信托和其他信托。如资金信托，是指信托机构接受委托人的委托，将委托人存入的资金，按其指定的对象、用途、期限、利率等发放贷款，并负责到期收回贷款本息。我国规定，信托投资公司接受由其代为确定管理方式的信托资金时，信托期限不少于 1 年，单笔信托资金不低于人民币 5 万元。

二、代理业务

代理业务是信托机构接受顾客委托，代为办理财产保管、资金收付、监督合同执行、执行保险、会计事务，及受托代发国债、政策性银行债券、企业债券等各类经济事项。

三、租赁业务

租赁是出租人将财物出租给承租人使用并按规定收取租金的一种信用形式。信托机构开展的租赁业务有以下两类。

(一)信托机构自营租赁业务

该业务是指信托机构根据客户申请，用所吸收的资金或经营结余资金购入客户选定的所需设备，出租给客户使用，并分期收取租金。

(二)代理租赁业务

信托机构根据委托人要求，用委托人存入的信托资金购入客户选定的所需设备，出租给客户使用，并代委托人分期收取租金；或者将委托人委托出租的设备租用给客户并收取租金。

四、金融咨询业务

金融咨询业务是第二次世界大战后迅速发展起来的金融服务业务。改革开放后，我国各类金融机构也纷纷开展各种形式的金融咨询服务业务。信托机构提供的金融咨询业务包括市场咨询、信用鉴证、资信调查及技术咨询业务。

五、投资基金业务

信托投资公司可以受托经营投资基金业务，即委托人将资金事先存入信托投资机构作为投资基金，委托信托机构向其指定的联营单位进行投资，并对资金的使用情况、投资单位的经营状况及利润分红等进行管理和监督。信托投资公司也可以作为投资基金或者基金管理公司的发起人从事投资基金业务。

六、公益信托业务

该业务是信托投资公司接受以救贫、救灾、助残或发展科教文卫事业、保护环境及发展社会公益事业为目的的信托业务。

第二节　金融租赁公司的主要业务

金融租赁公司是专门经营租赁业务的公司，是租赁设备的物主，通过提供租赁设备而定期向承租人收取租金。金融租赁公司开展业务的过程是：租赁公司根据企业的要求，筹措资金，提供以“融物”代替“融资”的设备租赁；在租期内，作为承租人的企业只有使用租赁物件的权利，没有所有权，并要按租赁合同规定，定期向租赁公司交付租金。租期届满时，承租人向租赁公司交付少量的租赁物件的名义货价(即象征性的租赁物件残值)，双方即可办理租赁物件的产权转移手续。

金融租赁公司的主营业务有以下几个方面：

1. 公司自担风险的融资租赁业务包括典型的融资租赁业务(简称“直租”)、转租式融资租赁业务(简称“转租赁”)和售后回租式融资租赁业务(简称“回租”)三个类别。

2. 公司同其他机构分担风险的融资租赁业务有联合租赁和杠杆租赁两类。

(1)联合租赁是指多家有融资租赁资质的租赁公司对同一个融资租赁项目提供租赁融资，由其中一家租赁公司作为牵头人。

(2)杠杆租赁是指某融资租赁项目中的大部分租赁融资是由其他金融机构以银团贷款的形式提供的，但是，这些金融机构对承办该融资租赁项目的租赁公司无追索权，同时，这些金融机构则按所提供的资金在该项目的租赁融资额中的比例直接享有回收租金中所含的租赁收益。

3. 公司不担风险的融资租赁业务是委托租赁。委托租赁是指融资租赁项目中的租赁物或用于购买租赁物的资金是一个或多个法人机构提供的信托财产。租赁公司以受托人的身份，同作为委托人的这些法人机构订立由后者将自己的财产作为信托财产委托给租赁公司以融资租赁方式运用和处分的信托合同。该融资租赁项目的风险和收益全部归委托人，租赁公司则依据该信托合同的约定收取由委托人支付的报酬。该信托合同受《中华人民共和国信托法》管辖。租赁公司同出卖人之间的买卖合同以及同用户企业之间的融资租赁合同与自担风险的融资租赁业务中的同类合同毫无差别。

融资租赁早在20世纪50年代初最先出现于美国。目前在发达国家，融资租赁业已成为与银行信贷、证券并驾齐驱的三大金融工具之一。其融资租赁市场渗透率(租赁交易总额/固定资产投资总额)平均水平在15%～30%。我国的融资租赁业起源于1981年4月，最早的租赁公司以中外合资企业的形式出现，其原始动机是引进外资。1981年7月成立了首家由中资银行组成的非银行金融机构“中国租赁有限公司”，到1997年经中国人民银行批准的金融租赁公司共有16家。目前，经过增资扩股后正常经营的金融租赁公司有12家，主要从事公交、城建、医疗、航空、IT等产业，总资产已超过人民币159亿元，租赁资产占总资产80%以上，平均资本充足率达到了30.07%。为了进一步推动中国金融租赁行业的发展，2007年银监会修订《金融租赁公司管理办法》，拟在试点成功的基础上，允许合格金融机构参股或设立金融租赁公司，允许合格外资机构在华设立或参股金融租赁公司，鼓励金融租赁公司为企业设备改造、设备销售和技术改造提供金融支持。

资料卡11－1 我国首家合资金融租赁公司开业 注册资本45亿元

我国首家合资金融租赁公司——建信金融租赁股份有限公司，2007年12月28日在北京开业。

建信金融租赁公司由中国建设银行与美国银行按照75.1∶24.9的比例出资设立，注册资本45亿元，是目前国内注册资本规模最大的金融租赁公司，也是国内首批获得银监会开业批准的创新型金融租赁公司之一。

“我们的目标是打造国际化的金融租赁公司。与美国银行合作，是因为它拥有美国最大的银行租赁公司，其资产回报率高于银行业务。”建信金融租赁公司有关负责人这样解释合资的原因。

据介绍，公司租赁标的除飞机、船舶外，还包括铁路、电力、石油石化、工程机械及其他行业中的大型固定资产设备。公司还将根据客户的需求设计相关金融产品，并开展包括证券化、经济咨询顾问等多种服务在内的创新型、多元化业务。

同日，由交通银行独资设立的交银金融租赁有限公司在上海开业，注册资本20亿元，业务覆盖飞机、船舶、工程机械和基础设施等领域。

金融租赁公司是以经营融资租赁业务为主的非银行金融机构，主要通过向企业出租机械设备等标的物收取租金。对于企业来说，通过金融租赁获取设备比贷款购买设备期限灵活，更易进行财务安排。

在美国，30%的企业设备通过金融租赁业务获得，在日本、德国这一比例为10%左右。业内人士表示，由于市场认知度低、法规不健全、专业人士缺乏等原因，我国租赁渗透率仅为1.3%，全球排名50位左右。

资料来源：http://www.gov.cn/jrzg/2007-12/28/content_846589.html。

第三节 保险公司的主要业务

一、保险的概念

“保险”是在我们日常生活中出现频率很高的名词，一般是指办事稳妥或有把握。但是，在保险学中，保险是指投保人根据合同约定，向保险人支付保险费，保险人对于合同约定的、可能发生的事故因其发生所造成的财产损失承担赔偿保险金责任，或者当被保险人死亡、伤残、疾病或者达到合同约定的年龄、期限时承担给付保险金责任的商业保险行为。

作为一种社会经济制度,保险是一种社会化的安排。面临风险的人即广大被保险人通过保险公司组织起来,保险公司将风险损失资料进行集中分析管理,用统计方法预测风险带来的损失,并用所有风险转移者缴纳的保险费建立起保险基金,集中承担被保险人因发生风险事故而造成的经济损失。这样,通过保险制度,被保险人个人的风险得以转移和分散。

二、保险公司的主要业务

现代保险业务基本由财产保险、人身保险、责任保险、再保险四大部分组成。

(一)财产保险业务

财产保险是以财产及其相关利益为保险标的,对因保险事故的发生导致的财产损失,以货币或实物进行补偿的一种保险业务。财产保险业务种类主要包括以下几个方面。

1. 火灾保险。火灾保险简称火险,是指保险人对于保险标的因火灾所导致的损失负责补偿的一种财产保险。

2. 海上保险。海上保险简称水险,是指保险人对于保险标的物因海上危险所导致的损失或赔偿责任提供经济保障的一种保险。

3. 机动车辆保险。机动车辆保险简称汽车保险。汽车保险的内容包括汽车损失保险和汽车责任保险。

4. 航空保险。航空保险是一个统称,在国际保险市场上,其保障范围包括一切与航空有关的风险,其保障对象有财务和人身之分,以财务为保险标的的航空保险,主要有飞机保险与空运货物保险;以责任为保险标的的航空保险,则有旅客责任险、飞机第三者责任险和机场责任险等。

5. 工程保险。工程保险是指对进行中的建筑工程项目、安装工程项目及工程运行中的机器设备等面临的风险提供经济保障的一种保险,它在性质上属于综合保险,既有财产保险的保障,又有责任风险的保障。

6. 利润损失保险。利润损失保险是一种附加险。它承保由于火灾等自然灾害或意外事故使被保险人在一定时期内停产、停业或营业受到影响所造成的间接经济损失(包括利润损失和灾后营业中断期间仍需要开支的必要费用等损失)。它是依附在火灾或财产基本保单上的一种扩大责任的保险。

7. 农业保险。农业保险是以种植业和养殖业为保险标的,对其生长、哺育、成长过程中因遭受自然灾害或意外事故导致的经济损失提供补偿的一种保险。

(二)人身保险业务

人身保险是以人的身体或生命为保险标的的一种保险。根据保障范围的不同,人身保险可以分为人寿保险、意外伤害保险和健康保险。

1. 人寿保险。人寿保险是以人的寿命为保险标的,当发生保险事故时,保险人对被保险人履行给付保险责任的一种人身保险,包括死亡保险、生存保险。

2. 意外伤害保险。意外伤害保险是指被保险人在保险有效期内因遭遇非本意的、外来的、突发的意外事故,致使身体蒙受伤害因而残废或死亡时,保险人按照合同约定给付保险金的一种人身保险。该险种既可单独办理,也可作为其他人身合同的一种附加险。

3. 健康保险。健康保险是指对被保险人因疾病或意外伤害事故所发生的医疗费用损失或导致工作能力丧失所引起的收入损失,以及因年老、疾病或意外伤害事故导致需要长期护理的损失提供经济补偿的保险。因此,健康保险包括医疗保险、失能保险和护理保险。

(三)责任保险业务

责任保险,是指被保险人依法对第三人负责赔偿责任时,由保险人负补偿责任的保险,也就是以被保险人依法应当对第三人承担的损伤赔偿责任为标的的保险。责任保险按其承保的内容不同,可分为以下几类。

1. 公众责任保险。公众责任保险承保被保险人在固定场所或地点从事生产、经营或其他活动时,因意外事故而造成他人财产损失或意外伤害时依法应承担的赔偿责任。

2. 产品责任保险。产品责任保险承保因产品缺陷引起的事故,导致消费者、用户或其他人遭受财产损失或人身伤害,制造者、销售者、修理者依法应承担的赔偿责任。

3. 雇主责任保险。雇主责任保险承保雇主对雇员在受雇期间的人身伤害依法律或劳动(雇用)合同所应担负的经济赔偿责任。

4. 职业责任保险。职业责任保险承保各种专业技术人员因职业(或工作)上的疏忽或过失造成他人损害所应承担的赔偿责任。

5. 环境责任保险。环境责任保险承保被保险人污染环境造成第三者人身或财产损害,而应承担的经济赔偿责任及依法应由被保险人承担的治理污染的责任,是公众责任保险的一种特殊形态。

6. 第三者责任保险。第三者责任保险如在财产保险中提到的,它通常采用附加承保方式承保。它承保被保险人的运输工具、建筑安装工程等因意外事故而造成第三者财产损失或人身伤害引起的赔偿责任。

(四)再保险业务

再保险也称分保,是指保险人将其承担的保险业务,以承保形式,部分转移给其他保险人,以控制损失,稳定经营。再保险是在原保险合同的基础上建立的。在再保险关系中,直接接受保险业务的保险人称为原保险人,也称再保险分出人;接受分出保险责任的保险人称为再保险接受人,也称再保险人。再保险是指投保人根据合同约定,向保险人支付保险费,保险人对于合同约定的、可能发生的事故因其发生所造成的财产损失承担赔偿保险金责任,或者当被保险人死亡、伤残、疾病或者达到合同约定的年龄、期限时承担给付保险金责任的商业保险行为。

【本章小结】

1. 信托投资公司也称信托公司。它是以资金及其他财产为信托标的,根据委托者的意愿,以受托人的身份管理及运用信托资财的金融机构。

2. 金融租赁公司是专门经营租赁业务的公司,是租赁设备的物主,通过提供租赁设备而定期向承租人收取租金。金融租赁公司开展业务的过程是:租赁公司根据企业的要求筹措资金,提供以"融物"代替"融资"的设备租赁;在租期内,作为承租人的企业只有使用租赁物件的权利,没有所有权,并要按租赁合同规定,定期向租赁公司交付租金。租期届满时,承租人向租赁公司交付少量的租赁物件的名义货价(即象征性的租赁物件残值),双方即可办理租赁物件的产权转移手续。

3. 保险是指投保人根据合同约定,向保险人支付保险费,保险人对于合同约定的、可能发生的事故因其发生所造成的财产损失承担赔偿保险金责任,或者当被保险人死亡、伤残、疾病或者达到合同约定的年龄、期限时承担给付保险金责任的商业保险行为。现代保险业务基本由财产保险、人身保险、责任保险、再保险四大部分组成。

【本章思考题】

1. 简述信托投资公司的概念及主要业务。
2. 简述金融租赁公司的概念及主要业务。
3. 简述保险公司的概念及主要业务。

第四篇　国际金融篇

第十二章　外汇与汇率

外汇交易市场是银行间市场或交易商间市场，它并非传统印象中的实体市场，没有实体的场所供交易进行，交易通过电话及经由计算机终端机在世界各地进行，直接的银行间市场是以具备外汇清算交易资格的交易商为主，其交易构成总体外汇交易中的大额交易，也使外汇市场成为最具流动性的市场。

【学习目标】

学完本章，你应能够：

1. 掌握外汇的概念及种类；
2. 掌握汇率的标价方法；
3. 理解影响汇率变动的主要因素。

第一节　外汇的概念及种类

一、外汇的概念

外汇的含义有动态和静态之分，动态意义上的外汇是指一国货币兑换或折算为另一国货币的运动过程。静态意义上的外汇是指以外国货币表示的用于国际结算的支付手段。

国际货币基金组织（IMF）给外汇下的定义是：外汇是货币行政当局（中央银行、货币管理机构、外汇平准基金及财政部）以银行存款、财政部库券、长短期政府债券等形式所保有的在国际收支逆差时可以使用的债权。根据 IMF 的定义，我国对外汇做了更为明确的规定。《中华人民共和国外汇管理条例》（2008 年 8 月 1 日国务院第 20 次常务会议修订通过）第三条规定，我国的外汇是指以外币表示的可以用作国际清偿的支付手段和资产，包括：外币现钞，包括纸币、铸币；外币支付凭证或者支付工具，包括票据、银行存款凭证、银行卡等；外币有价证券，包括债券、股票等；特别提款权；其他外汇资产。

二、外汇的种类

(一)按照能否自由兑换,可分为自由外汇和记账外汇

自由外汇是指无须货币发行当局批准,就可以自由兑换为其他国家货币的外汇。自由外汇在国际结算中被广泛使用,是各国可以选择的国际储备资产。

记账外汇又称清算外汇、协定外汇,是指两国政府间支付协定下的,只能用于双边清算的外汇。记账外汇未经外汇管理当局批准,不能兑换为其他货币或对第三国进行支付。

(二)按外汇的来源和用途,可分为贸易外汇和非贸易外汇

贸易外汇是指来源于或用于进出口贸易的外汇,即由于国际商品流通所形成的一种国际支付手段,贸易外汇是一国外汇收入的主要来源。

非贸易外汇是指贸易外汇以外通过其他方式所收付的外汇,如劳务外汇、侨汇和捐赠外汇等。

(三)按交割期限,可分为即期外汇和远期外汇

即期外汇又称现汇,是指外汇买卖成交后在两个营业日内交割完毕的外汇。远期外汇是指外汇买卖成交后不马上进行实际交割,而是约定在将来某一日期再进行交割的外汇。

小贴士

资料卡 12-1 常见外汇货币符号

货币名称	货币符号	货币名称	货币符号
人民币	RMB	韩国元	KRW
日元	JPY	美元	USD
英镑	GBP	欧元	EUR
瑞士法郎	CHF	澳大利亚元	AUD
加拿大元	CAD	马来西亚林吉特	MYR
港元	HKD	菲律宾比索	PHP
新西兰元	NZD	新加坡元	SGD
俄罗斯卢布	SUR	泰铢	THB

小贴士

资料卡 12-2 中国工商银行外汇牌价表

2015 年 5 月 14 日

交易币种	交易单位	卖出价	现汇买入价	现钞买入价
美元(USD)	100	621.43	618.95	613.99
港元(HKD)	100	80.15	79.85	79.20
日元(JPY)	100	5.221 1	5.184 7	5.036 4
欧元(EUR)	100	706.97	702.03	681.96
英镑(GBP)	100	979.94	973.10	945.27
瑞士法郎(CHF)	100	679.07	674.33	655.05
加拿大元(CAD)	100	521.15	517.51	502.71
澳大利亚元(AUD)	100	506.92	503.38	488.99

资料来源:中国工商银行网站。

第二节 汇率的标价方法与种类

一、汇率及其标价

（一）汇率的定义

汇率是指一国货币折算为他国货币的比率，它是两种不同货币之间的折算比价，也就是用一种货币所表示的另一种货币的价格。

用公式表示： 汇率＝A货币/B货币

或 汇率＝B货币/A货币

（二）汇率的标价

1. 直接标价法(Direct Quotation)

简单来说，就是用若干数量的本币表示一定单位的外币，或是以一定单位的外币为标准，折算成若干单位本币的一种汇率表示方法。在这一标价法下，外国货币好似“商品”，称为单位货币；本国货币好似货币，称为计价货币，两者对比后的直接标价法，则表示银行买卖一定单位的外币应付或应收多少本币。

特点：(1)外币的数量固定不变，折合本币的数量则随着外币币值和本币币值的变化而变化。(2)汇率的涨跌都以本币数额的变化来表示。如果一定单位的外币折算成本币的数额比原来多，则说明外汇汇率上升、本币汇率下跌。在这种方式下，外汇汇率的涨落与本币标价额的增减是一致的，更准确地说，本币标价额的增减“直接”地表现了外汇汇率的涨跌。

2. 间接标价法(Indirect Quotation)

即指用若干数量的外币表示一定单位的本币，或是以一定单位的本币为标准，折算成若干单位外币的一种汇率表示方法。在这一方式下，本币好似“商品”，作为单位货币，外币好似“货币”，作为计价货币，两者对比后的汇率，表示银行买卖一定单位的本币应收或应付多少外汇。目前只有极少数国家采用该标价法。

特点：(1)本币的数量固定不变，折合成外币的数额则随着本币和外币币值的变动而变动。(2)汇率的涨跌都以相对的外币数额的变化来表示。如果一定单位的本币折成外币的数量比原来多，则说明本币汇率上升、外币汇率下跌。

3. 美元标价法

即指以一定单位的美元为标准来计算应兑换多少其他货币的汇率表示方法。

特点：美元的单位始终不变，美元与其他货币的比值是通过其他货币量的变化体现出来的。它是随着国际金融市场之间外汇交易量的猛增，为了便于国际交易，而在银行之间报价时采用的一种汇率表示法，目前被各大国际金融中心普遍使用。

二、汇率的种类

（一）按汇率制定的方法，可分为基本汇率与套算汇率

基本汇率是本国货币与关键货币之间的汇率。所谓关键货币，是指在国际贸易中使用最

多，在各国外汇储备中所占比重最大，可以自由兑换，并被各国普遍接受的货币。目前，各国一般把美元作为制定汇率的关键货币，本币同美元的汇率即该国基本汇率。

套算汇率是根据基本汇率套算出来的本国货币与非关键货币之间的汇率。目前各国外汇市场上每天公布的汇率都是各种货币与美元之间的汇率，非美元之间的汇率均需通过美元汇率套算出来。

(二)按国际货币制度演变划分

1. 固定汇率(Fixed Rate)

固定汇率是指因某种限制而在一定的幅度之内进行波动的汇率。该汇率在规定幅度内相对固定，具有相对稳定性。在历史上存在两种固定汇率：一是金本位制下的固定汇率，二是布雷顿森林体系下的固定汇率。

2. 浮动汇率(Floating Rate)

浮动汇率是指各国货币之间的汇率波动不受限制，而主要根据市场供求关系自由涨落的汇率。外币供过于求，意味着外币贬值，相对来说本币升值，呈现外汇汇率下浮；反之，外币供不应求，则意味着外币升值和相对的本币贬值，呈现外汇汇率上浮。

(1)按其浮动过程是否受到干预来划分

自由浮动(Free Floating)：指货币当局对汇率上下浮动不采取任何干预措施，汇率完全随外汇市场供求变化而自由涨落。它是一种纯理论分析，事实上并不存在。

管理浮动(Managed Floating)：指货币当局以各种不同的方式来干预与影响汇率的变动。

(2)按浮动方式来划分

单独浮动(Single Floating)：指一国货币不与其他国家货币发生固定联系，而按市场供求变化独立实行浮动，如美元、日元、英镑等。

盯住浮动(Pegged Floating)：指一种货币盯住另一种货币或特别提款权或一篮子货币(Basket of Currencies)，并随其汇率的变化而变动。

联合浮动(Joint Floating)：又称共同浮动或集体浮动，是指某些国家组成货币集团，集团内各种货币间实行固定汇率，而对集团外的货币汇率实行共同浮动。

(三)按银行买卖外汇的角度划分

1. 买入汇率(Buying Rate)

买入汇率又称买入价，是指银行向同业或客户买入外汇时使用的汇率。采用直接标价法时外币折合本币较少的那个汇率，或采用间接标价法时本币折合外币较多的那个汇率，即为买入价。

2. 卖出汇率(Selling Rate)

卖出汇率又称卖出价，是指银行向同业或客户卖出外汇时所使用的汇率。采用直接标价法时，外币折合本币较多的那个汇率，或采用间接标价法时本币折合外币数额较少的那个汇率，即为卖出价。

3. 中间汇率(Middle Rate)

中间汇率又称中间价，是买入价与卖出价的平均数。

中间汇率＝(买入价＋卖出价)/2

4. 现钞汇率(Bank Notes Rate)

一般来说,外国现钞不能在本国流通,只有将外钞兑换成本币,才能够购买本国的商品和劳务。把外币现钞换成本币,就出现了买卖外币现钞的兑换率,即现钞汇率。

(四)按对外汇管理的宽严程度划分

1. 官方汇率(Official Rate)

官方汇率是指国家机构确定、调整和公布的汇率,一切外汇交易都必须以这一汇率为准。我国外汇管理局公布的外汇牌价,就属于官方汇率。官方汇率又可分为:(1)单一汇率;(2)多重汇率,包括双重汇率和多重汇率。

2. 市场汇率(Market Rate)

市场汇率是指在外汇市场上进行外汇买卖的实际汇率。

另外,按外汇买卖交割期限划分,有即期汇率(Spot Rate)和远期汇率(Forward Rate);按外汇银行营业起讫时间划分,有开盘汇率(Opening Rate)和收盘汇率(Closing Rate);按银行外汇汇付方式划分,有电汇汇率(Telegraphic Transfer Rate, T/T Rate)、信汇汇率(Mail Transfer Rate, M/T Rate)和票汇汇率(Demand Draft Rate, D/D Rate);按汇率计算方法划分,有基本汇率(Base Rate)和套算汇率(Cross Rate);按汇率在经贸金融往来中的重要性划分,有实际汇率(Real Rate)和有效汇率(Effective Rate)。

第三节　影响汇率变动的主要因素

一般来说,市场汇率是指在自由外汇市场买卖汇率的实际汇率,外汇市场的供求关系决定汇率波动的过程。而影响外汇供给和需求的因素又有许多,这些因素既有经济的,也有非经济的;既有客观的,也有主观的;各因素之间相互联系、相互制约,错综复杂。

一、国际收支

国际收支是一国或地区对外经济交往活动的综合反映,它对一国或地区之间的汇率变动有着直接的影响。当一国国际收支出现长期持续性逆差时,则该国外汇收入减少,进而国际储备减少,会引起本国对外汇需求增长,以及外国货币供给的减少,导致在外汇市场引起外汇汇率上升,即本币汇率下降。反之,一国(或地区)的国际收支长期持续性顺差,则该国外汇收入相应增多,国际储备随之增加,会引起外国对该国货币需求增长和外国货币供给的增加,导致外汇汇率下降和本币汇率上升。

二、通货膨胀

通货膨胀意味着货币贬值,物价上升,购买力水平下降。它影响汇率的传导机制有三条途径:(1)从贸易角度看,假如一国通货膨胀高于其他国家,意味着该国出口商品、劳务的国内成本提高,必然提高其商品、劳务的国际价格,则该国出口竞争力减弱,而外国商品在该国市场上的竞争力增强,会引起该国贸易收支逆差,导致外汇供不应求,外汇汇率上升,本币汇率下降。(2)从资本角度看,实际利率等于名义利率减去通货膨胀率,一国通货膨胀率的长期持续上升会使该国实际利率下降，促使资本流出，引起资本项目逆差和本币汇率下降。(3)从预期角度看，当通货膨胀成为公众的预期时，它会演变成公众对本币汇率下降的预期，在这种预期心理影响下，为避免本币贬值带来的损失，公众会在外汇市场上抛售本币、抢购外汇，而此类行为会引起本币汇率的进一步下降。

三、经济增长

经济增长对汇率的影响有两个方面：一方面经济增长带来国民收入提高，会引起进口增加，这样容易造成该国的贸易收支逆差并引起该国货币汇率下降；另一方面，经济增长往往伴随着劳动生产率的提高，在增长过程中生产成本会下降，产品价格下降且产品质量提高，从而使得该国产品在国际市场上的竞争力增强，出口增加，贸易收支顺差，该国货币汇率往往会上升。净影响取决于这两方面作用的力量对比。经济增长也会对资本流动产生影响，一国经济增长较快时，国内对资本的需求较大，国外投资者也愿意将资本投入该国，于是资金流入增加。一般来说，一国在经济高速增长的初期，会引起本币汇率下降，但长期来看，持续高速的经济增长会对本国币值起到有力的支撑作用。

四、利率因素

国际金融市场上的资本会根据各国利率水平的差异而流动，流动的方向是从利率水平低的国家流向利率水平高的国家。如果一国提高利率，则对国际金融资本具有吸引力，导致资本内流，外币供大于求，从而促使本币汇率上升；反之，如果一国降低利率，使之低于其他国家利率水平，则本币汇率会趋于下跌。另外，一国利率提高，意味着信用紧缩，会使本国居民消费减少，国内投资需求降低，国内有效总需求水平下降，导致进口减少，从而减少外汇需求，有助于本币汇率升值。

五、中央银行对外汇市场的干预

各国货币管理部门都会通过各种途径直接或间接地干预汇率。货币管理部门干预汇率的直接形式是通过中央银行在外汇市场上买卖外汇，改变外汇供求关系，从而影响外汇汇率或本币汇率；间接形式是以发表声明等方式来影响人们对外汇变动的心理预期从而影响汇率。货币管理部门采取汇率政策的目的一般是为了稳定本币汇率，抑制外汇投机行为，减小汇率波动对国际贸易和国际金融活动造成的风险；也有可能是为了使汇率水平有利于本国的经济发展或服务于某种战略目标。

六、心理预期因素

在外汇市场上，人们是买进还是卖出某种货币，与交易者对该种货币未来汇率的趋势预期有着很大的关系。如果交易者预期某种货币的汇率在未来可能下跌，他们为了避免损失或获取额外的收益，便会大量抛出该种货币，该货币汇率下降；相反，如果交易者预期某种货币未来汇率可能上升，则会大量买进，该货币汇率上升。因此，外汇交易者对某种货币的预期心理，是决定这种货币短期汇率的主要因素，它主要表现为外汇市场的投机力量。

除了上述基本因素之外，还有许多其他因素也能影响汇率，如政治局势、突发事件、自然灾害、经济结构、经济周期等，这些因素和上述基本因素相互交织、相互制约或相互抵消，形成一个复杂的影响外汇市场供求关系的系统。

小贴士

资料卡12—3 我国的汇率制度

自2005年7月21日起，我国开始实行以市场供求为基础、参考一篮子货币进行调节、有管理的浮动汇率制度。本次汇率机制改革的主要内容包括以下三个方面：

一是汇率调控的方式。实行以市场供求为基础、参考一篮子货币进行调节、有管理的浮动汇率制度。人民币汇率不再盯住单一美元，而是参照一篮子货币、根据市场供求关系来进行浮动。这里的“一篮子货币”，是指按照我国对外经济发展的实际情况，选择若干种主要货币，赋予相应的权重，组成一个货币篮子。同时，根据国内外经济金融形势，以市场供求为基础，参考一篮子货币计算人民币多边汇率指数的变化，对人民币汇率进行管理和调节，维护人民币汇率在合理均衡水平上的基本稳定。篮子内的货币构成，将综合考虑在我国对外贸易、外债、外商直接投资等对外经贸活动占较大比重的主要国家、地区及其货币。参考一篮子货币，表明外币之间的汇率变化会影响人民币汇率，但参考一篮子货币不等于盯住一篮子货币，它还需要将市场供求关系作为另一重要依据，据此形成有管理的浮动汇率。这将有利于增加汇率弹性，抑制单边投机，维护多边汇率。

二是中间价的确定和日浮动区间。中国人民银行于每个工作日闭市后公布当日银行间外汇市场美元等交易货币对人民币汇率的收盘价，作为下一个工作日该货币对人民币交易的中间价格。现阶段，每日银行间外汇市场美元对人民币的交易价仍在中国人民银行公布的美元交易中间价上下0.3%的幅度内浮动，非美元货币对人民币的交易价在中国人民银行公布的该货币交易中间价3%的幅度内浮动。

三是起始汇率的调整。2005年7月21日19时，美元对人民币交易价格调整为1美元兑8.11元人民币，作为次日银行间外汇市场上外汇指定银行之间交易的中间价，外汇指定银行可自此时起调整对客户的挂牌汇价。这是一次性地小幅升值2%，并不是指人民币汇率第一步调整2%，事后还会有进一步的调整。人民币汇率制度改革重在人民币汇率形成机制的改革，而非人民币汇率水平在数量上的增减。这一调整幅度主要是根据我国贸易顺差程度和结构调整的需要来确定的，同时也考虑了国内企业进行结构调整的适应能力。

【本章小结】

1. 外汇的含义有动态和静态之分。动态意义上的外汇是指一国货币兑换或折算为另一国货币的运动过程。静态意义上的外汇是指以外国货币表示的用于国际结算的支付手段。外汇的标价方法主要有直接标价法和间接标价法。

2. 汇率是指一国货币折算为他国货币的比率，它是两种不同货币之间的折算比价，也就是用一种货币所表示的另一种货币的价格。

3. 市场汇率是以汇率决定为基础而上下波动的，外汇市场的供求关系决定汇率波动的过程。影响汇率变动的因素主要有国际收支状况、通货膨胀、经济增长、利率因素、中央银行对外汇市场的干预、心理预期因素等。

【本章思考题】

1. 什么是外汇，汇率的标价方法有哪几种？
2. 简述汇率的种类。
3. 影响汇率变动的主要因素有哪些？

第十三章　国际收支

现代世界是开放的世界，随着世界经济的一体化、金融的全球化，各国的经济活动早已跨越国界，按照国际统一的游戏规则运行。在开放的经济中，国际金融占有十分重要的地位，而国际收支和外汇又是国际金融中最基本和最重要的内容。

【学习目标】

学完本章，你应能够：

1. 掌握国际收支的概念；
2. 掌握国际收支平衡表的定义和编制方法；
3. 理解国际收支不平衡的调节方法；
4. 了解我国的国际收支发展状况。

第一节　国际收支及其平衡

一、国际收支的概念

国际收支(Balance of Payment)有广义与狭义之分。狭义的国际收支概念，指的是一国的外汇收支，各种国际经济交易只要涉及外汇收支，都属于国际收支的范畴。第二次世界大战后，国际经济、政治和文化等交往日益广泛，各种国际资本流动频繁，国际贸易形式及其结算方式越来越多样化，经济交易的内容也越来越多样化。没有外汇收支的交易、无偿援助、补偿贸易等在国际经济中的地位也越来越重要，于是出现了广义的国际收支概念，也就是由国际货币基金组织(IMF)制定的，目前被各国所普遍采用的国际收支概念，即国际收支是指在一定时期内(通常是1年)，一国居民与非居民之间经济交易的系统记录。

国际收支概念的内涵非常丰富，应从以下三方面加以理解和把握。

1. 国际收支是一个流量概念。当人们提及国际收支时，总是需要指明是属于哪一段时期的。这一报告期可以是1年，也可以是1个季度或1个月等，但通常以1年作为报告期。国家间发生了债权债务关系后，就需要在一定时期内进行清算，一国对其他各国的国际结算所引起的货币收支，就构成了该国的国际收支。因此，国际收支是一个流量概念。

2. 正确理解国际收支概念中居民与非居民的含义。所谓居民，是指在一个国家（或地区）的居住期限达一年以上的经济实体；否则，该经济实体就称为该国（或该地区）的非居民。需要指出的是，"居民"是一个经济概念，与法律概念"公民"不同，居民与非居民都包括个人、企业、政府、非营利团体四类。个人居民一般是根据其居住地点和居住时间来判断，凡是在一国（或地区）保有住所满1年及1年以上的自然人，无论其国籍，都是该国的居民。据此，移民属于其工作所在国的居民；逗留时间在1年以上的留学生、旅游者也属所在国的居民。但身在外国且代表本国政府的个人（如官方外交使节、驻外军事人员）一般被认为是他们自己国家的居民，是所在国的非居民。

一国的企业居民是指在该国成立、注册、从事生产经营活动的企业，它包括国内企业及外资、合资、合作企业等。国内企业设在国外的分支机构是本国的非居民、所在国的居民。政府机构，包括在其境内的各级政府机构及设在境外的大使馆、领事馆和军事机构等都是本国居民，凡设在该国的外国使领馆和国际组织机构都是该国的非居民。联合国、国际货币基金组织、世界银行等是任何国家的非居民。

3. 在国际收支概念中，经济交易是指经济价值从一个经济实体向另一个经济实体的转移。它可分为如下五种类型：(1)金融资产与商品劳务之间的交换；(2)商品与商品及商品与劳务之间的交换；(3)金融资产之间的交换；(4)无偿的商品劳务转移；(5)无偿的金融资产转移。

二、国际收支平衡表

(一)国际收支平衡表的定义

国际收支平衡表是反映一定时期一国同外国的全部经济往来的收支流量表。它是对一个国家与其他国家进行经济技术交流过程中所发生的贸易、非贸易、资本往来以及储备资产的实际动态所做的系统记录，是国际收支核算的重要工具。国际收支平衡表可综合反映一国的国际收支平衡状况、收支结构及储备资产的增减变动情况，为制定对外经济政策，分析影响国际收支平衡的基本经济因素，采取相应的调控措施提供依据，并为其他核算表中有关国外部分提供基础性资料。

国际收支平衡表是一种统计表，它以特定的形式记录、分类、整理一个国家或地区国际收支的详细情况。

编制原理：复式簿记。

记账方法：

1. 凡是引起本国外汇收入的项目，记入贷方，记为"+"(可省略)。

2. 凡是引起本国外汇支出的项目，记入借方，记为"—"。

(1)贸易往来，即各种物质商品的输出和输入。出口列为贷方金额，进口列为借方金额。

(2)非贸易往来，主要包括劳务收支、投资所得等。收入列为贷方金额，支出列为借方金额。

(3)无偿转让。从外国转入本国列为贷方金额，从本国转向外国列为借方金额。

(4)资本往来,分为长期和短期。从外国流入本国的资本列为贷方金额,从本国流向外国的资本列为借方金额。

(5)储备。包括本国作为国际货币基金组织的成员国分配得到的特别提款权以及作为国际储备的黄金和外汇等。储备本身是存量,其增减额是流量。本年度储备增加额列为借方金额,其减少额列为贷方金额,二者相抵得出储备净增额或净减额。

国际收支平衡总表虽然平衡,但各类项目却经常是不平衡的。商品输出大于输入,则贷方金额大于借方金额,形成外贸顺差;相反,则形成外贸逆差,或称外贸赤字。资本项目中流入大于流出,则贷方金额大于借方金额,形成资本净流入;相反,则形成资本净流出。储备项目中本年度增加额大于减少额,则借方金额大于贷方金额形成借方净增金额,即本国的国际储备增加;相反,则形成借方净减金额,即本国的国际储备减少。

(二)国际收支平衡表的主要内容

1. 经常项目

经常项目主要反映一国与他国之间实际资源的转移,是国际收支中最重要的项目。经常项目包括货物(贸易)、服务(无形贸易)、收益和单方面转移(经常转移)四个项目。经常项目顺差表示该国为净贷款人,经常项目逆差表示该国为净借款人。

2. 资本与金融项目

资本与金融项目反映的是国际资本流动,包括长期或短期的资本流出和资本流入。它是国际收支平衡表的第二大类项目。

资本项目包括资本转移和非生产、非金融资产的收买或出售,前者主要是投资捐赠和债务注销;后者主要是土地和无形资产(专利、版权、商标等)的收买或出售。

金融账户包括直接投资、证券投资(间接投资)和其他投资(包括国际信贷、预付款等)。

3. 净差错与遗漏

为使国际收支平衡表的借方总额与贷方总额相等,编表人员人为地在平衡表中设立该项目,来抵消净的借方余额或净的贷方余额。

4. 储备与相关项目

储备与相关项目包括外汇、黄金和分配的特别提款权(SDR)。

特别提款权是以国际货币基金组织为中心,利用国际金融合作的形式而创设的新的国际储备资产。它是国际货币基金组织(IMF)按各会员国缴纳的份额,分配给会员国的一种记账单位,1970 年正式由国际货币基金组织发行,各会员国分配到的特别提款权可作为储备资产,用于弥补国际收支逆差,也可用于偿还国际货币基金组织的贷款。特别提款权又称“纸黄金”。

国际收支平衡表中各项内容的关系及计算公式可以表示为:

国际收支总差额=经常账户差额+资本与金融账户差额+净差错与遗漏

国际收支总差额+储备资产变化=0

各项差额=该项的贷方数字-借方数字

(三)编制国际收支表的用途

1. 进行国际收支平衡状况分析

国际收支平衡状况分析,重点是分析国际收支差额并找出原因,以便采取相应对策,扭转不平衡状况。

2. 进行国际收支结构分析

通过对国际收支结构进行分析，可以揭示各个项目在国际收支中的地位和作用，从结构变化中发现问题，找出原因，为指导对外经济活动提供依据。

小贴士

案例分析 13—1 国际收支平衡表的编制

2014 年，甲国发生六笔交易：

1. 甲国 M 企业出口 100 万美元设备，所获出口收入存入该企业的海外银行账户。

2. 甲国居民 L 到国外旅游，花费 30 万美元，这笔费用从该居民的海外银行账户中扣除。

3. 外商 S 以价值 1 000 万美元的设备投入甲国，开办合资企业。

4. 甲国政府动用外汇储备 40 万美元向外国提供无偿援助，另外提供相当于 60 万美元的粮食援助。

5. 甲国 N 企业在海外投资所得利润为 150 万美元，其中，75 万美元用于当地再投资，50 万美元购买当地商品运回国内，25 万美元调回国内并出售给政府以换取本币。

6. 甲国居民 K 动用海外存款 40 万美元，用于购买外国某公司的股票。

交易 1

	借方	贷方
借：本国在海外银行的存款	100 万美元	
贷：商品出口		100 万美元

交易 2

	借方	贷方
借：服务进口	30 万美元	
贷：本国在海外银行的存款		30 万美元

交易 3

	借方	贷方
借：商品进口	1 000 万美元	
贷：外国对本国的直接投资		1 000 万美元

交易 4

	借方	贷方
借：经常转移	100 万美元	
贷：官方储备		40 万美元
商品出口		60 万美元

交易 5

	借方	贷方
借：商品进口	50 万美元	
官方储备	25 万美元	
对外长期投资	75 万美元	
贷：海外投资利润收入		150 万美元

交易 6

	借方	贷方
借：证券投资	40 万美元	
贷：本国在海外银行的存款		40 万美元

小贴士

资料卡 13－1 甲国六笔交易的国际收支平衡表

单位：元

项 目	借方(－)	贷方(＋)	差 额
商品贸易	1 000＋50	100＋60	－890
服务贸易	30		－30
收入		150	150
经常转移	100		－100
经常账户合计	1 180	310	－870
直接投资	75	1 000	925
证券投资	40		－40
其他投资	100	30＋40	－30
储备资产	25	40	15
资本与金融账户合计	240	1 110	870
总 计	1 420	1 420	0

(1)周期性不平衡。由于各国所处的阶段不同而造成的不平衡。经济周期一般包括四个阶段：危机—萧条—复苏—繁荣。当一国处于繁荣阶段，而贸易伙伴国处于衰退阶段，易造成本国的贸易收支赤字。

(2)结构性不平衡。由于国际市场对本国的出口和进口的需求条件发生变化，本国贸易结构无法进行调整所导致的国际收支不平衡。

(3)货币性不平衡。由于一国的价格水平、成本、汇率、利率等货币性因素而造成的国际收支不平衡。

(4)收入性不平衡。由于一国国民收入相对快速增长，导致进口增长超过出口增长而引起的国际收支失衡。

三、国际收支不平衡的调节

一国国际收支状况是反映在国际收支平衡表中的。但按国际收支平衡表的总额对比并不能判断出一国国际收支的失衡状况。一国的国际收支状况不论从一段时期来看还是从某一时刻来看，总是处于不平衡状态。如果一个国家的国际收支长期顺差或逆差，且数额较大，则必须及时加以调节，否则会对该国经济政策产生严重影响。国际收支的调节手段主要有自动调节机制和政策调节。

(一)国际收支自动调节机制

国际收支自动调节机制是指市场经济各种因素与国际收支相互制约和相互作用、自动调节国际收支平衡的过程。国际收支失衡必然会直接或间接地引起其他经济变量的变化,后者又反过来引起国际收支失衡缩小的趋势。

国际收支自动调节机制主要表现在以下三个方面。

1. 国际金本位制下的国际收支自动调整机制

在金本位下,国际收支差额会引起黄金的国际流动,导致该国货币供应量相应变动;这会改变各国的物价水平和商品的国际竞争力,并最终使国际收支趋于平衡。

如一国国际收支出现赤字,意味着本国黄金净输出,由于黄金外流,国内黄金存量下降,货币供给减少,从而引起国内物价水平下降,因此,本国商品在国外市场竞争力提高,外国商品在本国市场上竞争力下降,于是出口增加、进口减少,使国际收支赤字减少或消除。同样,国际收支盈余也会通过相同机制,使出口减少、进口增加,从而使盈余趋于消失。价格—铸币流动机制具体如下:国际收支逆(顺)差→黄金外(内)流→货币供应量减少(增加)→商品国内价格下降(上升)→出(进)口增加→逆(顺)差得到纠正。

2. 固定汇率制下的国际收支自动力调节机制

在固定汇率制下,当一国国际收支失衡时,可通过收入机制和货币机制的调节,使国际收支趋于平衡。

一国国际收支出现赤字时,为了维持固定汇率,一国货币当局就必须减少外汇储备,造成本国货币供应量的减少。一方面,这会对该国的资本账户带来影响,货币供应量减少使市场银根紧张、利率上升,利率上升会导致本国资本外流的减少、外资流入的增加,结果使资本账户收支改善;反之,国际收支盈余则会通过利率下降导致本国资本流出的增加、外国资本流入的减少,使盈余减少或消除。另一方面,会影响该国的经常账户,货币供应量减少,公众为恢复现金余额水平,就会直接减少支出,这里其中一部分用于进口花费,因此会减少进口需求,使赤字消失。同样盈余也可以通过该机制削减得失。货币调节机制具体如下:逆(顺)差→储备减少(增加)→进口减少(增加)→逆(顺)差得到改变。

3. 在浮动汇率制下的国际收支自动调节机制

在浮动汇率制下,一国当局不对外汇市场进行干预。如一国国际收支赤字,外汇需求大于外汇供给,外汇价格即汇率就会上升。反之,如果一国国际收支出现盈余,外汇需求小于外汇供给,外汇价格就会下跌。通过汇率随外汇供求变动而变动,国际收支失衡就会在一定程度上得以消除。调节机制具体如下:逆(顺)差→对外汇需求增加(下降)→外币升(跌)本币跌(升)→进口(出口)产品贵→进口减少(出口增加)→逆(顺)差得到改变。

(二)国际收支不平衡的政策调节

各国政府可以选择的国际收支调节手段包括财政政策、货币政策、汇率政策、直接管制和其他奖出限入措施等。这些政策措施不仅会改变国际收支,而且会给国民经济带来其他影响。各国政府根据本国的国情采取不同措施对国际收支进行调节。

1. 财政政策

当一国出现国际收支顺差时,政府可以通过扩张性财政政策促使国际收支平衡。首先,减税或增加政府支出通过税收乘数或政府支出乘数成倍地提高国民收入，由于边际进口倾向的存在，导致进口相应增加。其次，需求带动的收入增长通常伴随着物价水平上升，后者具有刺激进口、抑制出口的作用。此外，在收入和物价上升的过程中利率有可能上升，后者会刺激资本流入。一般来说，扩张性财政政策对贸易收支的影响超过它对资本项目收支的影响，因此它有助于一国在国际收支顺差的情况下恢复国际收支平衡。

2. 宏观货币政策

宏观货币政策是指一国政府和金融当局通过调整货币供应量实现对国民经济需求管理的政策。在发达资本主义国家，政府一般通过改变再贴现率、改变法定准备金率和进行公开市场业务来调整货币供应量。由于货币供应量变动可以改变利率、物价和国民收入，所以货币政策成为国际收支调节手段。

3. 汇率政策

汇率政策是指一国通过调整本币汇率来调节国际收支的政策。当一国发生国际收支逆差时，政府实行货币贬值(Devaluation)可以增强出口商品的国际竞争力并削弱进口商品的竞争力，从而改善该国的贸易收支。当一国长期存在国际收支顺差时，政府可以通过货币升值(Revaluation)来促使国际收支平衡。为了保证国际汇率相对稳定，国际货币基金组织曾规定各会员国只有在国际收支出现基本不平衡时才能够调整汇率。

4. 直接管制政策

直接管制政策是指政府直接干预对外经济往来，实现国际收支调节的政策措施。上述国际收支调节政策都有较明显的间接性，更多地依靠市场机制来发挥调节作用。直接管制可分为外汇管制、财政管制和贸易管制。

5. 国际收支调节政策的国际协调

各国政府调节国际收支都以本国利益为出发点，它们采取的调节措施都可能对别国经济产生不利影响，并使其他国家采取相应的报复措施。为了维护世界经济的正常秩序，第二次世界大战后各国政府加强了对国际收支调节政策的国际协调。

第二节　我国的国际收支

在我国，国际收支平衡实质上是外汇收支的平衡。新中国成立以来，特别是改革开放以来，我国根据国际收支的一般原则，结合我国的具体情况，摸索出了一套基本适合我国的国际收支管理理论和管理方法。

一、外汇平衡的基本原则

我国外汇平衡总的管理原则是把外汇收支平衡当作整个国民经济的综合平衡的一个有机组成部分来考虑。具体把握以下两条。

(一)国民经济综合平衡是外汇收支平衡的根本保证

我国国民经济的综合平衡，包括财政、信贷、物资和外汇四个方面的平衡，实质上是社会总供给与社会总需求之间的平衡。总供给与总需求之间的失衡，必然会导致外汇收支的失衡。

因此,整个国民经济的综合平衡是实现我国外汇收支平衡的前提条件和根本保证。

(二)外汇收支平衡是保障国民经济健康发展,维持和促进国民经济平衡不可缺少的环节

外汇收支平衡,作为国民经济综合平衡的一个组成部分,受国民经济综合平衡的影响,同时反过来又影响国民经济的综合平衡。外汇收支平衡作为国民经济综合平衡的一个环节,不仅直接影响着国民经济的综合平衡,而且,由于它与其他三个方面的平衡——财政、信贷和物资平衡——之间有着极为密切的联系,因此它还可以通过影响各个平衡关系对综合平衡起作用。

二、我国外汇收支平衡的政策手段

(一)计划手段

新中国成立以来,我国一直坚持"以收定支、量入为出、收支平衡、略有节余"的外汇平衡方针,实行外汇的计划管理,把贸易外汇收支和非贸易外汇收支都纳入计划管理,统一编制全国性的外汇收支计划。

(二)集中管理和统一经营

为保证外汇收支按计划进行,我国实行严格的外汇管理制度,执行集中管理、统一经营的方针。

(三)严格的外汇收支管理

长期以来,我国一直采取扩大外汇收入和控制外汇支出的做法。通过外贸政策、财政税收政策、信贷货币政策来刺激国内企业扩大出口,增加外汇收入,同时根据"量入为出"的原则,控制外汇支出。另外,资本项目下的外汇支出实施严格控制。

(四)利用外资的管理

利用外资包括四个方面:一是利用外国贷款;二是吸收国外直接投资;三是鼓励国内企业和机构在国际资本市场上进行直接筹资,如发行股票或债券;四是吸收国外资金直接进入国内资金市场。近几年来,我国在上述方面已制定了一系列政策法规,进行了一系列尝试,但总的来说还处于起步阶段,有待进一步的改革和完善。

三、我国国际收支的新发展

2014 年,我国经常项目顺差 13 510 亿元人民币,资本和金融项目顺差 2 324 亿元人民币,国际储备资产增加 7 209 亿元人民币。

按美元计价,2014 年,我国经常项目顺差 2 197 亿美元,其中,货物贸易顺差 4 760 亿美元,服务贸易逆差 1 920 亿美元,收益逆差 341 亿美元,经常转移逆差 302 亿美元。资本和金融项目顺差 382 亿美元,其中,直接投资净流入 2 087 亿美元,证券投资净流入 824 亿美元,其他投资净流出 2 528 亿美元。国际储备资产增加 1 178 亿美元,其中,外汇储备资产增加 1 188 亿美元,特别提款权及在基金组织的储备头寸减少 10 亿美元。

小贴士

资料卡 13－2　2014 年中国国际收支平衡表

（以人民币计价）　　单位：亿元人民币

项　目	行次	差　额	贷　方	借　方
一、经常项目	1	13 510	171 959	158 450
A. 货物和服务	2	17 463	156 350	138 887
a. 货物	3	29 256	144 622	115 367
b. 服务	4	－11 793	11 728	23 521
1. 运输	5	－3 557	2 349	5 907
2. 旅游	6	－6 631	3 496	10 127
3. 通信服务	7	－29	111	140
4. 建筑服务	8	644	943	299
5. 保险服务	9	－1 098	281	1 379
6. 金融服务	10	－25	278	303
7. 计算机和信息服务	11	608	1 128	520
8. 专有权利使用费和特许费	12	－1 347	42	1 389
9. 咨询	13	1 009	2 636	1 627
10.广告、宣传	14	71	305	234
11. 电影、音像	15	－43	11	54
12. 其他商业服务	16	－1 335	84	1 418
13. 其他未提及的政府服务	17	－60	65	125
B. 收益	18	－2 095	13 084	15 179
1. 职工报酬	19	1 582	1 838	255
2. 投资收益	20	－3 678	11 246	14 924
C. 经常转移	21	－1 858	2 525	4 383
1. 各级政府	22	－180	101	281
2. 其他部门	23	－1 678	2 424	4 102
二、资本和金融项目	24	2 324	158 032	155 708
A. 资本项目	25	－2	119	121
B. 金融项目	26	2 326	157 913	155 587
1. 直接投资	27	12 813	26 732	13 919
1.1我国对外直接投资	28	－4 942	3 412	8 353
1.2外国来华直接投资	29	17 754	23 320	5 566
2. 证券投资	30	5 062	10 220	5 158
2.1资产	31	－665	1 801	2 466
2.1.1股本证券	32	－86	1 047	1 132
2.1.2债务证券	33	－579	754	1 333
2.1.2.1(中)长期债券	34	－568	754	1 321
2.1.2.2货币市场工具	35	－11	1	12
2.2负债	36	5 727	8 419	2 692
2.2.1股本证券	37	3 189	4 770	1 581
2.2.2债务证券	38	2 537	3 649	1 111
2.2.2.1(中)长期债券	39	2 512	3 050	538
2.2.2.2货币市场工具	40	25	599	573

续表

项　目	行次	差　额	贷　方	借　方
3.其他投资	41	−15 549	120 961	136 510
3.1资产	42	−18 623	6 102	24 724
3.1.1贸易信贷	43	−4 235	1 726	5 961
长期	44	−85	35	119
短期	45	−4 150	1 691	5 842
3.1.2贷款	46	−4 536	1 087	5 623
长期	47	−2 798	0	2 798
短期	48	−1 738	1 087	2 824
3.1.3货币和存款	49	−9 805	3 157	12 962
3.1.4其他资产	50	−47	132	179
长期	51	0	0	0
短期	52	−47	132	179
3.2负债	53	3 074	114 860	111 786
3.2.1贸易信贷	54	−121	946	1 067
长期	55	−2	17	19
短期	56	−119	929	1 048
3.2.2贷款	57	−2 124	107 271	109 395
长期	58	−355	3 139	3 493
短期	59	−1 769	104 132	105 901
3.2.3货币和存款	60	5 001	6 109	1 108
3.2.4其他负债	61	318	535	217
长期	62	353	391	38
短期	63	−35	143	179
三、储备资产	64	−7 209	1 916	9 126
3.1货币黄金	65	0	0	0
3.2特别提款权	66	4	9	5
3.3在基金组织的储备头寸	67	60	82	22
3.4外汇	68	−7 273	1 826	9 099
3.5其他债权	69	0	0	0
四、净误差与遗漏	70	−8 624	0	8 624

资料来源：中央政府门户网站。

【本章小结】

1. 国际收支有狭义与广义之分。狭义的国际收支概念是指一国的外汇收支，各种国际经济交易只要涉及外汇收支，都属于国际收支的范畴。第二次世界大战后，国际经济、政治和文化等交往日益广泛，各种国际资本流动频繁，国际贸易形式及其结算方式越来越多样化，经济交易的内容也越来越多样化。没有外汇收支的交易、无偿援助、补偿贸易等在国际经济中的地位也越来越重要，于是出现了广义的国际收支概念，也就是由国际货币基金组织制定的，目前被各国所普遍采用的国际收支概念，即国际收支是指在一定时期内（通常是1年），一国居民与非居民之间经济交易的系统记录。

2. 国际收支平衡表是反映一定时期一国同外国的全部经济往来的收支流量表。它是对一个国家与其他国家进行经济技术交流过程中所发生的贸易、非贸易、资本往来以及储备资产的实际动态所做的系统记录，是国际收支核算的重要工具。国际收支平衡表可综合反映一国的国际收支平衡状况、收支结构及储备资产的增减变动情况，为制定对外经济政策、分析影响国际收支平衡的基本经济因素、采取相应的调控措施提供依据，并为其他核算表中有关国外部分提供基础性资料。

3. 在我国，国际收支平衡实质上是外汇收支的平衡。新中国成立以来，特别是改革开放以来，我国根据国际收支的一般原则，结合我国的具体情况，摸索出了一套基本适合我国的国际收支管理理论和管理方法。

【本章思考题】

1. 简述国际收支的概念。
2. 简述国际收支平衡表的概念及其编制方法。
3. 国际收支不平衡的调节手段有哪些？
4. 简述我国的国际收支现状。

第十四章　国际金融机构体系

第二次世界大战后，国际金融中一个重要的新现象是涌现了一系列国际金融组织。国际金融组织对国际货币制度与世界经济的发展都有深远的积极影响。在促进会员国取消外汇管制、限制会员国进行竞争性货币贬值、支持会员国稳定货币汇率和解决国际收支困难、缓解债务危机与金融危机、促进发展中国家经济发展等方面，这些国际金融组织都起到了重要的作用。

【学习目标】

学完本章，你应能够：

1. 掌握国际金融机构体系的类型；
2. 掌握国际货币基金组织的宗旨；
3. 了解区域性国际金融机构体系的主要内容。

国际金融机构是维持国际货币制度正常运转及国际货币合作、协调各国货币政策或从事国际金融服务的金融机构。随着国际性金融机构的不断改革与完善，它们在国际经济和国际金融领域中将发挥更为重要的作用。

国际金融机构可分为两种类型。(1)全球性金融机构。最重要的首推国际货币基金组织和世界银行集团。(2)区域性金融机构。具体包括两种类型：一类是联合国附属的区域性金融机构，可称为准全球性金融机构，如亚洲开发银行、泛美开发银行、非洲开发银行等；另一类是真正意义上的地区性金融机构，如欧洲投资银行、阿拉伯货币基金组织、伊斯兰开发银行、国际经济合作银行、国际投资银行、加勒比开发银行、亚洲基础设施投资银行、金砖国家新开发银行等。

第一节　国际货币基金组织

国际货币基金组织是根据布雷顿森林会议通过的《国际货币基金协定》成立的全球性国际金融机构。1944 年 7 月 1～22 日，44 个国家的代表在美国新罕布什尔州的布雷顿森林举行了"联合与联盟国家货币金融会议"，签订了《布雷顿森林协定》，决定成立国际货币基金组织与国际复兴开发银行。1946 年 3 月国际货币基金组织成立，1947 年 3 月 1 日开始活动，1947 年 11 月 15 日成为联合国所属专营国际金融业务的机构，总部设在华盛顿，会员包括 150 多个国家和地区，其中 39 个国家为创始会员国。

一、国际货币基金组织的宗旨

《国际货币基金协定》中明确该组织的宗旨是：(1)为会员国提供一个常设的国际货币机构，促进国际货币合作。(2)促进国际贸易均衡发展，以维持和提高就业水平和实际收入，发展各国的生产能力。(3)促进汇率的稳定和维持各国有秩序的外汇安排，以避免竞争性的货币贬值。(4)协助建立各国间经常性交易的多边支付制度，并设法消除妨碍世界贸易发展的外汇管制。(5)在临时性基础上和具有充分保障的条件下，为会员融通资金，使之在无须采取有损于本国(地区)及国际经济繁荣措施的情况下，纠正国际收支的不平衡。(6)努力缩短和减轻国际收支不平衡的持续时间及程度。

国际货币基金组织的主要业务是向成员国政府提供贷款，以调整成员国暂时性的国际收支不平衡，避免国际收支失衡的成员国采取有损于本国经济和世界经济的政策和措施。

国际货币基金组织贷款的特点：

1. 贷款对象只限于成员国的中央银行、财政部、外汇平准基金等政府部门。

2. 贷款用途仅限于解决成员国的国际收支不平衡。

3. 贷款方式是成员国用等值的本国(地区)货币向基金组织申请购买外汇或特别提款权。还款则用等值的外汇或特别提款权购回本国(地区)货币。

4. 成员国的贷款数额受基金份额的限制，贷款期限一般为 5～10 年。

小贴士

资料卡 14－1　特别提款权

特别提款权(Special Drawing Right，SDR)是国际货币基金组织创设的一种储备资产和记账单位，也称"纸黄金"(Paper Gold)。它是基金组织分配给会员国的一种使用资金的权利。会员国在发生国际收支逆差时，可用它向基金组织指定的其他会员国换取外汇，以偿付国际收支逆差或偿还基金组织的贷款，还可与黄金、自由兑换货币一样充当国际储备。但由于其只是一种记账单位，不是真正货币，使用时必须先换成其他货币，不能直接用于贸易或非贸易的支付。因为它是国际货币基金组织原有的普通提款权以外的一种补充,所以称为特别提款权。

特别提款权不是一种有形的货币,它看不见、摸不着,只是一种账面资产。

特别提款权创立初期,它的价值由含金量决定,当时规定35个特别提款权单位等于1盎司黄金,即与美元等值。1971年12月18日,美元第一次贬值,而特别提款权的含金量未动,因此1个特别提款权就上升为1.085 71美元。

1973年2月12日美元第二次贬值,特别提款权含金量仍未变化,1个特别提款权单位再上升为1.206 35美元。1973年西方主要国家的货币纷纷与美元脱钩,实行浮动汇率以后,汇价不断发生变化,而特别提款权同美元的比价仍固定在每单位等于1.206 35美元的水平上,特别提款权对其他货币的比价,都是按美元对其他货币的汇率来套算的,特别提款权完全失去了独立性,引起许多国家不满。20国委员会主张用一篮子货币作为特别提款权的定值标准,1974年7月,基金组织正式宣布特别提款权与黄金脱钩,改用"一篮子"16种货币作为定值标准。这16种货币除美元外,还有联邦德国马克、日元、英镑、法国法郎、加拿大元、意大利里拉、荷兰盾、比利时法郎、瑞典克朗、澳大利亚元、挪威克朗、丹麦克朗、西班牙比塞塔、南非兰特以及奥地利先令。1980年9月18日,基金组织又宣布将组成"一篮子"的货币,简化为5种西方国家货币,即美元、联邦德国马克、日元、法国法郎和英镑,它们在特别提款权中所占比重分别为42%、19%、13%、13%、13%。1987年,货币篮子中5种货币权数依次调整为42%、19%、15%、12%、12%。1996年1月1日后,5种货币权数调整为39%、21%、18%、11%、11%。2001年1月1日后,货币篮子简化为4种货币,即美元(45%)、日元(15%)、英镑(11%)、欧元(29%)。

因此现在1单位特别提款权包含的已经不止美元了。

资料来源:http://baike.baidu.com/view/19979.html。

我国是国际货币基金组织的创始会员国之一,1980年4月17日,国际货币基金组织正式通过决议恢复我国合法席位。1980年5月末,我国政府向该组织先后委派了正副理事,正副理事分别由中国人民银行行长和国家外汇管理局副局长兼中国银行副行长出任。同年9月我国政府第一次派代表担任基金组织的执行董事,使执行董事的董事名额从21人扩大到22人。

二、国际货币基金组织结构

国际货币基金组织的最高权力机构为理事会,由各成员派正副理事各1名组成,一般由各国的财政部长或中央银行行长担任。每年9月举行一次会议,各理事会单独行使本国(地区)的投票权(各国投票权的大小由其所缴基金份额的多少决定);执行董事会负责日常工作,行使理事会委托的一切权力,由24名执行董事组成,其中8名由美国、英国、法国、德国、日本、俄罗斯、中国、沙特阿拉伯指派,其余16名执行董事由其他成员分别组成16个选区选举产生;中国为单独选区,亦有一席。执行董事每两年选举一次;总裁由执行董事会推选,负责基金组织的业务工作,任期5年,可连任,另外还有3名副总裁。

该组织临时委员会被看作世界两大金融机构之一——国际货币基金组织——的决策和指

导机构。该委员会将在政策合作与协调，特别是在制定中期战略方面充分发挥作用。委员会由 24 名执行董事组成。国际货币基金组织每年与世界银行共同举行年会。

国际货币基金组织设 5 个地区部门(非洲、亚洲、欧洲、中东、西半球)和 12 个职能部门(行政管理、中央银行业务、汇兑和贸易关系、对外关系、财政事务、国际货币基金学院、法律事务、研究、秘书、司库、统计、语言服务局)。

第二节 世界银行集团

世界银行集团(World Bank Group)目前由世界银行、国际开发协会、国际金融公司、多边投资担保机构和解决投资争端国际中心 5 个成员机构组成。

一、世界银行

世界银行(World Bank, WB)又称国际复兴开发银行(International Bank for Reconstruction and Development, IBRD)，是 1944 年 7 月布雷顿森林会议后与国际货币基金组织同时产生的另一个国际金融组织。它于 1945 年 12 月正式建立，1946 年 6 月开始营业，总部设在美国华盛顿，并在纽约、日内瓦、巴黎、东京等地设有办事处。它是联合国的专门机构，世界银行与国际货币基金组织是紧密联系、相互配合的国际金融组织，每年这两个机构的理事会联合召开年会。

世界银行建立之初，只有 39 个会员国，到目前已经有 180 多个会员国，我国于 1980 年 5 月恢复了在世界银行的合法席位。按该行规定，凡参加世界银行的国家，首先必须是国际货币基金组织的会员国，但国际货币基金组织的会员国不一定都参加世界银行。

(一)世界银行的宗旨

对用于生产目的的投资提供便利，以协助会员国复兴与开发，并鼓励不发达国家生产和资源的开发；通过保证或参与私人贷款和私人投资的方式，促进私人对外投资；鼓励国际投资以开发会员国生产资源的方法，促进国际贸易的长期平衡发展，维持国际收支平衡；与其他方面的国际贷款配合，提供贷款保证。

(二)世界银行的组织机构

世界银行的组织机构由理事会和执行董事会组成。

理事会是世界银行的最高权力机关，由会员国选派 1 名理事和 1 名副理事组成，一般委派财政部长、中央银行行长或其他地位相当的高级官员担任，任期均为 5 年，并可连选连任。副理事只有在理事缺席时才有投票权。理事会的主要职权是：负责讨论批准接纳新会员；决定普通增缴或调整缴纳股本；决定停止会员国资格；决定银行净收入的分配及其他重大问题。

世界银行负责处理日常业务的机构也是执行董事会。执行董事会有 24 人，其中 5 人由美国、英国、德国、法国、日本 5 个国家各自指派，其余 19 人由其他的会员国按地区联合推选。中国、俄罗斯和沙特阿拉伯各自构成一个单独的选区，单独选派 1 名，其他会员国分别联合成多国选区。执行董事会选举 1 人为行长，行长即执行董事会主席，任期 5 年，并可连任。行长无投票权，只在执行董事会表决中双方票数相等时有决定性的一票。行长下设有副行长，辅佐行长工作。

(三)世界银行的主要业务

1. 供给会员国经济重建或经济开发所需要的长期贷款。

2. 调解投资争端，提供投资担保。

3. 应会员国的要求，派遣调查团协助会员国拟订适当的长期经济开发计划，并于计划实施时，经常派遣专家予以协助指导。

中国是世界银行的创始国之一，新中国成立后，中国在世界银行的席位长期为台湾当局所占据。1980 年 5 月 15 日，中国在世界银行和所属国际开发协会及国际金融公司的合法席位得到恢复。世界银行的重要事项都需会员国投票决定，投票权的大小与会员国认购的股本呈正比。世界银行每一会员国拥有 250 票基本投票权，每认购 10 万美元的股本即增加 1 票。美国认购的股份最多，有投票权 226 178 票，占总投票数的 17.37%，对世界银行事务与重要贷款项目的决定起着重要作用。我国认购的股金为 42.2 亿美元，有投票权 35 221 票，占总投票数的 2.71%。2010 年 4 月 25 日，世界银行发展委员会通过了世界银行新一阶段投票权改革方案，中国在世界银行的投票权从 2.7%提高到 4.42%，仅次于美国(15.85%)和日本(6.84%)。

我国从 1981 年起开始向世界银行借款。此后，我国与该行的合作逐步展开、扩大，世界银行通过提供期限较长的项目贷款，推动了我国交通运输、行业改造、能源、农业等国家重点建设以及金融、文卫环保等事业的发展，同时还通过本身的培训机构，为我国培训了大批了解世界银行业务、熟悉专业知识的管理人才。

二、国际开发协会

国际开发协会(International Development Association)成立于 1960 年，是世界银行集团成员。

(一)宗旨

世界银行集团的无息贷款(软贷款)和赠款窗口，通过向生产性项目提供贷款，促进欠发达国家的经济社会发展。目前包括 169 个成员国。总部设在美国华盛顿。

(二)组织结构

理事会是最高决策机构，由捐款国组成的董事会负责处理日常业务。

(三)主要活动

同国际复兴开发银行每年同期举行一次春季例会和一次年会。

国际开发协会股份的认缴：每个会员国在接受会员资格时，应按分配给它的数额负担认缴股金。分配给每个创始会员国的首次认股金额，以美元表示(此项美元以 1960 年 1 月 1 日美元的含金量和成色为准)。每个创始会员国首次认股的 10%部分，应以黄金或可自由兑换的货币缴付。其余 90%部分，如其属于第一部分的会员国(贷款国)，则应以黄金或可自由兑换的货币缴付；如其属于第二部分的会员国(借款国)，则可用认股会员国的本国货币缴付；并且该部分股金应分 5 期逐年缴付。

国际开发协会根据创始会员国首次认股缴款的完成情况，可对其资金是否充足进行检查，如认为有必要时，可批准普遍增加认股额。追加认股一经批准，各会员国在国际开发协会确定的条件下，可认购一定数额的股份，使其能保持相应的投票权。但会员国并无必须认股的义务。

协会的宗旨是向符合条件的低收入国家提供长期优惠价贷款，帮助这些国家加速经济发展，达到提高劳动生产率和改善人民生活的目的。因此，国际开发协会的贷款是低收入发展中国家获得发展经济所需资金的一个很重要的来源。

三、国际金融公司

国际金融公司（International Finance Corporation，IFC）也是世界银行集团下属机构之一。1956 年 7 月正式成立，总部也设于华盛顿。它虽是世界银行集团的附属机构，但它本身具有独立的法人地位。

（一）成立及宗旨

1956 年 7 月 25 日，国际金融公司首任总裁罗伯特·加纳在其就职演说的开场白中谈到，国际金融公司是首个将推动私营企业发展作为其主要目标的政府间组织。

国际金融公司的宗旨主要是：配合世界银行的业务活动，向成员国特别是其中的发展中国家的重点私人企业提供无须政府担保的贷款或投资，鼓励国际私人资本流向发展中国家，以推动这些国家的私人企业的成长，促进其经济发展。

组织机构：国际金融公司的组织机构和管理办法与世界银行相同，其最高权力机构是理事会；理事会下设执行董事会，负责处理日常事务，正副理事、正副执行董事也就是世界银行的正副理事和正副执行董事。

（二）资金来源

国际金融公司的资金来源主要有三个方面：(1)会员国缴纳的股金；(2)从世界银行和其他来源借入的资金；(3)国际金融公司业务经营净收入。

（三）业务内容

1. 国际金融公司致力于促进发展中国家私营部门的可持续发展，尤其注重通过促进成员国生产企业和高效资本市场的成长来推动经济发展。

2. 国际金融公司在新兴市场公司和金融机构的投资能够创造就业、增强经济并带来税收。其也认识到，经济增长只有在保障环境和社会福祉、改善发展中国家人民生活质量的前提下才具有可持续性。

3. 国际金融公司利用自有资源和在国际金融市场上筹集的资金为项目融资，同时它还向政府和企业提供技术援助和咨询。

4. 国际金融公司是世界上为发展中国家提供股本金和贷款最多的多边金融机构。它提供长期的商业融资。

5. 国际金融公司的资本金来自其 175 个成员国，并由这些国家的政府共同制定政策、审批投资。

6. 国际金融公司与发起公司和融资伙伴共同承担风险，但不参与项目的管理。在项目投资总额当中国际金融公司只承担部分融资。国际金融公司每投资1美元，便能带来其他投资者和债权人5美元的投资。

7. 国际金融公司的章程规定它按照商业原则运作，获取利润。自从成立之日起，公司每年都在盈利。

8. 国际金融公司投资不需要政府担保。由国际金融公司参与的项目，通常能在增强各方(如外国投资者、当地合作伙伴、其他债权人和政府机构)信心的同时，平衡各方的利益。

第三节 区域性国际金融机构

一、亚洲开发银行

亚洲开发银行(Asian Development Bank，ADB)，简称亚行，是类似于世界银行，但只面向亚洲和太平洋地区各国的区域性政府间的金融开发机构。它于1965年3月根据联合国亚洲及远东经济委员会(即今“联合国亚洲及太平洋地区经济社会委员会”)第21届会议签署的《关于成立亚洲开发银行的协议》而创立。1966年11月，在日本东京正式成立，同年12月开始营业，总部设在菲律宾首都马尼拉。

亚洲开发银行刚建立时有34个成员，如今已发展到67个成员，其中亚太地区80个，西欧和北美19个。我国于1986年3月10日正式成为亚洲开发银行会员，认缴114 000股，约13亿美元。我国目前已成为除日本、美国之外的第三大认股国和最大的发展中国家认股国，在亚洲开发银行的业务活动中发挥着越来越重要的作用。

(一)亚洲开发银行的宗旨

亚洲开发银行的宗旨是，为亚太地区发展中国家和地区的经济发展筹集资金，提供技术援助，帮助恢复协调成员在经济、贸易和开发事务方面的政策，以促进亚太地区的经济增长。

(二)亚洲开发银行的组织机构

亚洲开发银行设有理事会、董事会及办事机构。理事会是亚洲开发银行的最高决策机构，负责接纳新会员国、确定银行股金、修改章程、选举董事和行长、决定亚行储备金及纯收益的分配等。它由每个会员国委派的理事、副理事(各1名)组成，每年至少召开一次会议。董事会是亚洲开发银行理事会的执行机构，负责全面管理亚行的日常业务。它由理事会选举的12名董事组成，任期2年，可以连任，其中8名产生于区内会员国，4名产生于区外会员国。行长任执行董事会主席，由理事会选举产生，任期5年，可以连任。行长可以参加理事会，但无表决权；行长任董事会主席时一般不参加投票，只有在表决权出现赞成与反对票数相等的情况下，才可以投决定性的一票。亚行的主要职能部门有农业和乡村发展部、基本建设部、工业和开发银行部和预算部等。

(三)亚洲开发银行的业务

1. 提供贷款。亚行的贷款分为普通贷款(用普通基金发放的贷款)和特别基金贷款。前者的贷款条件是:期限12～15年,利率随金融市场的变化而调整,主要贷给比较富裕的发展中国家。后者的贷款条件是:期限25～30年,贷款利率1%～3%,主要贷给比较贫穷的发展中国家,具有经济援助性质。按规定,归还贷款时需用贷出时所贷货币偿还。

2. 股本投资。即通过购买私人企业股票对发展中国家私人企业融资,它是亚洲开发银行1983年以来开办的一项服务。

3. 技术援助。包括项目准备技术援助、项目执行技术援助、咨询性技术援助、区域活动技术援助4项。亚洲开发银行的技术援助项目一般由董事会批准,但金额在35万美元以下的技术援助项目,也可由行长批准,只是事后须通报董事会。

二、亚洲基础设施投资银行

亚洲基础设施投资银行(Asian Infrastructure Investment Bank,AIIB),简称亚投行,是一个政府间性质的亚洲区域多边开发机构,重点支持基础设施建设,总部设在北京。亚投行法定资本1 000亿美元。2013年10月2日,习近平主席提出筹建倡议,2014年10月24日,包括中国、印度、新加坡等在内的21个首批意向创始成员国的财长和授权代表在北京签约,共同决定成立亚洲基础设施投资银行。2015年3月12日,英国正式申请加入亚投行,成为首个申请加入亚投行的主要西方国家。

(一)创立意义

亚洲基础设施投资银行不仅将夯实作为经济增长动力引擎的基础设施建设,还将提高亚洲资本的利用效率及对区域发展的贡献水平。基础设施投资是经济增长的基础,在各类商业投资中潜力巨大,增长带动力强。

“研究如何将亚洲的高储蓄变成高投资”将是筹建亚洲基础设施投资银行的任务之一。中国提倡筹建亚洲基础设施投资银行,一方面能继续推动国际货币基金组织和世界银行的进一步改革,另一方面也是补充当前亚洲开发银行在亚太地区的投融资与国际援助职能。

亚洲基础设施投资银行的建立,将弥补亚洲发展中国家在基础设施投资领域存在的巨大缺口,减少亚洲区内资金外流,投资于亚洲的“活力与增长”。

(二)投资方向

作为由中国提出创建的区域性金融机构,亚洲基础设施投资银行的主要业务是援助亚太地区国家的基础设施建设。在全面投入运营后,亚洲基础设施投资银行将运用一系列支持方式为亚洲各国的基础设施项目提供融资支持——包括贷款、股权投资以及提供担保等,以振兴包括交通、能源、电信、农业和城市发展在内的各个行业投资。

(三)运行机制

亚投行采用股份制银行的治理模式,组织框架由理事会、董事会和银行总部组成。其中,由所有成员国代表组成的理事会是其最高权力和决策机构;董事会由理事会选举的总裁主持,负责对日常事务的管理决策;银行总部下设银行各主要职能部门,包括综合业务部、风险管理部等,分别负责亚投行日常业务的开展。

亚投行是一个政府间性质的亚洲区域多边开发机构，按照多边开发银行的模式和原则运营，重点支持亚洲地区基础设施建设。

三、欧洲投资银行

欧洲投资银行（European Investment Bank，EIB），是根据1958年1月1日生效的关于建立欧洲经济共同体的《罗马条约》而创建的，是欧洲经济共同体的一个金融机构。其成员都是欧洲共同体的会员国，行址设在卢森堡。欧洲投资银行的最高权力机构是理事会，执行机构是董事会。

欧洲投资银行的宗旨是，为了欧洲共同体的利益利用国际资本市场和共同体本身的资金，促进共同市场平衡而稳定地发展。其资金来源主要是向欧洲货币市场借款。该行的主要业务活动是，在非营利的基础上，提供贷款和担保，以资助欠发达地区的发展项目，改造和使原有企业现代化及开展新的活动。

（一）欧洲投资银行的组织机构

该行是股份制性质的金融机构。董事会是其最高权力机构，由成员国财政部长组成的董事会负责制定银行总的方针政策，董事长由各成员国轮流担任；理事会负责主要业务的决策工作，如批准贷款、确定利率等，管理委员会负责日常业务的管理。此外，还有审计委员会。

（二）欧洲投资银行的资金来源

1. 成员国认缴的股本金，初创时法定资本金为10亿欧洲记账单位。

2. 借款，通过发行债券在国际金融市场上筹资，是该行主要的资金来源。

（三）欧洲投资银行的业务活动

1. 对工业、能源和基础设施等方面促进地区平衡发展的投资项目，提供贷款或贷款担保。

2. 促进成员国或共同体感兴趣的事业的发展。

3. 促进企业现代化。其中，提供贷款是该行的主要业务，包括两种形式：一是普通贷款，即运用法定资本和借入资金办理的贷款，主要向共同体成员国政府私人企业发放，贷款期限可达20年；二是特别贷款，即向共同体以外的国家和地区提供的优惠贷款，主要根据共同体的援助计划，向同欧洲保持较密切联系的非洲国家及其他发展中国家提供，贷款收取较低利息或不计利息。

四、非洲开发银行

非洲开发银行（African Development Bank，ADB），简称非行，是在联合国非洲经济委员会的赞助下于1964年9月正式成立，并于1966年7月开始营业的一个面向非洲的区域性政府间国际金融组织。行址设在科特迪瓦首都阿比让。

非洲开发银行的宗旨是，为会员国的经济和社会发展提供资金，协调各国发展计划，促进非洲经济一体化。其资金来源主要是会员国认缴的股本及向国际金融市场借款。为解决资金来源问题，非行先后成立了4个机构，即非洲开发基金、非洲投资与开发国际金融公司、尼日利亚信托基金和非洲再保险公司。非行经营的业务分为普通贷款和特别贷款。

五、泛美开发银行

泛美开发银行(Inter-American Development Bank,IDB)于1959年12月30日正式成立,1960年11月1日开始营业,行址设在美国首都华盛顿。泛美开发银行的宗旨是,动员美洲内外资金,为拉丁美洲国家的经济和社会发展提供项目贷款和技术援助,以促进拉美经济的发展。其资金来源主要是会员国认缴的股金、向国际金融市场借款和较发达会员国的存款。其贷款主要有普通贷款、特别业务基金贷款、社会发展信托基金贷款等。

六、阿拉伯货币基金组织

阿拉伯货币基金组织(Arab Monetary Fund,AMF)成立于1977年2月2日,总部设在阿拉伯联合酋长国的首都阿普杜拉,主要会员国都是阿拉伯联盟的成员国。

阿拉伯货币基金组织的宗旨是:通过制定会员国金融合作的方针和方式,稳定会员国之间的汇率;取消彼此之间的经常性支付限制,促进各会员国经济和贸易的发展,调整国际收支的失衡;推广使用作为记账单位的阿拉伯第纳尔,为发行统一的阿拉伯货币创造条件;促进阿拉伯经济一体化的进程和各会员国的经济发展。

【本章小结】

1. 国际金融机构是维持国际货币制度正常运转及国际货币合作、协调各国货币政策或从事国际金融服务的金融机构。随着国际性金融机构的不断改革与完善,它们在国际经济和国际金融领域中将发挥更为重要的作用。

2. 国际货币基金组织是根据布雷顿森林会议通过的《国际货币基金协定》成立的全球性国际金融机构。

3. 世界银行集团目前由世界银行、国际开发协会、国际金融公司、多边投资担保机构和解决投资争端国际中心5个成员机构组成。

4. 区域性国际金融机构主要有亚洲开发银行、亚洲基础设施投资银行、欧洲投资银行、非洲开发银行、泛美开发银行、阿拉伯货币基金组织等。

【本章思考题】

1. 简述国际金融机构的概念。
2. 简述国际货币基金组织的宗旨。
3. 简述世界银行集团的构成。

第五篇　金融变革篇

第十五章　金融监管与金融创新

作为现代金融发展两个永恒的主题，金融监管和金融创新的重要性不言而喻。金融监管通过金融创新实现突破，金融监管以其管制手段为金融创新创造发展条件。金融创新与金融监管相互影响、相互作用、相互促进，共同推动金融业的变革与发展。

【学习目标】

学完本章，你应该能够：

1. 掌握金融监管的内涵；
2. 理解金融监管的目标及对象；
3. 了解金融监管的方式和原则；
4. 掌握金融创新的含义与主要内容。

第一节　金融监管

一、金融监管的内涵

监管是监督与管理的合称。从其特点来看：第一，监管是由一个或多个主体有意识进行的自觉活动；第二，监管活动有一定的对象和范围；第三，监管必须依靠一定的手段和方法；第四，监管有一定的预定目标。任何监管都包括监管主体、监管对象、监管手段和监管目标四个要素。因此，监管是指监管主体为了达到一定的监管目标，依靠一定的手段或方法，对被监管对象采取的一种有意识的干预和控制活动。而金融监管，是金融监管的主体（如中央银行）对金融交易行为主体进行的某种限制或规定的控制活动。

金融监管的主体一般分为两类。一类是政府授权的有权监督机关。这类监督机关是金融监管法规的制定者，一旦被监管者违反了这些规章制度，就会受到相应的处罚。例如，中央银行就是金融方面各种法规的制定者，并负责对各种违规行为进行处罚。另一类是民间机构或者私人机构，它们的权力并不来自政府授权，而是来自机构成员对机构决策的普遍认可，因此出现违规现象不需要承担法律上的责任，却可能必须接受来自机构纪律的处罚。例如，证券商自律组织就属于这类监管机构。

二、金融监管的目标及对象

(一)金融监管的目标

在金融活动中，效用的实现主要是通过市场这只看不见的手来调节的。但是，在每个个体追求自己效用最大化的过程中，可能会出现市场失灵的现象，即经济个体的某些活动和行为可能会影响到其他经济个体效用最大化的实现，进而影响整个社会经济福利水平的提高。为了防止出现这些行为和活动偏离预定目标，就要对这些领域中的活动进行必要的限制和干预。因而监管的目标就是要最大限度地避免人类的一些活动或者行为所带来的目标偏差，从而达到人们所希望或愿意看到的结果。

根据不同经济文化背景和金融水平的差异，金融监管的目标可以分成多目标、双重目标和单一目标三种不同的类型。“多目标型”的金融监管目标包括：维护社会大众对银行体系所建立的信心；建立有效率、有竞争的银行体系；维护消费者利益；允许银行体系根据经济形势变化做相应适当的改变。“双重目标型”的金融监管目标是维护信用，确保存款人利益；谋求金融的安全、稳健运行和经济健康发展。“单一目标型”的金融监管目标是保护存款人利益，促进银行资产安全和业务营运正常。

具体来说，金融监管的目标有以下四个方面：(1)按照政府的政策目标优化配置全社会金融资源，从而推动整个社会金融资源配置效率的不断提高；(2)消除金融市场和金融产品本身造成的某些市场参与者金融信息的收集和处理能力上的不对称性，以防出现因信息不对称所产生的交易不公平性；(3)对超出部分金融机构承受能力的、涉及整个经济或者金融的系统性风险予以克服或消除；(4)促进整个金融业更加公平地竞争。

(二)金融监管的对象

根据监管对象的不同，可以把监管分为经济监管、金融监管、商业银行监管、证券监管、保险监管、投资基金监管等。其中，经济监管以经济领域和经济活动为监管对象；金融监管以金融领域为监管对象；商业银行监管以商业银行领域为监管对象；证券监管以证券领域为监管对象；保险监管以保险为监管对象；投资基金监管以投资基金为监管对象。

金融监管的对象是金融领域，主要包括人类的金融行为和金融活动领域。人类活动的集中区域以经济领域为主，金融活动又是经济领域活动中的重要组成部分。因此，监管的对象一般也集中在经济方面，特别是金融领域。为了避免容易引起价格信息扭曲以至市场机制失灵现象的发生，需要对外部性、垄断、过度竞争、信息不对称等金融活动和金融行为实施监管。其中，保险业、商业银行业、证券业正是这类现象的高发行业。

人类的金融活动和金融行为并非全部纳入金融监管的范畴，只有金融市场失灵的部分才有可能成为金融监管的内容。同时，金融监管只能解决金融市场的某些失灵问题，并不能大包大揽，解决全部失灵问题。一般来说，对于一部分金融市场失灵问题，政府会通过财政、经济、金融政策引导金融市场加以自主解决；在金融监管效率更低下、成本过高的时候，就采用直接提供金融产品或者服务的方法加以解决。当以上两种方法成本太高或失效时，才会运用金融监管的方法。而更多时候，为了解决金融市场失灵问题，往往综合运用多种手段。可见，金融监管与金融市场机制并非矛盾对立的关系，而是互为补充。

三、金融监管的方式和原则

为了实现一定的监管目标，监管主体必须采取相应的管理方式。一般而言，有两种金融监管方式。第一种方式是，对这些金融活动和行为进行直接的干预和规范；第二种方式是，通过干预影响人类金融行为和活动领域的各种因素，间接影响人类的金融行为和金融活动领域。一般认为，金融监管可以采用经济、法律、行政等方式，对金融产品和金融服务的定价或利润水平、金融产品和金融服务的种类、产量或供应量、金融产品和金融服务的质量、金融产品和金融服务的交易过程，以及从事金融产品生产和金融服务供应的企业准入和退出等进行监督与调控。但是，针对不同的监管对象、目标和主体，也会采用不同的监管手段。因此，具体而有效的金融监管方式，必须根据金融监管主体的层次等级、监管对象的性质特点、监管目标的难易程度而最终决定。

金融监管不仅需要采取一定的方式，更在实施过程中需要遵循相应的准则。金融监管原则是指在金融监管活动中，作为监管主体的政府金融监管机构以及金融机构内部监管机构所应遵循的价值追求和最低行为准则。金融监管应坚持以下基本原则：

1. 法定原则。法定原则又称合法性原则，是指金融监管均应依照金融监管法规和相关行政法律、法规规定。合法监管的主体必须在监管的职责权限内实施相应的监管措施。

2. 公正原则。主要包括实体公正和程序公正，是指监管主体应公正执法，平等对待所有金融市场参与者。

3. 效率原则。效率原则要求金融监管在提高金融体系的整体效率、促进金融创新与金融竞争的同时，还应合理配置和利用监管资源，以节约社会公共资源。

4. 独立性原则。监管主体依法独立履行监督管理职责，地方政府、社会团体或个人不得阻碍或干扰监管活动。

5. 系统风险控制原则。单个金融机构所特有的个别风险和所有金融机构面临的系统风险是金融业风险主要的两个表现方面。个别风险应当由金融机构自己承担，金融业的系统风险主要由金融监管来控制。

四、金融监管体系

金融监管是一项错综复杂的行为活动，既有监管主体与监管对象之间、不同监管主体之间的关系定位，也有监管主体与其他相关组织、监管对象与其他相关组织之间的关系定位，这些关系定位共同组成了金融监管体系。因此，金融监管体系可以定义为：为了达到一定的经济社会目标，采取特定的监管方式，对金融活动加以控制或影响而形成的一整套机制和组织机构的总和。金融监管体系包括参加者和监管方式两个主要要素。

金融监管体系的参加者包括司法机关、立法机关、金融监管机构、金融企业、消费者和其他利益集团等。多个参加者之间相互影响，产生了各种复杂的关系。

从目的论角度出发，金融监管机构的创立是为了实现对金融行业的有效监管。但在实际的经济活动中，金融行业的特点决定金融监管体系的创立成为必需。因为，金融行业的活动会受到消费者和有关利益集团的影响，但与此同时，金融活动也会对消费者产生影响，而有关利益集团的切身利益又深受金融产品和金融服务供应量的变化的直接影响。这些复杂的经济关系，导致相关利益集团、消费者以及金融企业向金融监管机构提出进行监管的请求，甚至直接向立法机关提出修改相关法律法规的意见、建议。同时，在特定的环境或条件下，金融监管机构做出的某些监管行动，会因为被监管对象的申诉、法院的判决而发生改变。另外，金融监管机构向立法机关提出修改法律法规的建议，或者是改变自身职责和使命的要求，都会导致金融监管体系随着金融活动的变化而不断完善。

金融执法是金融监管进入实施阶段后的产物。金融执法活动最主要的特征是合规性和防范性。合规性主要体现在对金融市场参与者的越轨或犯规行为进行及时补救。防范性主要体现在金融执法主体通过调查各种金融违法、违规和越轨行为，确定责任主体，加强违法违规处罚，确保被监管者的行为合乎相关金融法律法规，防止犯法者在未来继续出现此类的行为。

小贴士

资料卡 15－1 美国的金融监管体系

美国联邦金融监管通过国会来立法，主要有《银行控股公司法》等相关的机构法以及《格拉斯—斯蒂格尔法》等金融行业发展方面的法案。相关监管机构制定的部门监管规章主要收集在美国的《联邦监管法典》内。该法典是美国联邦政府部门和机构颁布的有关监管规章的集大成者。法典共分 50 个部分，对应不同的联邦监管内容。其中，有关金融监管的规章包含在第 12 部分（银行及银行业）和第 17 部分（商品及证券交易）。另外，美国各州也有权制定各自辖区的银行监管法规和保险监管法规。这些监管法规未包含在《联邦监管法典》中。

一、美国的银行业监管

美国设有联邦和州政府两级监管机构。联邦政府主要的监管机构有以下五个：货币监理署、联邦储备体系、联邦存款保险公司、储蓄机构监管署和国家信用合作社管理局。此外，美国各州政府也设立有银行监管机构。美国大多数银行不单由一家监管机构负责监管。

货币监理署隶属美国财政部，1863 年《国家货币法》赋予货币监理署监管美国联邦注册银行（国民银行）的职能。货币监理署主要负责对国民银行发放执照并进行监管。具体监管职能包括：检查；对其违法违规行为或不稳健经营行为采取监管措施；审批监管对象设立分支机构、资本等变更的申请；制定并下发有关银行投资、贷款等操作的法规。

联邦储备体系（下称美联储）根据国会 1913 年《联邦储备法》设立。主要负责制定货币政策，并对其成员银行以及金融控股公司等进行监管，此外还承担金融稳定和金融服务职能。

联邦存款保险公司的设立目的是为了通过保护银行和储蓄机构的存款、监管投保机构以及接管破产机构等来维持金融体系稳定和公众信心。另外，联邦存款保险公司主要监管投保的非联储成员州立银行，辅助监管其他投保的银行和储蓄机构。储蓄机构监管署主要职责在于监管储蓄协会及其控股公司。

国家信用合作社管理局的主要职责在于发放并予监管联邦信用合作社的执照，并有效利用国家信用合作社保险基金对所有联邦信用合作社和大部分州立信用合作社的储蓄存款予以保护。

此外，联邦金融机构检查委员负责制定统一的监管准则和报告格式等来协调上述5家监管机构的机构。

二、美国的证券业监管

国债、市政债券、公司债、股票、衍生品市场等是美国的各类证券市场，由以下不同的监管机构负责监管。

(一)财政部

1986年，美国国会赋予财政部监管整个政府债券市场的职责，具体监管政府债券经纪商和交易商的交易行为，以保护投资者，建立公平、公正和富有流动性的市场。

(二)市政债券决策委员会(MSRB)

1975年，美国国会设立市政债券决策委员会并赋予其发布有关监管法规——监管证券公司和银行承销、交易和销售市政债券等行为的法规——的职责。MSRB是自律性组织，受证券交易委员会(SEC)的监管。

(三)证券交易委员会(SEC)

美国的证券立法赋予证券交易委员会以下监管职能：(1)公开发行证券的发行人必须到SEC注册，提供财务报表等相关文件。(2)交易所上市的公司必须在一定期限内将注册申请以及年报向SEC以及证券交易所等报告；场外交易的公司则必须提交年报等SEC规定的报表报告。同时，SEC还具有监管交易所成员有关交易行为职能。(3)根据有关保护公众、投资者和消费者利益的准则，SEC对电、气等公用事业控股公司予以监管。除非豁免，公用事业控股公司必须向SEC注册；一般情况下，事先获得SEC的批准后，注册公司才能发行和销售证券、购买其他企业的证券、资产以及与其附属机构发生交易等；并要遵守报告、簿记等有关规定。(4)1939年《信托合同法》赋予SEC监管信托机构的职责。(5)1940年《投资公司法》赋予SEC监管投资公司的职责。(6)1940年《投资咨询师法》赋予SEC监管投资咨询师的职责。(7)SEC参与破产公司的重组。

(四)全美证券交易商协会(NASD)

系证券业自律性组织，负责纳斯达克(NASDAQ)市场以及场外市场(OTC)的运营和监管等。2007年，NASD与纽约证券交易所(NYSE)监管委员会合并，成立金融业监管局(FINRA)，负责监管经纪商、交易商与投资大众之间的业务。

(五)商品期货交易委员会(CFTC)

设立于1974年，商品期货交易委员会负责监管美国商品期货和期权市场。

三、美国的保险业监管

各州的保险监管局负责美国的保险业监管，对市场准入以及监测检查等进行日常监管。此外，1987年，各州保险监管局共同设立了全美保险监管协会(NAIC)来辅助州保险监管局的监管工作。

第二节　金融创新

金融创新是金融业不断发展的动力源泉。面对货币外延扩大、货币经济走向金融经济以及金融功能扩张的新形势，金融创新浪潮的兴起和迅猛发展，直接推动了金融业的发展。

一、金融创新的内涵

（一）金融创新的定义

金融创新是金融业各种要素的重新组合，包括金融管理当局对制度安排、金融机构设置所进行的创造性变革，以及金融机构对于金融业务、金融工具所进行的开发与革新活动。

金融创新有狭义和广义之分。从狭义上来说金融创新指的是，为了适应经济环境的持续变化，防止或转移经营风险和降低成本，更好地实现资本的流动性、安全性和营利性目标，政府和金融机构逐步改变金融中介功能，创造和组合一个新的高效率资金营运方式或营运体系的过程。从广义上来说，金融创新是一个历史范畴，整个金融业的发展史就是一部不断创新发展的历史。生产力的不断发展，推动生产关系组成部分的金融结构随之调整。因此，一定意义上，金融创新是金融体系不断创新、不断完善基本功能、不断成长的过程。

小贴士

资料卡15—2　金融创新的经济背景

从当代经济发展史看，欧洲货币市场的兴起、国际货币体系的转变、石油危机与石油美元的回流、国际债务危机这几个经济事件对近三四十年来的金融创新产生了较大影响。

1. 欧洲货币市场的兴起

世界经济在第二次世界大战后的二三十年中发生了极为重大的变化，其中的生产国际化促进了市场和资金的国际化，形成了欧洲货币市场。该货币市场的发展与以下三个因素有关：一是由于苏联和东欧国家冷战期间将持有的货币存入欧洲国家银行；二是由于1957年英国政府外汇管制的加强，促使英国银行转向美元进行融资，美元在欧洲可以自由兑换；三是自1958年起，由于美国的国际收支逆差增大，许多国家将获得的剩余美元投向欧洲货币市场。

在此背景下，为了限制资本外流，美国政府采取了一系列措施，其中包括课税、利率或贷款限制等。而这些措施的出台引起美国商业银行国内业务发展受阻，只得向国外寻找出路，造成了美国资金的大量外流，促使欧洲货币市场业务的兴盛。欧洲货币市场的出现，作为一个离岸金融市场，其本身就是一个在逃避管制中创造出来的产物。可以说，欧洲货币市场的建立，开创了当代金融创新的先河，其多样灵活的经营手段，为以后的金融创新起到了示范性的作用。

2. 国际货币体系的转变

1994年，包括美英在内的44个国家确立了战后的国际货币体系——布雷顿森林体系，该体系实际上是以美元为最主要的国际储备货币，并基于黄金，实行黄金—美元本位制。该货币体系实行的是美元与黄金挂钩，其他国家的货币又与美元挂钩的“双挂钩”制度。这种以美元为中心的货币体系对战后的国际贸易和世界经济的发展起到了一定的积极作用。但是，从1950年起，美国的收支出现逆差，美元大量外流。20世纪60年代中期以后，又多次爆发美元危机，国际货币体系进入了动荡时期；1973年2月，美元再度贬值，引起各国主要货币开始浮动，随后不久浮动汇率制便逐步发展形成。浮动汇率制的诞生，标志着布雷顿森林体系的终结。

而国际货币体系由相对稳定“双挂钩”制，转变到不太稳定的、极易引发贬值、投机甚至传播通胀的“浮动汇率制”，给各国和世界经济带来了较大风险，这当然也会使得金融机构的经营面临的市场风险加大。所以，国际货币体系的转变是促进金融创新的一个不容忽视的环境因素。

3. 石油危机与石油美元回流

1973年10月，中东战争爆发，石油输出国组织(OPEC)以石油为武器，与西方发达国家抗衡，在加快石油国产化的同时，大幅度提高了油价，给世界经济带来了巨大的影响，形成了石油危机。

石油价格的大幅提高带来了石油输出国的巨额贸易顺差。由于石油贸易是以美元计价并结算的，而且美元在石油盈余资金中所占的比重最大，故称石油美元。石油危机导致全球国际收支严重失衡，1973～1983年，工业化国家累计有224亿美元的经常项目逆差，非产油的发展中国家经常项目的逆差竟高达5 682亿美元，为弥补国际收支的失衡，逆差国纷纷进入欧洲货币市场和国际资本市场寻求资金。与此同时，石油输出国为了寻求有利的投资场所，也将巨额的石油美元投向了欧美金融市场。这样一来，石油美元从石油输出国返回到了石油进口国，形成了石油美元的回流。

石油美元的回流在一定程度上促进了国际金融市场的发展。但是，由于涌入国际金融市场的资金大部分是短期金融资金，流动性大，在浮动汇率的条件下，石油美元在国家间大量、快速地流动，在一定程度上助长了投机活动，加剧了金融市场的动荡，由此导致利率、汇率的剧烈，频繁的波动，使融资双方要求有新的金融工具来规避日益增大的市场风险。金融机构一方面要满足客户这种对新金融工具的市场要求；另一方面也是出于自身业务经营的需要，通过各种金融创新来降低市场风险。

4. 国际债务危机

20世纪70年代以来，为了加速本国经济的发展，许多发展中国家对国际金融市场上的资金需求极为旺盛。但是由于部分发展中国家缺乏对债务结构、规模的宏观管理与控制的经验，不顾自身偿债能力而盲目借入超过自身承受能力的外债，导致引起了严重的债务问题。至1983年年底，发展中国家的债务已达8 000亿美元。另外，由于石油涨价、利率提高以及国际贸易中的保护主义盛行、发展中国家出口下降等原因，致使这些债务国的偿债能力大打折扣。结果终于爆发了20世纪80年代初期的以南美发展中国家为主要债务国的债务危机，加剧了国际金融的不稳定，对国际金融业影响深远。

面对这场严重的债务危机，国际商业银行纷纷缩小融资规模、改革融资方式，诞生了一大批新的融资工具和融资方式,同时还创新了许多解决债务问题的方法,如债权转股权、债务转债券、购回旧债发行有抵押的新债等,很大程度上缓解了危机。因此,从一定程度上来说,这场债务危机,虽然造成了国际金融业的剧烈震荡,但同时改革与创新了融资工具和融资方式。

(二)金融创新的动因

推动金融创新的因素多种多样,既有经济生活的巨大需求,也有科学技术的推进,还有经济制度的改革,更有市场竞争的加剧等,这些因素共同推动了金融创新。

1. 科学技术的推进

科学技术是促成金融创新的主要原因。20 世纪 70 年代以来,以计算机等为根本特征的新技术革命影响世界。90 年代后,以网络为核心的信息技术高速发展,催生了信息产业。而电脑和电信设备的新发明应用在金融业促成了金融创新。这些先进的科学技术被广泛应用到金融机构的业务处理过程中,为金融创新提供了技术上的支持,成为技术型金融创新的原动力,促进了金融业的电子化发展。

2. 经济制度的改革

金融创新是一种与经济制度相互影响、互为因果的制度改革,因制度改革而引起金融体系的任何变动都可以视为金融创新。比如存款保险制度的建立也是金融创新。金融创新并不仅仅受电子等科学技术影响,与社会制度也紧密相连。一定意义上,在市场活跃、经济相对开放以及管制不严的经济背景下,政府的管制和干预会直接或间接阻碍金融活动。此时,需要政府采取相应的制度创新,以适应不断变化的金融行为或环境。

3. 规避金融管制

为了获取利润,金融机构往往采取回避政府管制的方式,在这个过程中,也会引起相应的金融创新。各种形式的政府管制与控制通过隐含的税收方式增加了金融机构的成本,减少了金融机构获得盈利的机会。因此,为了逃避管制、摆脱不利于利润最大化的约束条件,金融机构通过创新来规避政府管制。一旦金融创新不利于金融稳定与货币政策,政府就会加强管制,新的管制又会引起新的创新,以此形成一个相互交替、互相推动的过程。

4. 市场竞争的日益尖锐化

随着全球经济一体化、国内市场国际化,金融领域不断拓宽与延伸,金融机构的数量、种类出现直线增长,金融资本高度集中并向国际市场发展。但与此同时,金融市场的竞争也日趋尖锐,各种金融机构面临的风险更大,尤其是当遇到经济危机时,金融领域遵循优胜劣汰的本能机制,会出现一部分金融机构倒闭、合并、重组的现象。所以,为了在竞争中占据优势,金融机构需要不断地变革与创新。

5. 降低交易成本

降低交易成本是实现利润最大化的有效途径,也是金融机构追求金融创新、优化金融服务的首要动机。金融机构通过综合运用科技进步成果,不断创新金融业务和金融工作,达到提高交易效率、优化金融服务、降低交易成本的目标。在这一过程中,新的交换媒介、新的金融工具不断衍生,货币也向更为高级的形式不断演变和发展。

二、金融创新的主要内容

金融创新的内容十分广泛，按照不同的分类方法，可以分为不同的金融创新。例如，根据创新主体的不同，金融创新可以分为政府主导型和市场主导型；根据创新内容来划分，金融创新可以分为机构的创新、制度的创新、业务的创新、工具的创新等。本书在综合各类划分标准的基础上，将金融创新分为金融制度的创新、金融业务的创新以及金融工具的创新。

（一）金融制度的创新

金融制度是金融体系的重要组成部分，随着金融环境的变化而逐渐演变。而这种演变不仅是结构性的变化，从某种意义上说，是一种本质上的变化、一种创新。金融制度的创新主要体现在以下三个方面：

1. 分业管理制度的改变

长期以来，在商业银行业务与投资银行业务的合并与分离问题上存在明显差异的“全能银行制”（以德国为代表）和“分业银行制”（以美国为代表），同时在世界银行体系中存在。自20世纪80年代以来，随着全球金融自由化浪潮的不断升级，这两种截然不同的金融管理制度已经悄然发生改变。1999年年底，美国废除了《格拉斯—斯蒂格尔法》，打破了对银行业经营严格限制的屏障，允许商业银行混业经营。这一事件标志着分业界限已逐渐模糊，商业银行的经营范围进一步扩大。随后，世界上著名大银行实际上已经成为“百货公司”式的全能银行，商业银行经营走向全能化、综合化势在必行。

2. 管理制度的改变

因为商业银行具有非银行金融机构没有的信用创造功能，大多数国家都对商业银行实行更为严格的管理制度。如对其市场准入、存款最高利率、不同存款准备金率的差别等的限制。但在金融创新不断发展中，非银行金融机构利用“制度优势”，进行大胆创新与变革，推动其种类、规模、数量、业务范围与形式等迅速发展，商业银行在新的市场竞争中处于明显的弱势。鉴于金融市场环境发生的巨大改变，各国政府都先后缩小了对银行与非银行金融机构在管理上的差距，使两类金融机构在市场竞争中的地位趋于平等。

3. 金融市场准入门槛降低

20世纪80年代以前，许多国家，尤以日本为最，严格限制非本国国民进入本国金融市场或者本国国民进入外国市场，但随着金融不断自由化与国际化，这些限制正慢慢被瓦解。经济政策环境的改变，推动跨国银行的出现以及国际金融中心的建立。世界各大知名银行纷纷在国际金融中心设立分支机构，同时加快推进电子化、专业化和全能化的业务步伐。由于金融创新，各国间的经济、金融联系更加紧密，经营的风险也在加大，从而使各国政府在对国际金融中心、跨国银行的监管问题上更加注重国际协调与合作，全球金融监管出现自由化、国际倾向化。

（二）金融业务的创新

金融业务的创新是金融机构为了实现其经营成果，在经营过程中利用新思维、新的组织方式和新技术，构造新型的融资模式的活动。在整个金融业务中，商业银行业务占了重要的部分，因此，金融业务创新的核心内容是商业银行的业务创新。

1. 负债业务的创新

20世纪60年代以后，商业银行发生负债业务的创新，主要表现在商业银行的存款业务上。

商业银行存款业务的创新主要表现在改造传统业务、创设与拓展新型存款方式上，其发展趋势通过存款工具功能的多样化、存款业务操作电算化、存款证券化、存款结构发生变化四个方面来表现。

个性化的新型存款账户，满足了不同客户的多样化需求。新型存款账户主要有可转让支付命令账户、超级可转让支付命令账户、电话转账服务和自动转账服务、股金汇票账户、协议账户、货币市场互助基金、远距离遥控业务、个人退休金账户等。

商业银行借入款的范围、用途逐步扩大化。商业银行的借入款项不仅用于临时、短期的资金调剂，更日益成为弥补商业银行资产流动性、提高收益、降低风险的重要工具，筹资范围也从国内市场逐步拓展至全球市场。

2. 贷款业务的创新

银行贷款业务的创新主要有：

(1)贷款结构的变化。消费信贷分为一次偿还的消费信贷和分期偿还的消费信贷。目前这一资产业务形式发展迅速，已成为一些发达国家商业银行的主要资产项目。在消费贷款领域，各个阶层的消费者都可以向商业银行申请一次性偿还或分期偿还的消费贷款，用于购买住宅、汽车、大型家电、留学、修缮房屋等。

(2)贷款证券化。贷款证券化是商业银行通过一定程序将贷款转化为证券发行的融资过程。作为商业银行贷款业务创新的一个重要表现，它紧密结合贷款业务与国债、证券市场，大幅增强了资产的流动性和变现能力。

(3)贷款形式与市场利率联系紧密。这类贷款的具体形式有可变利率抵押贷款、浮动利率贷款、可调整抵押贷款等。在实际业务操作过程中，商业银行贷款利率与市场利率紧密联系并随之变动的贷款形式，有助于商业银行转移其资产因市场利率大幅波动所引起的价格风险，是商业银行贷款业务的一项重要创新。

(4)商业银行贷款业务"表外化"。商业银行贷款业务的"表外化"主要有贷款额度、周转性贷款承诺、循环贷款协议、回购协议、票据发行便利等。

3. 中间业务的创新

商业银行中间业务的创新，为商业银行拓宽了新的利润增长点，推动了商业银行的发展。商业银行中间业务创新主要有五大内容：

(1)结算业务的创新。过去结算必须通过现金、支票、汇票、报单等票据或凭证来完成，如今通过电子计算机及其网络就能办理转账，实现了"天地对接、一分钟到账"等。

(2)信托业务的创新。随着金融业的发展，商业银行传统的存、贷、投资业务逐渐与信托业务相结合，开拓了私人银行业务，满足了巨大的市场需求。这些业务通过提供针对客户特殊的金融服务，大大优化了商业银行的盈利结构，提高了竞争力。

(3)现金管理业务的创新。该业务的创新通过运用电子计算机，为客户提供有关账户信息服务、电子转账服务、决策支援服务等内容，协助客户利用闲置资金进行短期投资。这一业务创新不仅增加了商业银行的手续费收入，更有利于银行吸引更多的客户。

(4)信息咨询方面的创新。现代社会是信息社会,信息与金融业的结合日益紧密,金融信息的生产日益现代化、市场化,并极大地推动了商业银行信息咨询业的创新与发展。例如,客户咨询数据库通过提供各种及时、准确、权威且有偿的信息服务来满足客户的需求。

(5)自动化服务的创新。电子计算机的广泛应用不仅带来现代管理业务的创新,更直接推动商业银行业务模式发生巨大变革,令电子化、自动化的金融服务成为可能。如银行卡业务、自助银行、网络银行、自动柜员机、售货点终端机、居家银行服务等新兴业务迅速崛起并得到极大发展。

4. 表外业务的创新

表外业务创新同样是商业银行业务创新的重要内容。表外业务与中间业务关系紧密,并在一定条件下能够转化为中间业务。

为了规避金融机构对资本金的特殊要求或顺应外部金融环境的改变,商业银行由传统银行业务向现代银行业务进行了转化。表外业务只有手续费收入,但收益可观。从各国银行业的发展现状来看,商业银行表外业务发展迅猛,如贸易融通业务、金融保证业务、衍生产品业务等花样品种不断翻新,有些商业银行的表外业务已经成为其支柱产业。

(三)金融工具的创新

近年来,新型的金融工具层出不穷,金融工具的创新成为金融创新最主要的内容。这些新型金融工具的出现,更是赋予了"金融资产保值""风险规避"等原有概念的全新解释。金融工具的创新主要包括以下两个方面:

1. 基础市场上的创新

在金融工具的创新过程中,诸如活期存款、定期存款、储蓄存款等基本存款工具的界限早已被打破,形成了一些包括超级可转让支付命令、货币市场存款账户、个人退休金账户等在内的新存款工具。这些新的存款账户,既能方便客户支取,又能给客户计付利息,不仅为客户提供了更多的选择,更满足了存款人对安全性、流动性和营利性的多方面要求,从而吸纳了更多客户群,拓宽了商业银行的资金源。

2. 衍生金融市场上的创新

随着金融创新的发展,金融衍生工具为金融市场做出了重要贡献。但衍生金融工具是一把"双刃剑",如果运用得当、充分合理,能够起到传统避险工具无法起到的保值、创收的功能,推动金融业的发展。而一旦运用不当,则会严重伤害市场参与者,甚至危害整个金融市场的安全与稳定。

小贴士　资料卡 15-3　货币市场共同基金:满足公众理财需要的创新工具

货币市场共同基金(Money Market Mutual Fund,MMMF)是专门投资于货币市场的一种开放式基金,投资对象主要包括商业票据、短期国债、回购协议、大额可转让存单、银行承兑汇票等。其风险与收益高于银行储蓄存款、低于资本市场投资。1971 年华尔街的两名离经叛道者——布鲁斯·本特和亨利·布朗——创设第一家货币市场共同基金。从 1972 年开始美国证券公司开始经办此种业务。投资者认购证券公司发行的基金股份,然后证券公司经营基金购买短期货币市场工具，最后将投资收益扣除手续费后交给持股人。为了规避“Q条例”对美国商业银行存款利率上限的管制，MMMF生存了下来。Q条例规定，商业银行的存款利率不得超过5.25%～5.5%，这使投资者对存款逐渐不感兴趣。在这种背景下，慢慢产生了货币市场共同基金。

货币市场共同基金最初在美国不太受关注，直到1975年仍然只有40亿美元的资产，但自20世纪70年代末、80年代初起，得到了快速的发展。1982年其资产净额达到2 300亿美元，1993年资产规模则超过了5 000亿美元。目前有近半数的美国家庭持有货币市场共同基金，家庭短期金融资产的22%是以货币市场共同基金的形式存在。这说明，经过几十年的发展，货币市场共同基金已经在基金业中有了坚固的地位，深受投资者青睐，同时也说明，货币市场共同基金是一项成功的金融创新。

货币市场共同基金与股权类、债券类基金有许多相似之处，比如在基金的筹措、运作上都是通过发行基金单位，向社会大众筹集资金，用于投资金融市场以获得投资收益，并运用投资组合的方式争取最大收益和最小风险等。但是作为一种独特的制度安排，货币市场共同基金在许多方面不同于股权类基金和债券类基金，如：(1)货币市场共同基金与其他基金最主要的不同在于固定不变的基金单位的资产净值，通常是每个基金单位1元。投资该基金后，其收益可以再被投资，投资收益就不断累积，投资者所拥有的基金份额越来越多。(2)高流动性和安全性。货币市场风险低、流动性高。同时，投资者可随时根据需要转让基金单位，不受到期日限制。也可以对在货币市场共同基金中以股份形式持有的资金签发支票。(3)收益率是衡量货币市场共同基金表现好坏的标准。这不同于其他基金以净资产价值增值获利。(4)极低的投资成本。货币市场共同基金赎回不收取费用，并且其管理费用也较低，货币市场共同基金的年管理费用大约为基金资产净值的0.25%～1%，比传统的基金年管理费1%～2.5%要低。(5)货币市场共同基金均为开放式基金。(6)低风险性。货币市场共同基金投资组合的平均期限一般为4～6个月，因此风险较低，其价格通常只受市场利率的影响。

在引入货币市场共同基金以前，由于货币市场产品最低交易额的限制(如大额可转让定期存单的最低交易额通常为10万美元)，大部分个人投资几乎无法进入货币市场，因而无法分享其中某些产品的较高收益率。货币市场共同基金则以集合投资的方式满足了这部分需求。

由于社会财富的不断积累，公众收入逐渐增长，人们更重视家庭理财，参与金融市场投资的意识显著增加。为了满足广大投资者理财的需要，西方国家在公众理财投资领域也创造出新的金融工具。货币市场共同基金即属其中的典型代表。

从货币市场共同基金在美国的发展看，虽然其产生最初与规避法律管制有关，但仔细比较货币市场共同基金与其他金融产品的特点，可发现导致其持续发展的主要原因在于：(1)它提供了风险与收益介于银行存款与资本市场工具之间的过渡性投资品种，使个人能够参与货币市场投资，分享货币市场的收益；(2)它引入了一般证券投资基金的运作原理，使货币市场共同基金的所有投资人风险共担、收益共享；(3)它具有类似于银行存款的流动性和灵活的支付、结算功能。以上原因都具有一个共同的属性,即能更好地满足不同投资人的需求。

在货币市场共同基金出现之前,美国个人投资者往往难以进入货币市场,获得高于“Q条例”规定的收益。因为货币市场工具的面额都很大,且期限较短,这不仅使得中小投资者无力购买,即使进入也因投资对象的期限短而需付出较多的精力、时间,其中的费用成本也是一个令人不可小觑的障碍。而货币市场共同基金通过吸收各类投资者的零星资金汇集成金额巨大的基金投资于货币市场工具,实质上使中小投资者得以便利地间接进入货币市场,分享短期国库券、商业票据、银行承兑票据及可转让定期存单等流动性强的货币市场工具的收益,从而为个人投资者从货币市场获得高于“Q条例”的收益打开了道路。

同时,货币市场共同基金在一定程度上可以替代银行存款,满足普通公众对于高流动性、低风险的偏好。例如,货币市场共同基金基本上采取开放式基金的形式,在基金单位的买卖形式和便利程度上都与银行存款十分相近,甚至货币市场共同基金允许投资者在自己的基金账户上签发支票和转账;又如,货币市场共同基金的安全性也并不比银行存款逊色,它的投资对象都是期限短、信誉高、安全性和流动性都很好的货币市场工具,因而它所承受的投资风险非常小。也就是说,小额资金通过购买货币市场共同基金不仅能获取货币市场上较理想的收益水平,又因为它可以随时进出的特性以及投资对象的高流动性,从而满足了人们对于流动性的需求。

总之,不同投资者的财富规模与结构不相同,对于收益、流动性与风险的偏好也会不同,从而在投资需求上也会产生差别。货币市场共同基金与其他种类的基金在风险、收益、流动性上的差异,正好可满足投资者这方面的需求。特别是货币市场共同基金架起了普通投资者与货币市场之间的桥梁,能够满足一些特定的投资者获取安全、稳定收益的要求,从而拓展了投资者的选择空间,丰富人们的投资方式,可以帮助人们更好地管理财产。并且,作为金融创新的货币市场共同基金的出现,事实上其深远的影响还在于,它不仅表明投资基金不再局限于从事传统的资本市场投资,而是广泛地延伸到各种金融资产的投资,并且极大地冲击了美国等发达国家传统的商业银行业。货币市场共同基金强大的竞争压力导致对商业银行的一系列限制性法规的取消、商业银行金融工具的创新以及业务领域的扩展,从而极大地推动了商业银行的革命。

资料来源:陈健:《金融创新案例分析》,《特区经济》,2007年。

【本章小结】

1. 监管是指由监管主体(监管者)为了实现监管目标而利用各种监管手段对监管对象(被监管者)所采取的一种有意识的和主动的干预和控制活动。而金融监管,是金融监管的主体为了实现监管的目标而利用各种监管手段对监管的对象所采取的一种有意识的和主动的干预和控制活动。

2. 金融监管的目标有以下4个方面:(1)促进全社会金融资源的配置与政府的政策目标

相一致，从而推动整个社会金融资源配置效率的不断提高；(2)消除因金融市场和金融产品本身的原因而给某些市场参与者带来的金融信息的收集和处理能力上的不对称性，以避免因信息不对称造成交易的不公平性；(3)克服或者消除超出个别金融机构承受能力的、涉及整个经济或者金融的系统性风险；(4)促进整个金融业的公平竞争。

3. 金融创新是金融业各种要素的重新组合，包括金融管理当局对制度安排、金融机构设置所进行的创造性变革，以及金融机构对于金融业务、金融工具所进行的开发与革新活动。金融创新有狭义和广义之分。从狭义上来讲，金融创新是政府和金融机构，为适应经济环境的变化，防止或转移经营风险和降低成本，更好地实现流动性、安全性和营利性目标而逐步改变金融中介功能，创造和组合一个新的高效率的资金营运方式或营运体系的过程。从广义上来说，金融创新是一个历史范畴，整个金融业的发展史就是一部不断创新的历史。

【本章思考题】

1. 简述金融监管的概念和主体。
2. 简述金融监管的监管体制和监管对象。
3. 简述金融创新的概念。
4. 简述金融创新的主要内容。

第十六章　互联网金融

随着金融创新热潮的掀起，互联网与金融两个行业的结合催生出新的产物——互联网金融。互联网金融一经出现，就逐渐取代传统的交易模式，使得金融交易不再专属于职业投资者，让更多的普通老百姓有了更多的金融交易选择。作为一种新兴的金融服务模式，互联网金融将对人类金融模式产生根本性的影响。

【学习目标】

学完本章，你应该能够：

1. 掌握互联网金融的内涵；
2. 掌握互联网金融市场的内涵；
3. 了解互联网金融的几种主要模式；
4. 掌握互联网金融的几种主要模式的特点。

第一节　互联网金融概述

一、互联网金融的内涵

互联网金融是指依托互联网技术和移动通信技术等一系列现代信息科学技术，实现资金融通、支付和信息中介等业务的一种新兴金融。互联网金融与传统金融模式相一致，都是实现资金供给方与资金需求方的匹配过程。但与传统金融不同的是，互联网金融不仅可以实现跨时间、跨区域的价值交换，而且可以通过互联网这一渠道更有效率地完成资金供给双方的匹配。互联网“开放、平等、协作、分享”的精神渗透到传统金融业态，衍生出创新的金融服务模式，使得金融业务具备透明度更强、参与度更高、协作性更好、中间成本更低、操作更加便捷等一系列特征。通过互联网技术手段，最终可以使金融机构在资金融通过程中的主导型地位被打破，金融中介作用不断弱化。也就是说，互联网金融是一种努力尝试摆脱金融中介的行为。

二、互联网金融市场

互联网金融市场是依托传统金融产生的，以解决在不确定性的市场环境下，跨区域、跨时间进行资源配置的问题。与传统金融市场不同，互联网金融市场的资源配置过程和解决方式比传统金融更高效、更快捷、更人性化，能够创造出更精细化、更优良的金融产品。

互联网金融市场的参与主体包括资金的需求者、资金的供给者、监管者、互联网金融工具、互联网金融机构。资金的需求者包括直接融资需求者和间接融资需求者，对于互联网金融来说，只要是通过信用风险管理和市场风险管理手段达到筹集资金目的的金融工具，就可以成为互联网金融参与主体中的融资者。互联网金融市场的资金供给者则包括个人、企业和各类金融机构。同时，在互联网金融市场中也存在监管者，但由于互联网金融企业本质上并非金融机构，传统的“一行三会”监管体制难以适应新兴的互联网金融市场，导致互联网金融市场的监管边界不够清晰，界限不明显。

互联网金融机构是互联网金融市场中的组织者，其构成有金融机构和非金融机构。金融机构从事的传统金融业务是一种金融业务的互联网化过程，同时还提供非金融产品的相关服务。非金融机构则在将其本职业务互联网化的同时，进行创新性的互联网金融业务。互联网金融工具则通过各类金融产品的形式存在，一部分形成诸如余额宝等新的产品形式，另一部分则以互联网金融中介的形式存在。

第二节　互联网金融的主要模式

一、P2P 网贷

(一)P2P 网贷的定义

随着互联网的发展和民间借贷的兴起，网络借贷逐渐衍生出来。网络借贷指的是依靠网络来实现借贷过程中包括资料与资金、合同、手续等全部内容的行为。而作为典型的舶来品，P2P 网络借贷(peer-to-peer lending)适应国内的金融环境不断发展，已经成为未来金融服务的发展趋势之一。

P2P 网络借贷是指个人或法人通过独立的第三方网络平台相互借贷。即借款人在具有资质的网站(第三方公司)设立的中介平台上发放借款标，投资者进行竞标向借款人放贷的行为。P2P 网贷模式脱离了银行等传统的融资媒介，在基于充当服务中介角色的网贷平台上，安排多位出借人共同分担一笔借款额度来分散风险，并帮助借款人以较为优惠的利率条件获得融资。在借贷过程中，资金出借人与借款人双方信息不对称，贷款无抵押物，也使 P2P 网络借贷面临着一定的风险。

(二)P2P 网贷模式

P2P 网贷从国外进入国内以来，经过几年的发展，已经发生了很大的变化。P2P 网贷模式可以从以下两个角度进行划分：

1. 根据借贷流程的差异，P2P 网贷主要有纯平台模式和债权转让两种模式。其中，纯平台模式是指借贷双方在中介平台直接接触，一次性投标达成借贷关系。在该模式下，平台只负责信用审核、展示及招标，不介入交易，以中介形式收取账户管理费和服务费。债权转让模式，又称“多对多”模式，是指借贷双方通过第三方个人先行放贷给资金需求者，再由第三方个人将债权转让给投资者。在此模式中，借贷双方不直接签订债权债务合同，且 P2P 网贷平台负责借款人的信用审核以及贷后管理等相关职责。

2. 根据有无担保机制来分，P2P 网贷可以分为无担保模式与有担保模式。其中，无担保模式下，平台进行信用认定、发布借贷信息、借贷撮合，由出借人根据自己的借款期限和风险承受能力自主选择借款金额和借款期限，但所有借款均无担保的信用贷款。有担保模式，是指 P2P 网贷平台引入担保机制，保障出借人借出的款项能够及时收回。有担保模式又可细分为第三方担保模式和平台自身担保模式两类。其中，平台自身担保模式，主要包括平台利用自有资金收购出借人已逾期债权，或者通过设立风险准备金的方式填补出借人的本金损失。

（三）P2P 网贷风险分析

P2P 网贷快速发展的同时，行业风险日益凸显。主要有以下七大风险：

1. 审贷风险

审贷是网贷平台的所有工作中最为重要的前提，过硬的审贷技术是对借贷资金的用途实现有效贷前和贷后管理的保障。而审贷中的关键点就是确定贷款额度，然后通过抵押贷款或信用贷款的方式进行放贷。抵押贷款与信用贷款最大的区别就是有无抵押品。抵押贷款的审贷只需保证借款人抵押物价值高于其违约金额，风险较小但其过程耗时过长。而信用贷款因无抵押品需要采用信用评级的方式确定信用额度，对其信用信息进行严格审核。目前，我国的征信体系并不健全、审贷技术不过硬，难以保证网贷平台掌握完备的信息，也难以对借贷资金的用途实现有效的审贷和贷后管理，缺乏借款人违约后的有效控制手段，隐藏着一定风险。

2. 中间账户风险

为了降低双方交易风险，网贷平台设立了中间账户来监管双方的交易资金，详细分析信贷活动中交易的作用并对中间资金账户的资金流向进行监控。如果监管缺失，中间账户便成为该机构自己的资金池，其设立也只是摆设。此外还存在人为风险，如一些平台员工自动更改账号或黑客侵入。监管的真空使得中间账户的资金处于很大的风险之中。

3. 担保垫付风险

在进行担保的网贷业务中，一旦发生贷款不能追回的情况，这部分贷款就往往由担保公司偿还。我国的担保费一般是担保额的 3%～5%，而担保客户一旦违约，担保公司就要 100%代偿。因此，担保公司具有低收益、高风险的特点。有限担保公司担保率低的先天不足限制其发展，使得其承担风险能力无法提高。与担保公司合作虽然能降低平台贷款风险，但担保公司脆弱的坏账承受能力，大幅降低了给予出借人的安全感。

4. 流动性风险

流动性风险是网络借贷主要的风险之一。流动性主要指国内的网贷平台承诺为出借人垫付逾期借款的情况下，平台应对出借人兑现要求的能力。而流动性风险是指因为市场成交量不足或缺乏愿意交易的对手，无法以合理的成本迅速获取足够的资金，在理想的时间点完成交易的风险。当平台随时持有的、用于支付需求的流动资产只占负债总额的很小部分，网络借贷的大量债权人同时要求兑现债权(如挤兑行为),网贷平台就面临流动性危机。网贷平台的流动性不足会直接影响盈利水平,严重时会导致网贷平台破产,因而流动性风险是一种致命性的风险。

5. 透明度风险

透明度是指网贷平台对相关信息的披露程度以及平台的风控体系是否完备。这些相关信息包括网贷平台对自身信息的披露和对担保公司信息的披露。风险披露缺乏足够的透明度和有效性,将影响投资人甄选,并会在一定程度上阻碍信任的建立。

6. 技术风险

技术风险是指平台运行中依靠的互联网技术操作不当或相关技术不配套、不成熟带来的风险。由于技术因素的限制,平台易遭黑客攻击,影响交易业务正常、有序地运行,可能给客户造成严重损失,影响资金安全。网络借贷因其金融属性,大量风险资本进入该领域,受社会关注度高,若网贷平台系统安全漏洞多,极易被黑客要挟勒索,容易造成极大的社会不良影响。

7. 法律风险

P2P 网络借贷的法律风险包括以下几个方面:

第一,网贷平台涉及的法律风险:主要指网贷平台在经营过程中因为无法满足或违反法律要求,而可能给网贷平台造成经济损失的风险。具体表现:(1)债权转让模式中可能存在公开发行证券的风险;(2)非法吸存和非法集资的风险;(3)集资诈骗的风险;(4)从事违法的居间活动的风险;(5)违反保密义务的风险;(6)融资担保的风险。

第二,出借人涉及的法律风险:主要指电子合同、债权的法律适用和法律规定是否完善或是否被严格执行的问题。此外,还包括出借人借助平台进行非法公开发行证券的风险。

第三,第三方支付涉及的法律风险:(1)资金托管问题:第三方支付的托管并不是真的托管,不能成为实质上的网贷平台的资金池;(2)沉淀资金的法律问题:目前相关法律并没有清晰地规定第三方支付公司沉淀资金的使用,导致违法风险可能出现在实际操作中。

另外,在 P2P 网络借贷中,出借人杠杆风险和道德风险也容易产生。在法律没有明确规范网贷行业基准利率和准入门槛的情况下,容易出现出借人放大资金杠杆,平台将出借人资金挪作己用甚至卷款跑路的状况发生。

(四)P2P 网贷对金融业的影响及其风险防控

P2P 网贷以信息化技术为载体,实现了业务流程、资金来源和项目投向的整体重组,使得小微金融呈现出新的发展可能,直接让难以获得传统金融有效服务的小微金融、小微投资人和小微借款人收益。这一优势,也使整个 P2P 网贷行业表现出极强的创新活力和快速增长的势头。同时,广阔的发展前景和行业政策红利也为 P2P 网贷带来机遇。

P2P 网贷模式的出现对我国金融业的发展起到了积极的作用:

1. 能有效规范民间借贷、抑制高利贷。P2P 网贷提供了一个借款人和贷款人直接对接的平台,平台记录并共享资金流向和交易总量,使得民间借贷阳光化,从一定程度上抑制了高利贷的发展。

2. 促进直接融资发展。在 P2P 网络借贷的融资模式下,资金供给双方直接交易,资金匹配时间更短,可以为持有资金的投资人带来更高的收益。

3. 推动征信系统建设。国内的P2P平台没有征信系统数据，P2P行业的不良借款记录无法上传征信系统，无法对借款人形成足够的威慑力，导致P2P行业的坏账风险居高不下。因此，加快全国征信系统的建设已成为P2P行业健康发展迫在眉睫的问题之一。

4. 创新金融业风控手段。P2P网贷行业的服务对象主要是个人和小微企业，因而风险控制技术一般以个人信用为基础，其以信息数据为基础的量化风控模型和自动化的信贷管理系统，可以给金融业带来新的启示。

但由于P2P网贷不接受现行金融体系监管，且行业的出借人大多为普通个人且数量众多，不具备良好的风险识别能力和风险承受能力，导致P2P网贷行业在运行中存在流动性风险、操作风险、信用风险、法律风险等诸多风险。

基于P2P网贷的现状，需要从国家监管、行业建设等多个层面共同努力，采取有效措施防范风险。具体可以通过设立准入门槛、加强政府监管，第三方资金托管、清结算分离，完善社会征信体系、实现信用信息共享，明确法律性质、确定监管主体等多个方面加强P2P网贷行业的风险防控。

二、众筹

众筹(crowding funding)，是指项目发起者利用互联网和社会性网络服务(Social Networking Services，SNS)传播的特性，发动众人的力量，集中资金或渠道，为小企业、艺术家或个人进行某个项目、某项活动或创办企业提供资金援助的一种融资方式。

众筹具有以下特点：(1)低门槛：不限制发起者的地位、身份、年龄等因素，只要具备想法和创造能力都可以发起项目。(2)多样性：设计、科技、音乐、影视、食品等的项目类别众多，体现了众筹方向的多样性。(3)依靠大众力量：普通的草根民众通常是项目最广泛的支持者。(4)注重创意：平台对项目的审核注重创意并要求有可操作性，发起人必须将自己的创意(设计图、成品、策划等)达到可展示的程度。

(一)众筹平台运营模式分析

1. 奖励制众筹

奖励制众筹平台与团购有些类似，依靠网络平台，发布创意项目来吸引大众参与者的支持。项目设定所需的参与者人数(或金额)下限和截止期限。在规定期限内达到目标人数，项目便会生效；否则，资金将被返还给项目的参与者。表面上看众筹与团购差别不大，但众筹多了一重期货性质，即项目支持者在支付后不能立即获得项目允诺所提供的回报，但在项目成功后的几天甚至几十天内发起人会兑现事先所承诺的回报。奖励制众筹，一方面能够引导消费资金前移，从而提高生产资金筹备和销售等环节的效率，加快产品的推陈出新；另一方面，可以获得预期产品的市场反馈，有效规避盲目生产所带来的风险和资源浪费。

众筹平台的桥梁作用与其规模和知名度呈正比。平台规模和知名度越小，则浏览和参与人数不多，众筹平台的桥梁作用不仅不能得到很好的发挥，反而还会干扰项目发起者的判断。众筹平台的流量与知名度也是息息相关，高质量众筹项目上线数量越多，寻觅项目的出资者越集聚，平台的知名度越高；而高知名度也会集聚出资者，吸引大量高质量众筹项目。

2. 募捐制众筹

从形式上看，募捐制众筹模式与通过电商预购某个产品或服务差别不大。但是实际上，在消费者眼中，二者存在巨大差异。消费者通过电商希望购买到物有所值的产品或服务，而募捐制众筹的支持者出资行为带有更多的捐赠和帮助的公益性质。在该模式下，项目支持者将购买消费品的行为转换成了捐助梦想的行为。因此，大众作为投资人的募捐制众筹其实质是一项公益行为。

3. 股权制众筹

随着我国众筹业的快速发展，股权制众筹和借贷制众筹将会是今后众筹业发展的重点方向。根据投资者的不同风险偏好，比起单纯的实物产品，一些出资者可能更加偏好现金回报。这样项目发起者（即筹资者）集聚出资者提供的资金进行使用，待项目结束后向出资者分享项目的收益。相较于以往因项目亏损、不能兑现所承诺的收益而产生法律风险，股权制众筹很好地弥补了这方面的不足。同时，股权制众筹还可以进一步细分融资结构，借鉴资产证券化的收益与风险结构。

（二）众筹平台的风险分析及防范

1. 众筹平台的风险分析

(1)法律风险

众筹平台是一种依托互联网的创新经营模式，在其快速发展的过程中，由于立法速度慢于众筹平台的发展速度，导致许多法律问题接踵而至。目前这些法律问题，主要集中在众筹平台是否涉嫌非法集资犯罪、项目发起人知识产权权益是否受到侵犯、是否突破《证券法》关于禁止公开发行证券的规定等方面。

(2)非法集资风险

在目前金融管制的大背景下，民间融资渠道不畅，非法集资以各种形态频繁发生，引发了较为严重的社会问题。目前没有相应的法律认可众筹平台模式。众筹平台的运营模式，即通过互联网向社会公开推介，并承诺在一定期限内给予回报（募捐制众筹除外），这一特点与非法集资的构成要件相吻合。但从众筹平台运营的目的来看，众筹是为了支持创新、发展公益事业及盈利，这与《最高人民法院关于审理非法集资刑事案件具体应用法律若干问题的解释》出台的维护我国社会主义市场经济的健康发展的目的相符。因此良性发展的众筹平台，不符合非法集资犯罪的实质要件，不应被定性为非法集资犯罪。但与此同时，也要严加防范不法分子以成立众筹平台或者发布众筹项目为幌子，实际骗取项目支持者和出资人资金的行为。

(3)代持股的风险

凭证式和会籍式众筹的出资者人数较多，一般少则数百人，多则数千人。根据《公司法》中有关有限责任公司股东人数的规定，以融资为目的吸收公众投资者为有限责任公司股东的众筹项目所吸收的公众股东人数不得超过 50 人，但绝大部分出资者只愿意投入少量的闲置资金来对股权式众筹项目进行投资，故将股东人数限制在 50 人以内将导致无法募集足够数额款项来保证公司运作。如果代持股内容合法，那么其在形式上并不违反法律规定。当代持股人与实际持股人之间发生利益争端时，由于代持股人是记录在股东名册上的股东，因此在没有充足证据的情况下，一般会倾向于对代持股人的权益保护。所以，这种代持股的方式可能会导致广大众筹项目出资者的权益受到侵害。

(4)知识产权受到侵害的风险

这一问题主要针对奖励制众筹平台，奖励制众筹平台上线的众筹项目发起者的主要目的在于实现其创意，贩卖其创意。在奖励制众筹平台上的发布项目，大多未申请过专利权，故不受知识产权法的保护。与此同时，众筹项目预热期则给盗版商剽窃留下了充足的操作时间。盗版商在短短几个月的时间里就完全可以仿造发布在众筹平台筹资的创新项目并达到量产后流通到市场，这就使众筹项目失去其最重要的创新性而流掉诸多客户。因此若缺乏相关法律的庇佑，创意发布者对创新性众筹项目就会逐渐丧失积极性，从而降低出资人对创新项目的支持力度，严重阻碍了众筹行业的发展。

(5)存在“公开发行证券”的风险

众筹平台在募集资金过程中很容易触犯目前《证券法》关于公开发行证券的规定。为了规避这一风险，奖励制众筹平台将投资行为演变为团购、预购行为，以非现金回馈的方式回报出资者。而股权制众筹平台则是采取成立有限合伙的方式，即由众筹出资者成立有限合伙，再由合伙企业对众筹项目发起者进行投资。然而这种方式属于变相公开的一种形式，是《证券法》非公开发行证券所禁止的方式。因此，股权制众筹平台的发展目前在中国的法律大环境下受到诸多限制。

(6)信用风险

目前在中国，各种模式的众筹平台不仅存在法律风险，也存在信用风险。按照众筹法律关系的主体进行划分，众筹平台主要面临发起者的信用风险和众筹平台的信用风险。项目发起者的信用风险主要源自对项目发起者的资格审核不够全面以及项目发起者在募集资金成功后不能兑现其承诺所引起的一系列问题。对于此类风险，众筹平台无法控制项目募集成功后的资金流向及项目发起者是否会兑现承诺。对于此类风险，众筹平台声明不承担任何责任，显然无法取信于出资人。资金托管是众筹平台主要的信用风险。在实际操作中，众筹平台在其中担当了支付中介的角色，将出资者的资金通过众筹平台的账户打到成功募集的项目上。整个资金流转过程众筹平台完全在依靠自己的信用经营着如此庞大的资金量，无资金托管部门也缺乏监管机构的监督。一旦众筹平台出现信用危机，投资者的出资就难以追回。

2. 众筹平台风险防范的建议

(1)完善法律制度

首先，关于众筹所面临的公开发行证券和非法集资问题，需要通过法律来加以规定。肯定众筹平台的合法性及划清其与非法集资等犯罪行为的界限是目前亟须解决的问题之一。其次，完善知识产权保护的相关法律制度。要想众筹行业真正获得发展，必须对众筹项目的知识产权进行妥善的保护，为项目发起者提供一个良好的版权环境。完善知识产权保护的法律制度不仅可以防止众筹项目的创意被剽窃，还能解决申请专利程序烦琐、耗费成本过大等问题。例如，适当的知识产权备案制度可以起到有效的缓冲作用。最后，制定众筹监管相关的政策法规。制定众筹监管制度并确定众筹平台的监管主体，划分责任，便于统一管理。

(2)建立健全信用体制

解决众筹行业交易过程中的信用风险，需要建立健全我国的信用体制，提升社会整体的信用度。在此基础上，监管部门需要加强对众筹平台的监管，既要加强对众筹平台自身信用的监管，也要加强对项目发起者的审核深度，跟进成功融资项目的后续发展及回报反馈情况，通过强化监管，有效防止失信行为的发生。

(3)风险规避方法的实际应用

在模式选择方面，鉴于当前众筹平台的法律风险不够明朗，根据风险把控的原则，可以先入手法律风险最小的奖励模式。同时，面对法律问题，可以在法律的框架内，通过转换募集对象的身份、利用合伙企业的方式、保持契约方式，推动众筹的发展。

在风险提示方面，众筹平台需要在网站上详细介绍项目的运作流程，包括向出资者提示可能存在的风险以及双方的法律责任和义务等，争议发生时的处理方式也应一并公开。

在资金管理方面，众筹平台通过第三方平台独立运作资金，不仅能有效保障出资者的资金安全，更能在项目发起者和出资者之间建立信用平台。

(4)与政府部门做好沟通

众筹作为一种全新的商业模式，同样需要积极地与主管部门做好沟通工作，以期取得相应的指导或进行项目备案，不仅能获得相应的支持，更能化解法律风险。

(5)开展金融普及教育

当前，普通大众依然缺乏系统、专业的金融、理财等方面的知识教育，因此，金融机构在不断创新、优化产品服务的同时，附加金融教育，不仅十分必要，而且发展空间巨大。

三、大数据金融

大数据，又称巨量数据、海量数据，指的是所涉及的数据量规模大到无法通过目前主流软件工具，在合理时间内达到截取、管理、处理并整理成为帮助企业经营决策更积极有效目的的信息。大数据具有数据量巨大、数据多样性、数据价值性三大特征。大数据从最初的互联网专业术语，逐渐演变成为一种社会浪潮，并不断席卷金融、医疗、旅游、交通等诸多领域，其概念在不断发生变化。其中，与金融的结合，催生了大数据金融这一全新概念。

大数据金融是指依托海量、非结构化的数据，通过互联网、云计算等信息化方式对其数据进行专业化的挖掘和分析，并与传统金融服务相结合，创新性开展相关资金融通工作的统称。与传统金融相比，大数据金融能有效降低坏账率，扩大服务范围，降低运营成本和服务成本，最终实现规模经济。

(一)大数据金融运营模式

大数据金融依据价值的差异及企业处于大数据金融服务中的环节，可以分为平台金融和供应链金融两大模式。

在平台金融模式中，平台企业对其长期以来积累的大数据，通过互联网、云计算等信息化方式对其数据进行专业化的挖掘和分析，并与传统金融服务相结合，创新性地为平台服务企业开展相关资金融通工作，如阿里金融。这一金融模式的优势在于，它建立在庞大的数据流量系统的基础之上，对申请金融服务的企业或者个人情况十分熟悉，能够在很大程度上解决风险控制的问题，降低企业的坏账率；依托企业的交易系统，具有稳定、持续的客户源；能有效化解信息不对称，实现贷款流程流水线化。

在供应链金融模式中，核心龙头企业依托自身的产业优势地位，通过对其上下游企业现金流、进销存、合同订单等信息的掌控，依托自己资金平台或者合作金融机构对上下游企业提供金融服务（如京东金融平台）。这一金融模式，是供应链管理的参与者作为组织者，对供应链金融资源进行整合，为供应链的其他参与方的资金提供渠道的一种融资方式，能够通过整合资金、资源、物流等活动来提高整个供应链的资金运作效率。供应链金融作为一种创新产品，其社会和经济价值不言而喻，不仅能满足企业的短期资金需求，促进整条产业链的协调发展，更能通过引入核心企业，对资金需求企业以及产业链进行风险评估，扩大市场服务范围。

（二）大数据金融风险分析和防范建议

在金融转型中，大数据发挥着不可或缺的作用，积极影响着金融业的发展。大数据冲击金融业的思维方式和商业模式，创新金融产品和模式，辅助金融决策，驱动大数据金融与传统金融业态融合，使传统金融业具有互联网的基因。因此，大数据已经成为衡量金融机构核心竞争力的重要指标。

但是，大数据金融也具有极大的风险性。(1)技术风险。随着快速增长的大数据，由此带来的一系列技术性问题，比如数据的管理及安全保护、数据安全备份及恢复问题等，已经成为企业不得不面临的难题。(2)操作性风险。主要是信息安全风险和数据分析风险。信息安全风险主要是由于黑客的攻击或者系统的崩溃，带来信息泄露的风险。数据分析风险则主要基于数据分析方法"过去决定未来"带来的固有弊端，无法适应突破性、创新性情况的出现。(3)法律风险。随着个人信息侵权行为不断发生，解决个人隐私的保护问题已经迫在眉睫。这些问题可以通过加快立法保护、平衡数据隐私保护与应用之间的关系、推动数据资源的整合和分工专业化、强化数据挖掘等途径加以有效防范。

小贴士　资料卡 16-1　IBM 用大数据预测股价走势

不久前，IBM 使用大数据信息技术成功开发了"经济指标预测系统"。借助该预测系统，可通过统计分析新闻中出现的单词等信息来预测股价等走势。

IBM 的"经济指标预测系统"首先从互联网上的新闻中搜索与"新订单"等和经济指标有关的单词，然后结合其他相关经济数据的历史数据分析与股价的关系得出预测结果。

在"经济指标预测系统"的开发过程中，IBM 还进行了一系列验证工作。IBM 以美国"ISM 制造业采购经理人指数"为对象进行了验证试验，该指数以制造业中的大约 20 个行业、300 多家公司的采购负责人为对象，调查新订单和雇员等情况之后计算得出。实验前，首先假设"受访者受到了新闻报道的影响"，然后分别计算出约 30 万条财经类新闻中出现的"新订单""生产"以及"雇员"等 5 个关键词的数量。追踪这些关键词在这段时期内的搜索数据变化情况，并将数据和道指的走势进行对比，从而预测该指数的未来动态。

IBM 研究称，一般而言，当"股票""营收"等金融词汇的搜索量下降时，道指随后将上涨，而当这些金融词汇的搜索量上升时，道指在随后的几周内将下跌。

据悉，IBM 的试验仅用了 6 小时就计算出了分析师需要花费数日才能得出的预测值，而且预测精度几乎一样。

从本案例可以看出，大数据不再仅仅局限在媒体与厂商之间的讨论，它犹如一场数据旋风开始席卷全球，从各行各业的IT主管到政府部门都开始重视大数据及其价值。

目前，不少信息系统企业都在使用大数据信息技术开发预测系统。例如，2011年，英国对冲基金Derwent Capital Markets建立了规模为4 000万美元的对冲基金，该基金是首家基于社交网络的对冲基金，该基金通过从推特(Twitter)的数据内容来感知市场情绪，从而进行投资。无独有偶，美国加州大学河滨分校也公布了一项通过对推特消息进行分析从而预测股票涨跌的研究报告。

企业数据就是新时代还未开采的石油，具有非常高的价值。国外一些金融机构已经开始做一些前瞻性的研究了，这种做法非常值得国内金融机构学习和借鉴。例如，国内大部分证券公司仍然没有摆脱以交易性数据为主的特点，但很多具有前瞻意识的证券公司已经开始做一些转型了，对微博、互联网等外部数据进行一些分析与预测。

资料来源：推酷网。

【本章小结】

1. 互联网金融是利用互联网技术和移动通信技术等一系列现代信息科学技术实现资金融通的一种新兴金融服务模式。互联网金融与传统金融模式相一致，都是实现资金供给方与资金需求方的匹配过程。但与传统金融不同的是，互联网金融不仅可以实现跨时间、跨区域的价值交换，而且可以通过互联网这一渠道更高效地完成资金供给双方的匹配。

2. P2P网络借贷是指个人或法人通过独立的第三方网络平台相互借贷。即由具有资质的网站(第三方公司)作为中介平台，借款人在平台发放借款标，投资者进行竞标向借款人放贷的行为。

3. 众筹是指项目发起者利用互联网和社会性网络服务传播的特性，发动众人的力量，集中众人的资金、能力和渠道，为小企业、艺术家或个人进行某项活动或某个项目或创办企业提供必要的资金援助的一种融资方式。

4. 大数据金融是指依托海量、非结构化的数据，通过互联网、云计算等信息化方式对其数据进行专业化的挖掘和分析，并与传统金融服务相结合，创新性开展相关资金融通工作的统称。与传统金融相比，大数据金融能有效降低坏账率，扩大服务范围，降低运营成本和服务成本，最终实现规模经济。

【本章思考题】

1. 什么是互联网金融？
2. 什么是P2P网络借贷？
3. P2P网络借贷有哪些风险？
4. 什么是大数据金融？
5. 简述众筹的含义及特点。

参考文献

1. 周晓志、何伟:《金融学基础》,机械工业出版社 2009 年版。
2. 张炳达、芮晔平:《金融理论与实务》,立信会计出版社 2007 年版。
3. 毕春燕、郑兴:《金融概论》,机械工业出版社 2009 年版。
4. 中国证券业协会:《证券市场基础知识》,中国财政经济出版社 2008 年版。
5. 中国证券业协会:《证券发行与承销》,中国财政经济出版社 2008 年版。
6. 鲍静海:《金融学》,科学出版社 2006 年版。
7. 戴国强:《货币金融学》,上海财经大学出版社 2012 年版。
8. 冯瑞河:《金融学》,中国金融出版社 2011 年版。
9. 罗明雄等:《互联网金融》,中国财政经济出版社 2014 年版。
10. 刘金章、孙可娜:《现代金融理论与实务》,北京交通大学出版社 2006 年版。
11. 张晓明:《商业银行经营管理》,北京交通大学出版社 2012 年版。
12. 唐旭、成加军:《现代商业银行业务与管理》,中央广播电视大学出版社 2002 年版。
13. 李大雁、彭永贵:《现代金融实物与案例》,经济科学出版社 2007 年版。
14. 陈雨露:《国际金融》,中国人民大学出版社 2011 年版。
15. 宗宪、孔德明:《国际金融》,西安交通大学出版社 2006 年版。
16. 宋玮:《金融学概论》,中国人民大学出版社 2013 年版。
17. 徐进前:《金融创新》,中国金融出版社 2003 年版。
18. 郭茂佳:《金融市场学》,经济科学出版社 2005 年版。
19. 孙祁祥:《保险学》,北京大学出版社 2013 年版。